# "政产学"三重关系在院校建设中的探索与实践

—— 张 萌 张光跃 ◎ 著 ——

北京理工大学出版社
BEIJING INSTITUTE OF TECHNOLOGY PRESS

## 内 容 提 要

本书从理论和实践的视角对职业教育"政产学"三重关系及其在实践中的应用进行了分析和探索。书中介绍了国内外"政产学"历史的产生和演变，职业教育结构与经济发展的互动关系，"政产学"三重关系的演绎与相互作用，"政产学"中政府对产学的调控和职能，职业教育"产学合作"互利的动力机制，"产学合作"从模式研究到国家制度的建立，职业教育专业与产业、行业融通的新视角，在产业和经济变革下职业教育专业的改革思路，新形式下职业教育育人功能的解读，国外职业教育"政产学"合作的范例以及基于产学合作和工作过程的高职课程开发研究。书中引入部分作者的最新研究成果，内容实用、操作性强，可供读者参考和学习。

版权专有　侵权必究

图书在版编目（CIP）数据

"政产学"三重关系在院校建设中的探索与实践 / 张萌，张光跃著. —北京：北京理工大学出版社，2017.5

ISBN 978-7-5682-3531-0

Ⅰ.①政… Ⅱ.①张… ②张… Ⅲ.①高等学校—产学研一体化—研究—中国 Ⅳ.①G718.5

中国版本图书馆CIP数据核字(2016)第303078号

---

出版发行 / 北京理工大学出版社有限责任公司

社　　址 / 北京市海淀区中关村南大街5号

邮　　编 / 100081

电　　话 /（010）68914775（总编室）

　　　　　（010）82562903（教材售后服务热线）

　　　　　（010）68948351（其他图书服务热线）

网　　址 / http://www.bitpress.com.cn

经　　销 / 全国各地新华书店

印　　刷 / 北京紫瑞利印刷有限公司

开　　本 / 710毫米×1000毫米　1/16

印　　张 / 13　　　　　　　　　　　　　　　　　　　责任编辑 / 张荣君

字　　数 / 233千字　　　　　　　　　　　　　　　　文案编辑 / 张荣君

版　　次 / 2017年5月第1版　2017年5月第1次印刷　　责任校对 / 周瑞红

定　　价 / 69.00元　　　　　　　　　　　　　　　　责任印制 / 边心超

图书出现印装质量问题，请拨打售后服务热线，本社负责调换

# 前言 Preface

　　国家和社会对职业教育的重视程度已经上升到国家经济发展战略的层面，各行各业对职业技术人才的需求日益增加。目前，国内外的专家和学者系统研究大学、科研机构、产业及政府合作的论著比较多，这些论著主要从科学技术发展战略、人才战略、知识产权战略、创新战略、社会发展战略等层面对"政产学"进行论述和探究。对职业教育和职业技术人才培养、职业院校与产业界间合作关系的研究和论著仍可寻到，但涉及对职业教育"政产学"三者关系理论和实践的研究著作很少，而职业教育"政产学"三者关系是职业技能人才培养无法避开的领域。过去，总认为职业院校与产业界的关系是一种市场行为或者是一种简单的经济关系，认为政府的作用可有可无，政府也很少介入两者关系中，产业界和职业院校的合作总是处于一种游离的状态，使得职业教育发展和技能人才培养的历程充满艰辛。对职业教育业界而言，需要有专门研究职业教育"政产学"三者关系的新论著，最好能从理论和实践层面进行探索，引出新的观点，提供可应用、可操作的理论和实践路径，这就是笔者著书的愿望。

　　本书是笔者30多年的职业教育经验的积累，是长期从事职业教育的理论、实践研究和探索的总结，是对现代职教理念的深刻解读和实践。本书对职业教育"政产学"三者关系、相互制约又相互促进的机制进行了理论和实践的研究，提出了独特的观点，即"产学合作"的双方不仅是一种市场行为，更是一种社会责任，政府在"产学合作"关系中的职能是指导和协调职业院校和产业界的双边关系，建立各种类型的制度、政策以推进产学的合作与创新，具体体现为政策设计，宏观调控，通过调整区域经济结构和产业构成，引导职业教育结构与经济结构相适应；通过合理调整职业教育结构，促进区域劳动力技术水平的提高；并在法律制度、发展规划、产业政策、财政税收、职业教育改革以及公共制度层面进行系统的调控和引导。

本书除了研究"政产学"三重关系的理论外，另一个特点是突出了理论的实践应用，特别是针对当前区域经济结构和产业结构的调整，技术装备的升级换代对职业专业的影响，产学合作与政府的关系，产学合作国家法律制度的建设，职业教育结构的调整如何与区域经济的发展相适应，课程开发如何动态地与产业、行业调整相结合，现代学徒制培养需要什么环境条件等内容进行了一些探索。结合职业教育结构的调整，对当前国家积极推进的新城镇化建设和现代学徒制的人才培养，提出了一些新观点。在实践篇里，引入了笔者一些新的科研成果，并通过翔实的步骤，为读者学习提供可操作性的参考。

著　者

# 目 录

**第1章 回顾与展望** ………………………… 1

  1.1 产学历史的演变 ……………………………… 1

  1.2 "政产学"的定义 ……………………………… 6

  1.3 "政产学"研究展望 …………………………… 7

**第2章 职业教育结构与经济发展的互动关系** ………………………… 10

  2.1 经济结构、产业结构与职业教育结构 ………10

  2.2 区域经济和职业教育专业结构的关系 ………12

  2.3 职业教育布局结构与"产学合作" …………13

  2.4 职业院校布局与新生劳动力的聚集 …………14

  2.5 职业教育形态结构与经济和产业的关系 ……15

**第3章 "政产学"三重关系中政府的作用** ………………………… 16

  3.1 "政产学"三重关系的构建 …………………16

  3.2 政府对职业教育和产业结构的调控作用 …… 18

第4章 "政产学"关系中政府对
    "产学合作"的调控 ……………… 23
  4.1 "产学合作"的经济和社会属性 ……… 23
  4.2 "政产学"三重关系中政府的职能 ……… 24

第5章 职业教育"产学合作"互利的动力
    机制 ……………………………… 29
  5.1 "产学合作"中互利性与政府管理的关系 … 29
  5.2 "产学合作"互利性的动力机制 ……… 30
  5.3 实现"产学合作"互利的合作模式 …… 33

第6章 职业教育专业与产业、行业链融通
    的新视角 …………………………… 36
  6.1 当前职业院校专业建设普遍存在的问题 …… 36
  6.2 专业与产业、行业链融通的基本策略 …… 38
  6.3 专业建设与产业、行业链融通的路径 …… 39

第7章 "产学合作",从模式研究到国家
    制度建立的探索 …………………… 44
  7.1 "产学合作"发展模式回顾与现状 …… 44

7.2 "产学合作"国家制度的法律规范功能……45

7.3 多级政府管理的"产学合作"制度构建……47

7.4 "产学合作"的评价和监督指标体系构建…50

**第8章 职业教育专业的改革——以数控专业为例**…… 53

8.1 数控专业改革的背景……53

8.2 "单专业，多专门方向"的专业建设思路……55

8.3 专业课程知识的整合……58

8.4 职业教育改革的国际视野……59

8.5 职业教育的重新定位……60

8.6 职业教育改革中专业带头人的作用……62

8.7 职业教育功能的拓展……63

**第9章 职业教育结构调整与新型城镇化建设**…… 64

9.1 职业教育结构调整与新型城镇化建设的关系……65

9.2 政府的主导作用……66

9.3 专业结构调整的方向……67

9.4 布局结构调整的方向……68

9.5 形态结构调整的方向……69

9.6 城市的职业教育资源应向新型城镇疏散……71

## 第10章 新形势下职业教育育人功能的解读 ............ 73

10.1 职业教育不能替代家庭教育和社会教育的职责 ............ 73

10.2 职业教育急需教育家 ............ 74

10.3 职业教育须适应学生和社会的变化 ............ 75

10.4 职业教育应向中小城市转移 ............ 76

## 第11章 职业教育结构与区域经济的适应性研究——以重庆高职教育为例 ... 78

11.1 研究背景 ............ 78

11.2 重庆高职教育结构的现状分析 ............ 82

11.3 高职教育结构与区域经济和产业结构的关系 ............ 92

11.4 重庆高职教育结构调整的目标和原则 ...... 94

11.5 重庆高职教育结构适应区域经济发展的思路与对策 ............ 97

## 第12章 我国实施"现代学徒制"的环境条件 ............ 102

12.1 "现代学徒制"的职业教育观 ............ 102

12.2 实施现代学徒制需培育"当代工匠" ... 103

12.3 "现代学徒制"实施环境的要求 ……… 104

12.4 "现代学徒制"实施环境的构建 ……… 105

12.5 现代学徒制实施中可能出现的问题 ……… 109

**第13章 国外职业教育"政产学"合作的范例——英国的职业资格证书教育** ……………………… 111

13.1 英国实施的职业资格证书教育 ……… 111

13.2 政府和行业共同组织与管理 ……… 113

13.3 英国职业教育对我国的启示 ……… 115

**第14章 基于工作过程的高职专业课程开发研究** ……………………… 119

14.1 核心理念 ……………………… 119

14.2 理论基础 ……………………… 121

14.3 指导思想 ……………………… 123

14.4 课程构建 ……………………… 127

14.5 课程开发的具体内容 ……… 129

14.6 课程开发实例——数控应用技术专业"数控机床电气控制"课程的开发 ……… 137

**附录1 专业课程开发调研分析报告** ……… 170

附录2 ××××课程标准……………… 172

附录3 课程标准的典型范例……………… 174

附录4 "数控机床电气控制"课程教学
　　　设计范例……………… 187

参考文献……………………………… 197

# 第 1 章 回顾与展望

**本章摘要**：通过对国内外职业教育历史和产学合作史的简单梳理，引出"政产学"的概念和定义，对世界职业教育的产生、发展以及我国职业教育的概况作了介绍。对"政产学"的合作的演变和模式进行了简要的分析。

## 1.1 产学历史的演变

**1. 职业教育的产生**

纵观教育的发展史，不论国内还是国外，教育已经延续了 2 000 多年。在古埃及，法老为了教育皇子、皇孙和贵族子弟，会聘请专门的家庭教师进行个别教学，教学的主要内容为人文、哲学、神学以及统治学。在西方，从苏格拉底、柏拉图到夸美纽斯和洛克都是伟大的教育启蒙家，他们所倡导的教育仍然是以普通教育和通识教育为主，国家培养的人是上流社会的律师、政客、绅士和神父。西方职业教育的兴起与学徒制传艺密切相关，学徒在进入师门学艺的几年中，成为师傅家庭的准成员。师傅向学徒传授技艺，为其提供食宿、衣物及少量工资，像父亲一样进行照顾与管教；学徒则首先要支付酬金，然后和师傅在作坊从事手工劳动，并承担适量家务。学徒训练与行会组织紧密相连，行会组织出现后，为完全控制某一行业，会插手学徒契约普通条款的制定与执行，完善契约内容，提升学徒契约的公信力，使契约式学徒训练成为培养技术工匠甚至其他专门人才的主要形式。在古希腊、古罗马及古埃及，私人习惯法领域的契约式学徒训练相当普遍，这种学徒训练形式为行会形成之后学徒训练的制度化奠定了基础。在长期的发展演变中，学徒制逐渐形成了一套独特的人才培养模式，这一模式在目标与内容、过程与方法及师生关系上，为培养熟练工匠而努力。学徒制是在商品经济不发达、无政府管理的历史条件下形成的，它与封建行会结合的必然结果就是形成垄断，缺乏政府层面制度干预。行会将学徒制作为一种生产和劳动制度，使得学徒制对行会组织具有较强的依附性，强化了生产功能与管理功能，淡化了教学功能与教育意义。

在我国，从最早西周学校教授的"六艺"课程，到宋代儒家推崇的《四书》《五经》教学。早期的教育主要是教授以科举为目的的人文知识，很少涉及专门类或技艺类的知识，教学采用师傅带徒弟的方式进行，随着私塾的出现，教学从师傅带徒弟的方式演变为班级学堂式，但教授的内容仍然以为科举做准备的做人之道和为官之道为主要内容，培养的学生不是为了生产和就业，而是为了做官。我国古代没有企业的概念，产业主要是城市的商业和农村的农业，城市中有少量的工场和作坊。在近代，我国也出现与西方学徒制相类似的学艺，学徒一旦拜师几乎终生不能更改职业，一个师傅只带少量的徒弟，代代相传，所学的技艺秘不外传，是封闭的循环生产模式。古代传播媒体主要是口授和极少的文章教材传授，教学产生的效益低下，严重阻碍了技术和技能的传承。

18世纪末蒸汽机的发明，引发了纺织、冶铁、采矿和交通运输的技术革命，推动了工业革命，科学技术发展日新月异，社会生产分工更细，技术性加强，大量的新职业出现，对劳动力提出分类的要求。同时，大、中型企业的出现使生产迅速发展，促进了经济的规模发展，迫切需要大量有文化、有技能的人才，光靠学习人文知识不能满足社会和科学进步的发展要求，依靠师傅带徒弟的封闭教学培养已经不能满足生产和社会对人才的需求。工业革命的另一个重要的进步是教育与社会特别是职业的联系开始直接化、普遍化，社会需要大量的技能人才，而非传统的绅士和神父，这种变化直接催生了职业教育。1708年德国虔信派信徒席姆勒（Zemmler）在哈勒创办了"数学、力学、经济学的实科中学"，以教授数学、物理、力学、自然、天文学、地理、法律为主，并辅之以绘画、制图。此后，德国各城市陆续有人创办这类学校，有的实科中学则增设建筑、商业制造、贸易、经济等科目。这是一种既具有普通教育性质，又具有职业教育性质的新型学校。它排除了教学科目、课程内容的纯古典主义的倾向，满足了德国资本主义经济逐渐发展起来的需要。

美国国会在1862年颁布的《莫雷尔法案》和1887年的《哈奇法案》奠定了农业、机械实用学科在美国教育的地位。1917年通过的《史密斯—休斯法案》构建起高等职业技术学校和科研工作的完整体系，成为近代美国职业教育发展的标志。

职业教育是工业化的产物。但从本质上看，职业教育是科技进步的结果。英国历史学家艾瑞克·霍布斯鲍姆（Eric Hobsbawm）在《工业与帝国》一书中指出，

"在 18 世纪早期，除了那些实用机械之外几乎不需要什么科学知识或技术技能。"在工业发展的早期阶段，对知识和技能的需求很有限，传统的教育形式——学徒制也足以满足生产的要求，到工业革命的第二个发展阶段，先进技术的发展，已经使班级制的技能培训变得不可或缺了。因此，早期的职业学校应运而生。从世界各国工业化进程看，工业化中期对技能型劳动者有着巨大的需求，是职业教育发展的黄金时期。

现在，世界各国都普遍认识到职业教育是经济振兴的必由之路，从国际角度来看，职业教育的发展程度及普及状况是衡量一个国家现代化程度和社会文明程度的一个重要标志。可以说，没有一个发达国家不重视职业教育，没有一个发达国家不是以强大的职业教育作为经济发展的支撑。

**2. 近代我国的职业教育发展**

中国近代的职业教育，从 19 世纪 60 年代的实业教育算起，已经有 140 多年的历史。1904 年 1 月，清朝政府批准的《奏定学堂章程》（即《癸卯学制》），是中国教育史上第一个正式在全国实行的学制，并首次将实业教育作为教育的一个旁系自成体系。在《癸卯学制》中要求：各省宜速设农、工、商各项实业学堂，在通商繁盛之区，宜设商业学堂，富于出产之区，宜设工业学堂，富于海错之区，宜设水产学堂，以学成后各得治生之计为主，并规定了初、中、高三等实业教育，清末的职业教育主要以学习西方技艺，培养实用人才为主要内容，开创了我国以生计为主的职业教育先河。

1917 年 5 月，黄炎培、蔡元培、梁启超等人在上海成立"中华职教社"。其 1917 年 10 月创办的《教育与职业》杂志，是当时国内唯一的专门研究职业教育的刊物。中华职教社于 1918 年在上海创办了中国第一所正规的全日制职业学校——中华职业学校。办学的宗旨是：以倡导、研究和推行职业教育，改革脱离生产劳动、脱离社会生活的传统教育为方针，以"谋个性之发展，为个人谋生之准备，为个人服务社会之准备，为国家及世界增进生产力之准备"为目的，追求"使无业者有业，使有业者乐业"的理想，倡导"双手万能，手脑并用""敬业乐群"的教育理念，有力地推动了中国近现代职业教育事业的发展，开启了与实业界联合举办职业教育的先河。教育家、职业教育的先行者黄炎培、陶行知、晏阳初、梁漱溟等从不同视角为中国职业教育的发展提供了丰富而宝贵的思想资源。陶行知提出："教育是生活所原有，生活所自营，生产所必需的教育，教育的根本意义是生活之变化，生活无时不变即生活无时不含有教育的意义"，这是对职业教育的精辟认识。

## "政产学"三重关系在院校建设中的探索与实践

据当时的中华职教社发表的全国职业教育机关调查统计,1925年12月全国有甲、乙种职业学校1006所,职业传习所及讲习所167所,设有职业科的中学校42所,设有职业准备科的小学校14所,设有职业专修科的大学及专门学校77所,职业补习学校及补习科学校86所,职业教师养成机关8所,此外,还有事业机关附设的职业教育机关99所,初步形成职业教育的规模办学。1931年4月,南京政府教育部通令各省市限制设立普通中学,要求增设农科、工课或在普通中学中添设职业科。1932年7月教育部又公布了《职业学校法》17条,正式确立了职业学校的地位,对其办学宗旨、组织类别及设置办法等都有明确的规定。1934年,当时的教育部颁发了《职业教育各科教材大纲、课程表及设备概要》,并以此作为各省市职业学校教学的参考,为进一步推广职业教育,教育部还会同职业教育专家组成职业教育设计委员会,以沟通政府和专家对发展职业教育的意见,使职业教育的规划渐趋完备,教育目标、教育结构和发展方向更为清晰,逐步走上现代职业教育的发展道路。

但在旧中国,由于经济发展缓慢,现代工业不发达,影响了职业教育的发展。1949年以前,全国只有中等技术学校561所,在校生约7.7万人。1949年中华人民共和国成立之后的50年里,中国职业教育经历了调整、整顿、充实、改革、完善、提高,不断发展壮大。20世纪50年代为适应大规模经济建设的需要,发展了上千所中等专业学校和技工学校,60年代加速培养各地各业急需的人才,中学和其他职业中学发展迅速。但在后来,由于发生了"文化大革命",中国职业教育的正常发展受到很大影响。

1980年,国务院批转教育部、国家劳动总局《关于中等教育结构改革的报告》,指出要改革中等教育结构,发展职业技术教育,促进高中阶段的教育更加适应社会主义现代化建设的需要。1985年,中共中央作出《关于教育体制改革的决定》,明确指出:"逐步建立起一个从初级到高级、行业配套、结构合理又能与普通教育相互沟通的职业技术教育体系。"1991年,国务院作出《关于大力发展职业技术教育的决定》,根据90年代中国经济、社会发展的需要,明确了职业教育进一步发展的目标、任务。1993年,中共中央、国务院印发《中国教育改革和发展纲要》,指出"各级政府要高度重视,统筹规划,积极发展的方针,充分调动各部门、企事业单位和社会各界的积极性,形成全社会兴办多形式、多层次职业技术教育的局面。"1996年,中国第一部《职业教育法》正式颁布和实施,为职业教育的发展和完善提供了法律保障。1999年《中共中央国务院关于深化教育改革,全面推进素质教育的决定》强调指出:要"构建与社会主义市场经济体制和教育内在规律相适应、不同类型教育相互沟通、相互衔接的教育体制","大力发展职业教育","积极发展包括普通教育和职业教育在内的高中阶段教育"。

**3. 产学史的演变**

19世纪前的学校教育与产业生产是互不搭界的，几乎没有交集。从西方职业教育历史发展来看，16～17世纪英国许多制造业中，技术知识和技能主要掌握在工匠手中，知识和技能的传承是靠言传身教，没有学校的参与。当时的学校轻视工程技术和技能，不与企业合作培养工人，它们培养的是社会的上层人士，如律师、绅士、牧师及政客。促使产教结合的产生一般认为有两个主要原因：一是在第二次世界大战时期，生产新型武器和军事设施的需要促使生产武器装备的企业与高校合作开发新型武器装备，战时大学和工业界合作研究涉及炸药、医疗、汽车和飞机制造、机电领域，大学还为战事培训了大批的急需人员；二是企业自身发展的需要，企业要开发新技术和新产品，需要学校培养大量技术人才，同时，企业也想涉入教育与培训业务，来满足自身对人才的不同需求，在利益的驱动下，大学和产业界开始了真正意义上的产学合作。

新兴工业的崛起，打破了原来的"工匠传袭"模式，在企业内部出现了与直接生产过程相分离的教学车间，并由此演变成为以提高学徒普通基础知识和职业技能水平为目标的职业技术学校。发达的经济需要高水平的劳动力，经济的稳定增长又需要与之适应的职业教育。职业学校和企业在社会变革中从自身的利益和发展的需要出发，从相互排斥走向彼此合作，从而奠定了现代"产学合作"的基础。但是这种合作是利益驱动，合作的双方主要是从经济成本来考虑，是一种初级的合作模式，整个过程中没有政府的关注和参与。

"产学合作"的发展过程，是职业院校和产业部门共同参与职业教育的过程，也是职业教育从根本上适应社会经济发展需要的过程。"产学合作"是教育与生产劳动相结合，培养全面发展劳动者的需要，只有开展"产学合作"，才能从组织上和行动上保证理论与实践的有机统一。"产学合作"可以拓展职业院校的职能，使职业院校由社会的边缘逐渐向社会的中心转移，"产学合作"强调人才培养与科技创新的现实目的性和适应性，有利于提高科研成果的产品转化率。"产学合作"的发展受社会经济和教育发展水平的制约，经济发展水平对"产学合作"的制约主要表现在社会的工业化程度及对劳动者的类型和层次的不同需求上，而职业教育发展水平即毕业生的质与量又反作用于"产学合作"。"产学合作"的主要产品是实实在在的劳动者，当"产学合作"积极适应社会，会对经济和教育产生积极的推动作用，因而可极大提高劳动生产率。国外许多"产学合作"的成功范例有力地证明了"产学合作"是高职教育创新发展的必由之路，如德国的双元制、英国的工读交替学徒培训制、日本的产学合作制、美国的合作教育计划及苏联的学校—基地企业培训制等，这些"产学合作"模式都从不同的地域、不同的经济发展状况及不同的文化背景下证明了"产学合作"对社会经济和教育发展贡献的重要性。同时，这些成功的"产学合作"都离不开各国政府的参与、支持、监督和保障。因此，研究政府、学校和企业三者的关系和政府在"产学合作"中应尽的职责和作用是必要的。

## 1.2 "政产学"的定义

"政产学"一词，首见于日本产经联自 1981 年开始实施的《下一代产业基础技术研究开发制度》，其中心内容是保证"官""产""学"各方面力量相互协作以及充分发挥各自的优势。

国外产学合作的经历表明，"产学合作"的机制本身不能自发的形成，也不能单靠市场进行长久的磨合，要使企业界和大学及科研机构形成稳固的产学研合作机制，政府的作用和职能必须被引入。"政产学"代表的三方分别是政府、企业和大学(也包含研究机构)。其中的"官"指的是政府，包括国家和地方的行政管理部门，其最大的特点是拥有资金和组织调控能力，是技术产业政策和环境的创造者和维护者，能够承担一定的技术创新风险；"学"代表大学和研究机构，是一种社会组织，培养人力资本，拥有优秀的人才、知识储量和先进的技术设备及较强的知识创新能力，具有学术研究和开发能力，对未来经济和社会发展有引领和促进作用；"产"代表产业界，指相互联系、又有不同分工、由各个相关行业组成的业态总称。产业存在并发展于人类社会、经济、管理活动中，是社会生产的基本组织结构体系，企业是产业外在表现形式，具有较强的创新需求和催生高技术产业的物质能力，能敏锐地捕捉市场动态和人们需求。

关于"政产学"合作的提法也经历了一个复杂的过程。以日本为例，在 20 世纪 80 年代以前的文献中，日本的学术体制曾被称作"学官产"("学"指大学，"官"指政府及其研究机构，"产"指企业)；在日本产经联自 1981 年开始实施的《下一代产业基础技术研究开发制度》中出现了"政产学"一词，其中心内容是保证"政产学"各方力量相互协作并充分发挥各自优势。

## 1.3 "政产学"研究展望

世界各国政府都十分重视"政产学"的研究和合作机制的推行，各国实施的"政产学"模式有所不同，但都对经济发展和社会发展及技术创新和人才培养产生了巨大的影响。归纳起来，各国"政产学"的推动模式主要有以下几种。

**1. 政府主导"政产学"模式**

政府主导"政产学"模式是目前大多数国家采用的一种模式。在这种模式中，政府是创新目标的制定者、创新过程的主导者、创新资源的投入者和创新成果的持有者。政府在合作创新的全过程中起主导作用，创新的内容、目标、时间和合作方都由政府确定，参与合作的大学和企业主要由政府来遴选。政府提供合作的资金和制定合作的政策和法律，根据国家国民经济和社会发展的需要，有效地组织社会创新资源，较快地提高国家在某技术领域的创新能力和科学发展水平。比如：瑞典的"政产学"合作模式是典型的政府主导型，瑞典政府主要通过金融政策、税收政策等来为"政产学"合作创造有利环境，为"政产学"提供基础设施建设和项目经费支持等来引导"政产学"各方进行合作创新。德国也基本上采用了政府主导的"政产学"模式，联邦政府的管理职能主要是宏观调控，调控手段首先是制定政府法规和科技政策，另外是根据掌握的科研开发经费来制定国家科研资助计划，同时根据科研成果和最新知识对立法的反馈作用不断完善法律和法规。此外，各州政府主要资助本地区的大学和科研。

新中国成立以来，我国的"政产学"发展大致经历了两个阶段。第一阶段是由产学合作过渡到"政产学"初期阶段，第二阶段是"政产学"发展阶段。在初期阶段中，政产学合作仅仅依靠科研项目的联合研究与开发，维系着企业、高等学校和科研机构等主体的简单结合；在"政产学"的发展阶段中，国家从体系改革与创新和新技术推进为出发点，出台一些金融、税收和相关的法律政策、并提供资金来促进产业界、学术界及政府之间的合作。从时间跨度来看，改革开放以来，邓小平提出了教育的"三个面向"和"科学技术是生产力"的理念，国家开展"863"计划明确了实行政府主导、科研机构和大学承担、企业参与的"政产学"合作模式；1989—1992年间，国家实施了"攀登计划"，选定30个国家基础性研究的关键领域构成首批的"攀登计划"，与此同时，国家高技术开发区、企业孵化器、大学科技园也纷纷建立，这期间政府的主要作用是引导和促使大学、科研与企业的合作创新。1994年3月,《国家教委、国家科委、国家体改委关于高等学校发展科技产业的若干意见》的正式出台,可以认为是我国"政产学"合作开始的一个标志。1995年后,互联网的发展和商业化也极大地促进了政产学在我国的发展。1999年8月,国务院出台了《加强技术创新,发展高科技,实训产业化的决定》,为落实国务院的决定,教育部提出了若干实施的意见,要求全国高校要采取措施,共建技术开发中心、科研生产联合体,使高校成为国家知识创新的基地、技术创新和高技术产业化的主体,开展与企业的合作,促进企业成为技术创新的主体;高校可以按现代企业制度的要求,组建和发展高科技企业,将智力、技术资本、管理进行融合,通过资产重组、并购和上市,走集团化发展道路。这些措施使"政产学"合作走上了稳步发展的道路。由于我国"政产学"合作的历史不长,各方的合作意愿和能力都有待培育,所以在"政产学"合作的实践当中,主要靠政府的推动作用,从政府的参与角度来说我国的政产学模式基本还属于政府主导型。

**2. 政府引导"政产学"模式**

在这体制中,政府主要通过金融政策、税收政策和项目经费支持等来引导"政产学"各方进行合作创新,合作体的形成以自主、自愿、自治为原则,创新成果一般由合作体共有或专门企业方所有。在这种合作创新中,企业是合作创新的主体;创新的目标,创新资源的投入和创新活动的组织,都主要由企业承担,"学"和"研"只参与决策。

**3. 政府倡导"政产学"模式**

在一些发展中国家,由于政府的资金不充裕,政府只是通过培育中介服务机构,来加快创新服务体系建设,营造良好的合作创新环境,同时通过宣传来倡导政产学各方的合作创新。在这种合作创新中,企业与"学研"是"政产学"的主体,合作体的形成以自主、自愿、自治为原则,政府基本上不参与到合作体中。

各国"政产学"合作的内容也有所不同,19世纪前的德国大学不重视职业技能培训,提倡"纯科学研究"。美国和德国的"政产学"合作是以科学研究为目标,重点是理论研究而不注重实践层面的研究,而以日本为代表的国家的"政产学"合作,多是以实用化和工程研究为目标,重视基础研究。

**4. 我国职业教育"政产学"发展**

自1978年以来,我国的"政产学"合作中的"学"主要是指高等院校和科研机构,合作的内容也是学术研究和科学技术创新。在职业教育层面上的"政产学"合作起于20世纪90年代初期。1991年,国务院出台《关于大力发展职业技术教育的决定》,明确了职业教育快速发展的目标、任务。1993年,中共中央、国务院印发

《中国教育改革和发展纲要》,指出"各级政府要高度重视,统筹规划,贯彻积极发展的方针,充分调动各部门、企事业单位和社会各界的积极性,形成全社会兴办多形式、多层次职业技术教育的局面。"1996年,中国第一部《职业教育法》的正式颁布和实施,为职业教育的发展和完善提供了法律保障。

《国家中长期教育改革和发展规划纲要(2010—2020年)》指出:"建立健全政府主导、行业指导、企业参与的办学机制,制定促进校企合作办学法规,推进校企合作制度化"。《教育部2014年工作要点》明确指出,要全面推进现代学徒制试点,促进产学合作。2014年2月26日,国务院召开常务会议,部署加快发展现代职业教育,提出加强现代学徒制试点工作。在2007年全国科技大会上,胡锦涛明确指出"要建设以企业为主体,市场为导向、政产学相结合的技术创新体系",表明国家高层已经认识到"政产学"合作的重要意义,并提升到了国家战略层面。

驱动职业教育"政产学"的引擎,应源于产学合作的推动。20世纪80年代以来,职业教育先后引入了德国的双元制模式、加拿大的以能力为基础的CBE模式、英国的职业资格证书的NVQ模式、美国的社区学院模式及澳大利亚技术与技术教育的TAFE模式,这些国外的先进职业教育理念和教学方法的实施离不开企业的参与,从而促进了产业界与职业院校的广泛合作与交流,进而促使政府的重视和参与,但政府的主导作用和职能并没有完全到位,在制定政策和法规方面、在提供资金方面、在统筹平衡和组织调控方面仍然做得不够,这需要企业界、职业院校、政府和社会各界达成共识,推动职业教育"政产学"合作的大力发展。

# 第 2 章　职业教育结构与经济发展的互动关系

**本章摘要：**区域经济结构的调整会引起职业教育结构的变化，职业教育结构如何应对因区域经济变化而带来的产业结构调整。本章分析了职业教育结构与区域经济发展的关系，职业教育专业结构创新思路；职业教育的布局调整，要有利于开展"产学合作"，有利于区域经济发展和新生劳动力的聚集；教育的形态结构调整，要适应区域经济变化所需的多种教育形式。

职业教育是直接为地方经济建设服务的，它的生命力在于对区域经济的适应性和服务性，区域经济发展和产业结构调整必然导致职业教育结构的变化，区域经济发展的水平在一定程度上决定着高等职业院校教育结构调整的内涵、规模、专业类型和层次差别等。在产业结构转型期和新经济条件下，职业教育结构如何适应区域经济建设和发展的需求，职业院校如何抓住发展的新机遇，更好地为本地经济服务，这不仅是当前职业教育研究的热点，也是职业教育实践迫切要解决的问题。

## 2.1　经济结构、产业结构与职业教育结构

职业教育的结构主要包含专业结构、形态结构、体制结构、内容结构和布局结构等。其中对职业教育发展影响最直接的是专业结构、布局结构和形态结构。职业教育结构组成反映了职业教育内部构成关系及系统内各组成要素之间的比例关系、联系方式、相互作用及其变化规律，是一个复杂的、动态的、多元的综合体系，在一定程度上影响甚至决定职业教育的性质、功能和效益。任何一种结构失衡都会影响职业教育的健康发展。

区域的经济结构直接或间接制约着职业教育结构内部变化趋势和内部调整改革的方向。经济结构对职业教育结构的制约主要体现在：区域产业结构对职业教

## 第2章 职业教育结构与经济发展的互动关系

育专业结构和类别结构的制约；区域劳动技术结构对职业教育的程度结构的制约以及地区经济结构对职业教育布局结构的制约。职业教育结构的变化影响着各类经济结构中人力资源的数量和质量，职业教育结构是否合理直接体现在劳动力结构的合理性上。要使职业教育适应经济的发展，必须培养与区域经济发展相适应的劳动力及专门人才。第一，职业教育的专业结构要按产业结构发展趋势，调整专业结构的比例，使专业结构能反映科学和生产力的进步；第二，职业教育的布局结构应与区域产业构成、生源结构及经济发展水平相适应，合理的职业教育布局结构能聚集新生劳动力，促进区域经济的快速发展；第三，职业教育的形态结构要满足社会对教育消费需求的多样性，学历教育和各种职业培训相结合，以适应经济结构转型所需的人才结构变化，构建职业培训与终身教育相互贯通的职教形态结构；第四，职业教育的体制结构应与区域现存的经济体制相适应，才能调动各级、各部门及社会力量参与办学的积极性。

职业教育的结构涵盖专业、布局、内容、层次、形态及体制结构等，本章主要针对区域经济发展与职业的专业结构、布局结构及形态结构调整进行分析和探索。

在区域经济结构调整时期，职业教育的结构应融入经济、伴随经济并与经济同步调整。职业院校办学与社会状况、政治和文化等领域有着千丝万缕的联系，职业教育结构调整是社会经济、政治和文化等领域的诸多变革在职业教育系统的反映和体现，其本身必然受到以上各种因素的制约和影响，反过来职业教育结构调整是否适当在一定程度上可以影响社会经济、文化和政治的变迁。

重庆市永川区委、区府把职业教育作为经济社会发展的重要产业，树立"发展职业教育就是发展先进生产力""抓职教就是抓经济，抓经济必须抓职教"的超前意识和观念，将职业教育列入经济社会发展的总体规划，在规划、政策、资源和办学过程中的重要环节等方面进行统筹，使职业教育与区域经济社会协调发展，使职业教育自身协调和谐发展。在处理区域经济和职业教育协调发展中，积极依托城市区域经济发展来调整职业教育结构，坚持"政府主导，学校主体，企业参与"的原则，积极整合职业教育的形态结构，重新布局区内职业院校，根据永川经济发展调整专业结构，营造投资环境，拉动区域经济增长，实现"城市经济发展与职业教育发展互动"，塑造"学技能来永川，选人才到永川，办职教来永川"的职教城市品牌，带动永川商贸旅游、交通建筑、信息服务等产业的发展。区域经济发展引起了产业、技术、消耗、分配及交换等结构的变化，同时也引起了职业教育结构的改变。产业结构调整了，各产业部门所需要的劳动力的层次、规格、专业及数量都相应地要改变，从而对职业教育的专业设置、学院布局、教育形态和劳动力数量提出了与之相适应的要求。合理的职业教育布局结构能聚集新生劳动力，实现"产学合作"，从而促进区域经济的快速发展；再次，职业教育的形态结构应是学历教育和各种职业培训的结合，适应经济结构转型所需的人才结构在不断变化，因此要构建职业培训与终身教育相互贯通的职教形态结构。合理的职业教育结构应以良好的布局设置为"经"，以合理的专业结构为"纬"，前者保证人才的合理分布，后者保证合理的人才结构，形态结构则从数量和类型上满足各产业部门的需求。上述三者有机结合，就是职业教育能较好地适应区域经济建设发展所需的教育结构。

## 2.2 区域经济和职业教育专业结构的关系

职业院校直接为区域经济建设和社会发展培养高技能型人才，其专业构成受制于区域经济结构和产业链重组的制约，不同区域的产业结构以及生产力层次，会直接影响到职业院校的专业设置和空间布局，不同地区的产业特点对劳动力的类型结构有不同的要求，区域产业发展的新趋势、产业结构的演变及对劳动力类型的需求结构改变将直接影响职业院校的专业设置。

以重庆经济和产业结构调整为例，重庆市是一个工农业相结合的综合城市，过去职业教育偏重于第二产业。2010 年 5 月国务院批准重庆设立"两江新区"，重庆对"两江新区"的定位为："国家重要的现代制造业基地和综合交通枢纽，内陆地区对外开放的重要门户，长江上游地区商贸物流中心、金融中心和科技创新中心。产业结构在原有的优势产业基础上，改造升级为轨道交通、电力装备、新能源汽车、国防军工、电子信息等五大战略性产业"。此外，新能源、新材料等新兴战略产业已经划入"两江新区"的规划之中。

职业院校为积极适应经济和产业结构的转型，围绕这些战略性产业进行更新和改造传统的专业，提前布局，新增了一些就业对路，市场潜在需求高的专业，积极发展核电、风电为代表的高效清洁发电装备和特高压输变电装备专业；开设轨道交通、新能源汽车、国防军工为代表的现代制造专业；提前布局保税物流、高端 IT 产业、国际金融和国际贸易的服务专业等。在对老专业的改造和提升方面，以重庆职业的"数控技术应用"专业为例，该专业是职业的一个传统的优势专业，经过十多年的发展，该专业已表现出不适应产业结构调整的一面。目前重庆许多职业院校的数控技术应用专业教学主要以数控机床为教学载体，教学内容主要集中在数控机床的加工、维护及操作与编程上，学生知识范围狭窄，内容单一，学生就业主要面向加工制造业，与重庆区域经济结构调整后的产业布局，如IT信息技术、轨道交通、电力装备、新能源汽车、国防军工、食品、包装、印刷、制药、化工等行业的数控设备结合不紧密，影响毕业生就业。对数控技术应用专业进行改造，重点要放在改革课程设置和教学内容上，在宽口径的应用和就业面上灵活设置专业培养方向，要进行资源有效配置，将传统专业的闲置资源、剩余资源或利用率不高的资源向社会未来发展急需的高新技术类专业转移，使之适应新型产业结构调整的要求。调整或改造传统专业，应主要面向地方支柱专业、高新技术产业、服务业的应用型专业，要保证专业培养与区域经济调整的实际需求的紧密联系。

## 2.3　职业教育布局结构与"产学合作"

随着经济的发展和产业结构的调整，许多与职业院校就业密切相关的企业从主城转移到边远的经济开发区、工业园区，分布在中心城市周边的卫星城市及区县城市。职业院校应紧紧盯住市场，依托行业和市场的需求办学，积极进行职业院校的布局结构调整，使其适应区域经济结构调整的发展。重庆近几年来不断进行产业结构的调整，确定了以IT信息和制造业为龙头的主要支柱产业，引入富士康、惠普及英业达等IT巨头入驻重庆主城外的西永工业园、保税区、经济开发区。这些企业和公司每年需要数十万一线的技能人员、车间运行管理人员和操作者，其主要来源就是职业院校的毕业生。

职业院校布局结构调整要有利于学校与企业接轨，方便开展"产学合作"。职业院校紧靠企业、工业园、保税区和经济开发区布局，企业为学校提供一种全新的教学环境，有助于学校更好地完成教学计划和培养目标，真正实现学校专业对接产业、课程对接岗位、课堂对接车间、教师对接实践、校长对接厂长。企业的深层次参与学校办学是保证职业教育特色和质量的不可缺少的要素之一，职业院校通过向企业输送合格技能人才来展示办学质量和服务水平，借助企业的力量确保办学质量和服务水平的稳定与提高，此外，职业院校还可以通过合作从企业一方获得设备、师资和学生实习机会等教育资源的支持。

"产学合作"一定要建立在双方共赢互利的基础上，使"产学合作"成为双方的一种需求和社会的责任，而不是一种形式。"产学合作"中企业的利益体现在：①企业需要来自职业院校大量的高素质技能人才，毕业生的质量直接影响企业的技术水平和产品品牌的树立；②利用学校资源对企业职工进行继续教育，提升在岗员工的技能水平；③通过学生生产实习，企业可获得廉价的劳动力，并得到学校对企业的技术支持。学生毕业后依托企业就地就业，对企业和学校都是一种经济的运行模式，能使双方获得较好的社会效益。

## 2.4 职业院校布局与新生劳动力的聚集

教育作为培养人的社会活动，与其生源分布和发展状况密切相关。一方面，教育影响生源的发展变化，影响生源数量的增长及规模，影响生源的素质和结构；另一方面，一定社会层次、区域的学生状况及发展趋势在某种程度上决定了接受教育的形式。由于职业教育院校的农村生源占有相当大的比例，这就决定了职业教育的布局、速度、结构、形式乃至培养目标都要适应农村的学生，因此，职业教育的规划、布局不能忽视生源这一重要的社会条件。

城市经济发展水平在一定程度上影响着职业学院布局结构调整的内涵、规模、专业类型和层次差别等。笔者曾对重庆市的经济发展结构和职业教育结构进行过研究，自2007年以来，重庆市对职业院校的布局结构进行调整，形成以重庆万州、涪陵、永川、黔江四个卫星城市职教中心和以重庆主城职业教育为龙头的格局。随着经济的发展和产业结构的调整，许多与职业院校就业密切相关的企业（如化工、机械制造、医药、计算机电子产品、汽车等）已经转移到重庆主城外。重庆主城区主要发展第三产业，如国际金融、保险、保税物流、房地产、高端IT信息产业和国际贸易等，可定为重庆的金融、物流中心/高等职教倾向地区，这些区域可设置以第三产业和以服务性为主的职业院校；对于重庆万州、涪陵、永川、黔江及各种经济开发区、工业园区，这些地方劳动力较多地集中于第一产业和第二产业，可定为工业中心、制造中心/高等职教倾向地区，主要设置以轨道交通、新能源汽车、装备制造、化工、电子信息、仪器仪表、国防军工为代表的现代制造业的职业院校。从办学模式来看，宜采用与区域经济发展和产业结构紧密结合的专业设置和办学形式，有利于积极开展"产学合作"和毕业生就地就业。

中小城市作为大城市的卫星城市有聚集富余劳动力和新生劳动力的功能，可以缓解大城市的人口压力和就业压力，增加大城市的稳定指数。在这些地方，无论在投资、运行经费，还是学生的学习成本都低于大城市。在中小城市和经济开发区发展职业教育，可以带动当地的经济发展，特别是可以解决城镇青年和农村大量青年转移劳动力就近接受职业教育，毕业后就地安排就业。职业院校布局在这些地区还会刺激区域经济的快速发展，提升这些地区的文化和精神建设。

## 2.5 职业教育形态结构与经济和产业的关系

随着区域经济发展和产业结构的重新布局，催生了很多新产业和新行业。仍以重庆发展为例，在国家的大力支持下，重庆作为西部中心城市的四大目标正在实现，一是建成全国的五大中心城市之一，成为长江上游经济增长的中心，这就意味要建成国际大都市，大力发展第三产业，提升产业层次；二是建成西部的航运中心，国际物流和贸易将得到大发展；三是建成西部的结算中心，与国际金融接轨，对国际金融和会计结算人才需求量增加；四是建成多个国家级保税区和经济开发区，把重庆建设为国内唯一"内陆开放高地"的城市，使重庆发展步入"双核"驱动时代：东边核心是两路寸滩保税港区，依托水港、空港，侧重保税物流，辐射本地及周边省市；西边核心是西永综合保税区，依托西永微电园高科技项目集群，侧重保税加工，重点发展高端IT产业。经济调整和技术升级必然会冲击许多传统的产业，引起一些岗位和职业的演变和改造，从而带来大量的转岗、转业和分流人员，这类人员一般不需要再进行学历学习，他们所需的就是短期的、针对性的培训学习。

区域经济和产业结构调整为职业教育带来新的机遇和挑战，职业院校的职业培训不应仅仅由市场"需求"所驱动，而应由自身"发展的需要"所驱动，应当认识到多层次的、各种形式的职业培训已不再是孤立于职业教育一隅的一种类型或一个阶段的教育。现代社会职业岗位体系是一个动态的大系统，必须改革和转变办学思想，在完成学历教育的同时，积极开展和布局各种形式的职业培训，以学历教育为主，培训教育为辅，使两者相互贯通，构建职业培训与终身教育一体化的职业教育形态结构。职业院校利用现有的教育资源开展培训教育，投资小、见效快，要将培训教育做大、做强，形成品牌，与学历教育各分秋色。培训教育具有巨大的市场空间，若死守学历教育一块，必然会自陷困境，使办学道路越走越窄。

# 第3章 "政产学"三重关系中政府的作用

**本章摘要**：职业教育结构与区域经济结构两者的相互适应不仅仅是一种市场行为，更是一种社会经济关系，政府在其中的作用举足轻重。在政府、职业教育结构和区域经济结构的三重关系中，政府的职能主要体现为政策设计与宏观调控，通过调整区域经济结构和产业构成，引导职业教育结构与经济结构相适应，通过合理调整职业教育结构，促进区域劳动力技术水平的提高。

一般认为，职业教育结构的调整和改革是教育系统自身适应区域经济结构的问题，这种调整或适应主要是一种市场调节行为，是职业教育结构和经济与产业结构之间的利益调整关系，忽视了政府在规范和引导教育结构调整中的重要作用和职能，致使职业教育的专业、布局、形态及体制等结构调整很难与社会经济变革相适应，职业院校参与教育结构调整的积极性不高，缺乏长期和稳定的与区域经济和产业结构相适应的变革机制。

## 3.1 "政产学"三重关系的构建

从经济角度讲，职业教育结构与区域经济结构和产业结构的相互适应，能够产生和谐的经济社会。一个地区具有合理的职业教育结构，除了职业院校、受教育者个人和接受毕业生就业的企业外，恐怕社会和国家是最大的受益者。从"调节"功能看，区域经济对职业教育结构的调节是第一次调节，这种调节主要发生在职业教育的专业结构领域，政府层面的参与属于第二次调节，主要影响着职业教育的布局结构、形态结构以及体制结构如何更好地适应生产关系，其产生的影响体现在宏观经济建设和社会效益上。市场和政府共同调节，既可以增强职业教育与经济结构的相互促进和相互制约，又可以保障两者协调发展所带来的经济效益和社会效益。因此，政府对职业教育结构的调节作用十分重要，那种以"主要服从市场选择"为借口，放弃政府对职业教育结构和经济结构的调节、管理和监控的职责，对职业教育的发展是很不利的。在市场经济条件下，解决职业教育结构调整问题当然要依靠市场机制，但是，这并不意味着政府可以不管或者少管，恰恰相反，政府更应该加强责任，有所作为，营造一个良好的政策环境，这是保障职业教育结构合理的关键和根本。

  过去，职业院校的运行和发展与经济界、产业界联系很少，几乎是两个独立系统，职业教育结构的演化和调整脱离区域经济结构和产业结构的影响而自我循环、自我服务。随着生产关系和劳动技术发展的需要，双方出现了交流、互动与耦合，形成了相互影响又相互制约的共同发展关系，如图3-1所示。但这种耦合仅仅是职业教育结构与经济结构相互适应的一种市场行为，对于维持两者长期和稳定的制约关系是远远不够的。因为，这种制约关系是一种游离的、不稳定的结构，随时可以回到自身的运行轨道中，需要政府作为主导者对两者进行监督、协调和政策上的保证。在经济社会中，政府既是职业教育结构和经济结构的调控者，又是双方实现制约和相互促进的重要保障和黏合剂。政府可以扮演经济结构调控者的角色，通过制定一段时期区域经济发展战略和产业激励政策来调整区域经济和产业结构；同样政府也可以扮演职业教育管理者的角色，通过制定符合社会需要和区域经济发展的教育发展规划，适应区域经济结构的职业教育结构来规范职业教育的发展。因此，相互制约、相互适应、相互促进又相对稳定的新型职业教育结构与经济结构关系，应是政府监管，职业教育结构与经济结构互为约束的"三重关系"模式（Government-Vocational Educational Structure-Economic Structure），见图3-2。"三重关系"表明了政府、职业教育和经济发展是相互依存的关联体，可用函数关系来描述三者，设G表示政府、V表示职业教育结构、E代表经济结构，则V和E的相互制约只涉及职业教育结构与经济结构两者的关系，所包含的主体实际上只有两个，是从$(V_1, E_1)$到$(V_2, E_2)$的变化，而在"三重关系"中，则是指从$(G_1, V_1, E_1)$到$(G_2, V_2, E_2)$的变化，政府、职业教育和经济结构分别表示函数的自变量，三者作用的结果就是函数的因变量。值得注意的是，三个变量并不是平行的，而是相互耦合和螺旋上升的，其中政府这一变量对函数的结果影响尤其明显。由于政府的主导和调控，使职业教育结构和区域经济结构的发展与调节呈现出互相制约又相互促进的稳定状态。

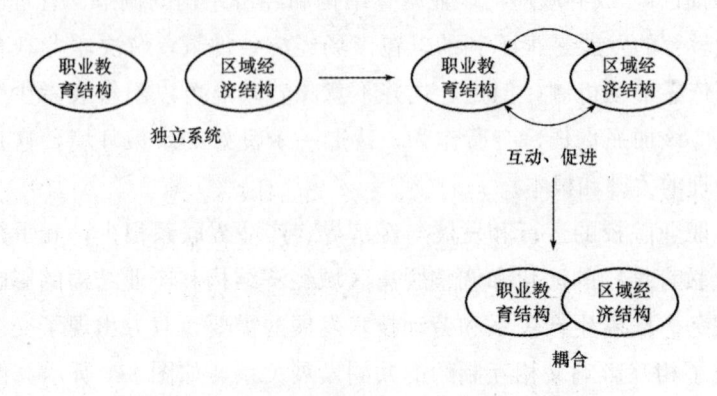

图 3-1 职业教育结构与经济结构关系的演化

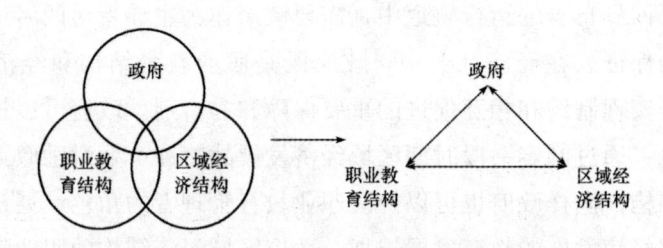

图 3-2 政府-职业教育结构-经济结构的三重关系

## 3.2 政府对职业教育和产业结构的调控作用

政府职能的内涵从广义上讲，是能够为促进社会经济繁荣进行宏观调控和为社会提供公共服务。前者的含义是，政府的职能是以总量平衡、结构调整为目标，利用经济手段监督和引导社会各个子系统取得良好的宏观经济效益、社会效益和生态效益；后者则阐明了政府的职能是为各种市场主体提供良好的发展环境和平等竞争的条件，为社会提供安全和公共产品，为劳动者提供就业机会和社会保障。在职业教育结构适应区域经济发展中，政府作为经济政策和产业政策的制定者和教育部门的管理者，应积极扮演监督、调整和协调的角色，保证职业教育结构和经济结构的协调发展，促进地区职业教育事业与经济的发展和稳定。

### 3.2.1 宏观调控区域经济结构和产业构成，促进区域经济文化和技术发展水平

从执政和管理的角度讲，政府应在职业教育和经济发展之间营造一个调控和监督的外部环境，利用经济的杠杆，制定特定的政策和采取一定的措施来推动两者的协调发展，从而取得宏观的经济效益和社会效益。比如，政府可以主动调整本地区的经济结构，制定本地国民经济发展的五年规划和经济激励政策，引导区域产业进行结构调整，积极引进外资和高科学技术，建立各种高新技术开发区、保税工业园区，鼓励优先产业发展，提升和改进装备制造技术水平。以重庆为例，2012年重庆市为了加快城镇化、工业化和城乡统筹一体化进程，加快经济发展方式转变，提高劳动力素质和企业生产效益，积极调整区域内产业结构，在原有的优势产业基础上进行调整和重新布局，提出以轨道交通、大型输变电及装备、新能源汽车、石油化工、特种船舶、国防军工、结算类金融和创新型金融、网络服务、电子信息等十大战略性产业。在新的经济结构模式下，重庆形成了"两江新区"、"双核"保税区及先前规划的"高新开发区"等多轴驱动经济和产业发展的时代。经济结构和产业结构的优化布局，促进了重庆地区经济和技术的快速发展。

### 3.2.2 重新定位和提升大城市功能，指导职业院校的布局结构调整

城市的新功能正在不断的增强和转化，大城市功能定位逐渐向着国际金融、商贸和物流转变，经济的飞跃发展使城市的地价不断升值，寸土寸金，而蜗居在城市中心地段的职业院校却面临学校发展和生存的危机。政府可以重新规划和调整城市功能，改变土地用途，使其发挥更大的经济和社会功能，将一些职业院校进行重新布局，从城市中心地带迁向各种经济开发区或二、三线城市，建设与工业产业园区配套的具有较大规模、高水平、功能完善的职业院校，利用开发区的各种优势来推动职业院校的各项建设。比如：重庆正在实施的"两江新区"建设，按其功能划分为"3大特色板块"和"5＋3"的高新产业布局，其中"先进制造业板块"远离主城区，适合以制造、汽车、电子信息、轻纺食品、生化药品等大类学科为主的职业院校布局；"都市功能模块"靠近主城，重点发展金融和商务，适合以财经、公共事业、文化教育、艺术传媒、法律等大类学科为主的职业院校布局；而"现代服务业板块"紧靠长江和嘉陵江，北接江北国际机场，适合交通运输、水利、土建大类的职业院校布局。通过政府对区域经济和社会结构的宏观调控，许多职

业院校获得了新的发展机遇,整合已有的资源,优势互补,以职业院校建设带动城镇和乡村建设,提升周边劳动力的技术结构。职业院校利用土地置换的优势资金,改变过去小而散的状况,实现集约化、规模化办学,使地区职业教育结构布局与产业结构布局在一个新的高度上重新相互适应。

### 3.2.3 积极制定发展职业技术教育政策,优化区域内职业教育结构

在区域经济结构调整时期,职业教育的结构应融入经济、伴随经济并与经济同步调整。职业院校办学与社会经济、产业结构等领域有着千丝万缕的联系,职业教育结构调整是社会经济、政治和文化等领域的诸多变革在职业教育系统中的反映和体现,其本身必然受到以上各种因素的制约和影响,反过来一个地区的职业教育结构是否合理,在一定程度上可以影响当地的社会经济、文化和政治的变迁。政府应深刻认识到职业教育的结构在经济社会发展中的基础性与战略性的地位和作用,合理的教育结构能够适应并促进经济和劳动技术发展,因此,政府应积极制定职业教育政策和法规来引导职业教育结构的调整。

政府可以依据区域经济和人才结构水平,规划和调整职业教育的总体布局,比如:依托区域的产业发展重点,实施"产—学—研—就业"一体化的职业教育发展思路;通过整合职业教育资源实现"城—乡"教育统筹发展的布局思路;在城市中,实施职业学院布局相对集聚、资源共享的发展格局,通过新建、改造、整合、提升等方式,优化职业院校的总体布局。2012年重庆市《关于大力发展职业技术教育的决定》提出:要着力把主城区打造成为重庆职业技术教育的核心区,把万州、永川建成职业技术教育的重要基地、通过挖潜提质、内涵发展,发挥其辐射带动作用,把涪陵、江津、合川打造成职业教育的区域中心,其他区县因地制宜办好现有职业技术学校,原则上不再开新校。围绕产业布局和发展需要,重点建设一批优质职业学院,积极鼓励职业学院入住相关产业(工业)园办学,推进产教一体化发展。这些政策和措施的制定使职业教育的总体布局更好地适应了重庆经济结构和产业结构的调整。

### 3.2.4 按区域经济和产业结构的发展规划,指导职业教育专业结构的调整

产业结构直接决定职业教育专业的设置、调整与发展。经济发展引起产业结构升级和调整的过程,其实质是新技术迅猛发展并应用到生产领域的过程,在这一过程中创造出一些新的生产部门,相应地要求职业院校的专业设置必须对这种变化作出回应。在专业设置上,既要考虑办学的超前性,又要考虑区域产业结构

发展的特点,既要服从区域经济未来发展的要求,又要通过自身结构的优化,更好地服务于区域经济的发展。地方政府在制定产业结构调整和技术升级的战略部署时,也要积极制定职业教育的专业结构调整措施,调整或改造传统专业,主动将职业专业体系与课程体系地融入产业和行业链,开设区域经济发展急需的各类应用性专业,增加与高新技术相关度较高的专业学科,并加强这些学科专业的建设水平,积极为区域经济的支柱产业、高新技术产业及新型服务业培养学生。比如:重庆市在制定"十二五"国民经济发展纲要中,就指出要提升先进制造业水平,加快建设支撑和服务"6+1"支柱产业、"2+10"战略性新兴产业的相关专业和专业群,优先发展信息技术、加工制造、石油化工、材料与能源、资源环境等类别专业。积极发展物流、商贸、护理、金融事务等相关专业,围绕现代农业发展,加强农林渔牧等涉农专业建设。针对产业结构的调整,2012年重庆市政府制定了大力发展职业技术教育的决定,提出:要瞄准市场,形成与区域经济和产业发展匹配紧密、结构合理、覆盖广泛、特色鲜明的职业教育专业结构调整思路,通过政府发展职业专业的政策调控,使职业学院专业建设与区域经济结构和产业结构相适应,促进了职业教育专业改革的发展。

### 3.2.5 根据区域劳动力技术水平,合理调整职业教育的形态结构

政府促进职业教育形态结构合理发展,就是在保证一定数量的职业学历教育,同时制定积极措施,鼓励开展各种形式的职业技术培训,使两者相互贯通,形成学历教育与职业培训双轴驱动的局面。职业教育的形态结构是多种多样的,有学历教育、短期教育和培训教育,有单一性教育和多学科教育,学习时间有全日制、业余制及短期培训制等。

政府可通过制定相应的指导和激励政策实现职业教育形态结构的调控,如:强化职业技能培训在终身教育和促进就业创业中的地位和作用,推行政府补助培训实名制管理,城乡统筹、就业导向、技能为本、终身培训,建立以职业院校、企业和各类培训机构为载体的职业资格培训体系等。政府在实施职业教育专业结构调整和规划中,要充分利用现有教育资源,根据区域劳动力的技术水平和分布状况,配合区域经济结构特点和产业结构调整,积极开展政府购买的社会培训产品,如在岗职工技能提升培训工程、城乡统筹的转移劳动力培训工程、建筑行业惠农转移培训工程、大学生再就业培训工程、助推微型企业创业培训工程以及库区移民技能培训工程等,将培训教育做大、做强,形成品牌。

## "政产学"三重关系在院校建设中的探索与实践

　　不同类型和不同层次的培训教育是对学历教育的补充和强化,是对学习者职前、职后、转岗培训及个性化学习的需求搭建一个学习知识和技能的平台,学历教育与培训教育应互相衔接、互为补充,共同构成完善的现代职业教育形态结构。

# 第4章 "政产学"关系中政府对"产学合作"的调控

**本章摘要**："产学合作"的双方不仅是一种市场行为，更是一种社会责任，政府在"产学合作"中的作用举足轻重。本章分析产学合作的经济和社会属性，论述"产学合作"中的"政产学"关系，提出政府应在政策法律、公共服务、中介评价、监督和保障等方面应为"产学合作"做出应有的努力。

## 4.1 "产学合作"的经济和社会属性

从经济角度讲，职业院校与产业界之间的合作关系具有"准公共产品"性质，既具有"私人产品"性质，又具有"公共产品"性质。"产学合作"的直接受益者，除了职业院校、受教育者个人和接受毕业生就业的企业外，恐怕社会和国家是最大的受益者。"产学合作"可以提高劳动者的素质，推动职业院校和企业自身的建设，促进地方职业教育和经济的发展，可以实现劳动力的合理就业，减少社会失业，促进社会的和谐发展。"产学合作"的这种"准公共产品"特性，决定其必须由职业院校、企业和政府三方共同参与，而且政府在其中的作用是举足轻重的。从"调节"功能看，市场层面对"产学合作"的调节是第一次调节，主要在互利互惠领域和相互利益的需求上；政府层面的管理与监督属于第二次调节，主要在社会效益和社会稳定领域。市场和政府共同调节，既可以提高产学合作双方效益上的双赢，又可以保障"产学合作"发展的社会效益、社会责任和社会公平，显然政府的调节作用十分重要，而且是必需的。那种以"服从市场选择"为借口，放弃政府对"产学合作"调节、管理和监控的责任，对"产学合作"的发展是很不利的。

"产学合作"发展过程，应是职业院校和产业部门共同参与职业教育的过程，也是职业教育从根本上适应社会经济发展需要的过程，"产学合作"可以拓展职业院校的职能，使职业院校办学由社会的边缘逐渐向社会的中心转移，"产学合作"

的发展受社会经济和教育发展水平的制约，经济发展水平对"产学合作"的制约主要表现在社会的工业化程度及对劳动者的类型和层次的不同需求，而职业教育发展水平即毕业生的质与量又反作用于"产学合作"双方的利益和社会效益。"产学合作"的主要产品是实实在在的劳动者，当"产学合作"积极适应社会，会对企业的经济和培训产生积极的推动作用，因而可极大提高劳动生产率，产生出良好的经济效益和社会效益。

职业教育是面向社会的教育，离不开企业的支持与合作。产学合作面临的最大困难是企业积极性不高，绝大部分情况是职业院校剃头挑子一头热。职业教育界人士认为，导致产学合作困境的最主要问题是政府缺乏完善的政策和行之有效的制度来保证职业院校和企业的合作，产学合作需要良好的法律和政策环境对企业进行约束与驱动。企业是经济实体，它的生存原则是以最低的成本获取最大的经济效益；职业院校是为社会培养技能人才的地方，它的宗旨是按既定的目标和教学计划为社会提供教育产品；而产学合作政策和法规是国家实施职业教育方针，推动地方经济发展，促进就业制定的行动准则和行为规范，是统一、引导企业和职业院校合作的意志和行为的重要依据。

世界各国在发展职业院校产学合作过程中，政府都积极制定出各种政策，支持产学合作的发展。1969年德国政府颁布了《职业教育法》，以后又制定了《企业基本法》和《培训员资格条例》，从政府层面上规定了企业在职业教育中的责任和权利，从而保证了产学合作的顺利进行。国外有许多产学合作的成功范例，如德国的双元制、英国的工读交替学徒培训制、日本的产学合作制、澳大利亚 TAFE 制、美国的合作教育计划及苏联的"院校—基地—企业培训制"等模式。这些产学合作模式从不同的地域、不同的经济发展状况及不同的文化背景下，证明了产学合作对职业教育和社会经济发展贡献的重要性。同时，这些成功的产学合作都离不开各国政府的参与、支持、监督和政策保障。从国外产学合作发展的历程看，政府对教育的干预主要通过立法和财政资助手段来间接地实现。因此，政府在职业院校和企业进行的产学合作中，应起到积极的主导作用。

## 4.2 "政产学"三重关系中政府的职能

在"政府—职业院校—企业"三重关系中，政府的作用举足轻重，它同时与企业和职业院校进行耦合，决定着"产学合作"能否稳固、长期存在和持续发展。过去在研究"产学合作"时,往往只强调"职业院校—企业"双方的作用及服从市场的选择,而忽略政府的职能和作用,按"政产学"三重关系,政府在"产学合作"中的作用应体现在以下几方面。

### 4.2.1 政策设计,宏观调控,立法保证

在市场经济社会中,从执政和管理的角度看,政府应发挥其调控角色的功能,在促进"产学合作"方面,政府作用主要是总量平衡、结构调整、监督和引导,利用立法保证和经济杠杆,推动企业和职业院校双方开展合作,从而取得宏观的经济效益和社会效益。比如,政府制定鼓励行业、企业参与职业教育的政策,为企业参与工学结合、产学合作提供良好的政策环境,授权地方政府对接受职校学生实习的企业给予相应的税收优惠;按照国家有关规定,可以将企业支付实习学生的报酬计入企业生产成本,予以税前扣除;鼓励企业将按照国家规定提取的教育培训经费用于实习支出,计入教育培训经费总额;对开展产学合作的企业实行税收减免,政策和银行贷款上的支持,激励企业主动参与产学合作。

对于职业院校而言,各级政府和教育主管部门要积极贯彻落实全国职教会议精神,要求各类职业技术院校实施"双证制""工学结合""半工半读""订单式培养""委托培养"等形式,积极推行国家职业资格证书制度,实现"先培训后就业"的用工流程。此外,各级劳动部门要大力开展岗前培训,积极实施劳动力准入制度,密切职业院校与企业的联系。

### 4.2.2 组建中介、咨询机构,提供公共服务

《国务院关于大力发展职业教育的决定》明确指出:"十一五"期间,在办学格局上,要继续完善"政府主导、依靠企业、充分发挥行业作用";在管理体制上要以"地方为主、政府统筹、社会参与"。目前职业教育产学合作中,政府存在职能缺位现象,比如,在职业院校与企业的合作中,主管部门只是强调企业与学院要加强联系,仅仅把这种合作看成是市场行为,疏于对产学合作的过程管理和监督。结果在多数合作中,企业积极性不高,很难将合作坚持下去。

政府对产学合作的管理和监督可以借助于市场的中介组织,如各种行业协会,劳动仲裁机构,咨询、职业资格认证机构,商业保险,律师及会计师事务所,以及专门针对产学合作的评估机构等。这些机构作为政府职能的延伸,可以代替政府履行特定的职能,能为产学合作的双方提供良好的发展环境和互利互惠的激励机制。中介机构作为第三方,其任务是为双方提供公共服务,为产学合作的产

品——毕业生提供就业机会和社会保障，同时也为产学合作提供监督、评估服务，使政府工作重心从微观向中观和宏观上转移，微观上放松，宏观上抓紧。比如，产学合作中学生实习期间发生的人身意外事故是企业和学校都不愿面对和难以处理的事情，就可以通过商业保险公司为每个学生购买实习险种来解决；而如何保护企业商业秘密和技术秘密等问题也是校企业合作中的难题，通过中介机构第三方的担保，就可以最大限度地消除企业的担忧。

### 4.2.3 为"产学合作"搭建平台、营造环境

"产学合作"需要搭建制度平台，需要建立制度保障。政府应加大推动职业教育"产学合作"的力度，尽快建立起一个企业和职业院校共同参与的长期化制度平台。具体操作可通过建立经济开发区、产学合作科技园、组建孵化器等，为"产学合作"双方提供必要的平台。政府"搭台"的主要手段可以是：

(1)政府划出部分场地，由企业和学院共同组建生产性实训基地，企业注入资金，提供实训指导老师、设备和技术支持，职业院校按企业的要求设置专业，按企业的要求为企业培养人才，并长期承担社会各方面和企业的培训工作及继续教育工作，职业院校教师参与企业技术改革和技术服务等等。在政府搭建的平台上，建立双方支援体系，双方互惠互利，互相支持、互相支援，构成一个有机整体，保证学生在校期间的生产性实习不能低于50%，实现职业院校和企业共同"生产育人"的目标。

(2)由地方政府设立职业教育"产学合作"专项基金，用于资助"产学合作"的实习基地、生产性实训车间建设；对学生在企业实习期间发生意外事故给予保险赔偿；对企业接纳学生实现发生的物耗和能耗给予适度的资助；对接受职业院校学生实习的企业实行奖励或将企业的实习费用支付成本从税前列支；由政府直接减免部分教育税收等。

(3)政府出资采购公共职业教育培训项目，提供给相关职业院校和企业共同购买，利用学校的师资、实训条件和企业的生产场地来完成对企业新进员工培训服务，在实施合作中加强企业和院校的联系和责任。

(4)政府创建"产学合作"的运行机制。如建立校企文化融合的沟通机制；建立校企利益互动的驱动机制；推进"工学"交替的合作模式；建立校企共同经济实体及建立"产学合作"的保障机制等。通过政府建立的各种措施来保障"产学合作"的顺利实施。

(5)地方政府可以设立"产业合作委员会"，由计划、劳动、人事、财政、经

委、教委等部门参加,共同研究、协调、监督、评价产学合作教育的重大事宜。发挥政府的行政功能和服务社会功能,以使校企双方承担自己的合作职责,实现自己的权利,履行自己的义务,推进产学合作持续健康发展。政府还可对企业和学校双方进行控制和监督,对与学校合作的企业给予一定的财政补偿;对不依靠大学培养人才的企业则增加一定的税金,并公开因教育水平低而不能满足企业需要的学校名单,减少或停止对其的财政支持。以此来促进企业与学校间的相互合作。

### 4.2.4 建立科学的"评估"机制,为"产学合作"提供监督和保障

产学合作持续健康发展需要建立一套科学合理的评价机制,"产学合作"涉及职业院校和企业双方,他们分属不同的管理类别,政府在监督和保障"产学合作"时,必须建立起一套完整的"评估"指标体系,使"产学合作"能健康、稳定和长久的开展下去。由政府牵头,行业主管和教育行政主管、职业院校、企业、社会和学生及其家长都应参与,共同制定出"产学合作"的评估考核指标体系,考核指标应有"软"指标,包括培养人才的质量、管理的科学化程度等;也有"硬"指标,如合作双方培养人才的数量、效益,合作企业的成本、收益等,只有通过有效的评价机制,才能够检验产学结合形式的正确与否、效果好坏、效益高低及成熟度等。

"评估"的方法可采用分项评估、分类评估、合作条件和合作效益评估、观察分析、调查座谈及抽样调查等方式对"产学合作"的目标、过程、效益环境及质量进行定性和定量的评价和监督。对"产学合作"的评估应体现以下基本原则:①"产学合作"为社会服务、为学生全面发展服务的方向原则;②反映客观规律和事物本质的科学性原则;③反映事物本来面目的客观性原则;④能够量化的可测性原则。合理的评估体系指标对"产学合作"的双方既是一种监督和约束机制,也是促使双方以合作促发展的激励机制,使"产学合作"不断步入正常运行轨道。

为保证评估的公开、公正和权威性,政府可指派和授权第三方具有权威性的社会评价机构实施评估。如中介机构、行业组织、专门的评价组织等。评估机构应定期完成:①产学合作信息收集。负责收集院校与企业的合作教育总体信息,并定期通过网站或其他媒体向企业和院校发布;②产学合作情况评价。根据收集到的信息和实地调研,定期对产学合作教育进行检查、评价;③产学合作成果验收。根据产学合作教育协议,每隔一定时间有针对性地对已开展产学合作的校企进行实地考察,写出评价报告。政府、院校、企业以及社会都应该了解评估工作的全面情况,评估的结果应定期向社会公布。政府可根据评估的结果,决定对产

学合作双方实施奖励或惩罚。

在职业与企业进行产学合作中,政府主要职能包括:立法保障、政策引导、中介服务、社会监督等,利用经济手段监督和引导社会各个子系统积极参与产学合作。在"产学合作"中,政府作为国家公共管理部门,应积极扮演监督、调整和协调的角色,使产学合作制度化,保证职业院校、企业相互支援、共同受益,满足家长对教育产品的期望,促进社会的和谐与稳定。政府应该设立"产学合作"专门机构来监督和控制企业和职业院校的行为,监督作用是至关重要的,它不仅可以保证产学合作较为顺利地沿着校企双方既定的合作目标、合作方式运行,确保合作内容的实现,而且可以强行推动合作不顺利的校企双方承担自己的合作职责,履行自己的义务,实现自己的权利。

# 第 5 章　职业教育"产学合作"互利的动力机制

**本章摘要**：从教育与经济、市场经济、双赢的利益、社会供求及政府管理等层面上分析了"产学合作"互利性的动力机制，提出了共建生产实训基地、共建经济实体、校企文化对接、依托行业背景、开展"工—学"交替等互利的创新合作模式。

加强"产学合作"是建立现代职业教育体系的必然要求，是职业教育改革深化和面向区域经济和社区经济服务的突破口。"产学合作"要实现互利双赢，其动力机制是什么？职业院校和企业应从什么地方找到合作的切入点？不深入研究这些问题，"产学合作"就没有实质性的内容，也不可能健康、稳定、长久的开展。

## 5.1　"产学合作"中互利性与政府管理的关系

"产学合作"的双方一定是互利的，这是产学合作的前提。过去许多产学合作形同虚设，或者不能长久，主要是没有形成互利共赢、共同发展的良性局面。互利并不是放弃自身利益，而是求得更大的共同利益。

互利性原则是建立在学校和企业双方平等和互惠的基础上。"产学合作"的互利性主要体现为三方面：一是社会效益，反映学校和企业在合作的过程中共同培养社会所需要的人才，促进就业和社会的稳定发展，体现了社会责任；二是学校利益，能更好地为地方经济发展培养所需的合格人才；三是企业利益，促进企业自身经济发展和产品的品牌树立，从而获得更好的经济效益。

职业教育所涉及的关系，无非是学生、职业院校、企业和政府之间的关系。从直接关系看，主要是学生、职业院校及用人企业之间的关系，而政府既是职业教育主要的投资者，又是学生、职业院校和企业的管理者；从逻辑关系看，职业院校是企业和学生之间的纽带，学生是通过学校学习专业，进而进入企业工作来满足自身和社会经济发展的需要，职业学校连接着学生需求与企业需求，起着一种桥梁作用。但是，学生、职业学校、企业又是一组矛盾体，学生的需求是通过专业学习找到一份好的工作，在此过程中学生总是希望能够以最少的学习成本来完成学业(包括时间成本)；职业学校总是希望以最低的教学成本完成教育教学过程；而企业总是希望以最低的成本招聘到能够满足生产需要的人才。为协调不同需求的各方，政府应作为管理者的身份加入，即职业教育涉及的第四方——政府来制定相应的制度和规则，不断规范三者的行为，或通过经济手段对三者的行为进行调控，这是职业教育协调发展的最低环境要求。

在职业院校和企业处于耦合阶段的合作中，双方都扮演双重角色，职业院校扮演企业角色，表现为帮助培育新技术，将技术转化为生产工艺流程，进行知识的再生产，组建产学研发中心；企业扮演职业院校角色，表现为接纳学生实习和就业，开展一些培训和科研，对职业院校给予一定的资源支持，于是在职业院校和企业之间逐渐出现代理和替代，相互依存，形成"职业院校—企业"双重关系的合作。但这仅仅是职业院校和企业两者之间的利益耦合，对于维持"职业院校—企业"长期和稳定的"合作"是远远不够的。双重关系是一种游离的、不稳定的结构，这是因为合作的双方更多的是从自身的利益考虑，而把社会责任和义务放在从属地位，不能实现长久和持续的发展。因此，需要政府作为第三方进行监督、协调和政策上的保证，在经济社会中，政府既是职业院校和企业的举办者和管理者，又是"职业院校—企业"双方实现合作的重要保障和黏合剂。政府可以扮演管理企业的角色，通过资助和制定一些管理政策来支持企业的发展和开展"产学合作"；同样政府也可以扮演管理职业院校的角色，通过制定符合社会需要的教育方针和评估指标体系来规范职业院校的发展，促进"产学合作"。因此，互利的、互补的、稳定的、长期的、新型的"产学合作"关系，应是"政府—职业院校—企业"共同参与的"三重关系"模式。

## 5.2 "产学合作"互利性的动力机制

"产学合作"互利性的动力机制可以从以下几个层面来分析。

### 5.2.1 教育与经济层面

职业教育是直接为地方经济建设和制造业服务的，其培养的人才面向生产第一线，职业教育整个办学过程离不开企业和社会的参与，这是职业教育社会化与行业化进程的标志。"产学合作"是教育与经济发展的必然过程，教育要适应产业结构的调整和经济发展，经济发展需要先进的技术作支撑，"产学合作"就是教育与经济关系的具体化。对于学校，"产学合作"体现了教育要适应地方经济发展规律的要求，不适应经济发展要求的教育没有生命力；对于企业，无论何种特色的经济实体，缺乏良好教育支持都必然会受到社会发展规律的惩罚，教育与经济的密切合作是教育与经济共同发展的前提。校企双方作为教育与经济关系的具体载体，应遵循规律，相互依存，主动合作，实现互利双赢。

### 5.2.2 市场经济层面

职业的教育结构形态必须适应区域经济的发展和产业结构的调整，从这一点出发，每个职业学院就应紧盯就业市场，依托行业和市场的需求办学，使职业的结构形态和功能形态都能拉动区域经济的发展。从目前来看，民办职业院校和民营经济实体所办的学校在"产学合作"方面的积极性普遍比公立职业院校高，合作得更好，这是市场经济催化的结果。民营经济实体不开展"产学合作"就无法生存，而公立职业院校"产学合作"往往是教育部门和政府在推动，还没有到主动和迫切的地步。在市场经济下，职业院校不与企业开展合作就没有生命力，迟早会影响学校的招生和就业，甚至影响生存。有远见的学校领导应意识到职业院校在"产学合作"中是处于主导地位，学校的合作意愿要高于企业。因此，学校领导应走出校门，主动与企业寻求合作，达到互利双赢。

### 5.2.3 双赢的利益层面

双赢的利益是在校企双方合作的过程中获得的。对于学校方面，"产学合作"为学校提供一种全新的教学环境，是一种创新的办学模式，有助于学校更好地完成教学计划和培养目标。企业的深层次参与教学过程是保证职业教育特色和质量不可缺少的要素之一，学校通过向企业输送合格技能人才来展示办学质量和服务水平，借助企业的力量确保办学质量和服务水平的稳定与提高，此外，学校还可以通过合作从企业一方获得设备和师资的支持。

对于企业方面，通过"产学合作"企业的利益体现在：①企业需要大量的来自学校的高素质技能人才，毕业生的质量直接影响企业的技术水平和产品品牌的树立；②利用学校资源对企业职工进行继续教育，提升在岗员工的技能水平；③借助于职业院校的信息与技术服务，进行新产品的研制开发、新技术的引进、设备的技术改造,将"产学合作"作为营造"学习型企业",提高企业自身的竞争力的手段;④通过学生生产实习,企业可获得廉价的劳动力,并得到学校对企业的技术支持。因此,从双赢的利益层面上,校企双方不仅存在合作的可能,而且满足合作的要求。

### 5.2.4 政府管理层面

各级政府和教育主管部门正积极贯彻落实全国职教会精神和《国务院关于进一步发挥行业、企业在职业教育和培训中作用的决定》,鼓励行业、企业参与职业教育,为"产学合作"创造条件。要求各类职业技术院校实行"双证制""工学结合""半工半读",积极推行国家职业资格证书制度,"先培训后就业"。此外,各级劳动部门大力开展岗前培训,积极实施劳动力准入制度,使学校与企业的联系更加密切。

2006年以来,国家教委和财政部启动了国家示范职业院校建设项目的评审工作,并将各校开展"产学合作"的成效作为考核和验收的重要指标,要求各院校大力开展"产学合作",依靠企业合作与投资,建立校内生产和研发一体化实训车间,使学生在校期间的生产性实习不能低于50%,对职业院校开展真正意义上的产学合作提出了具体的要求。

### 5.2.5 社会供求层面

教育也是一种投资。从人力资本的理论可知,人力资本投资的效益大于物质资本投资的效益,人力资本是推动经济发展的重要因素。教育投资是人力资本投资关键内容,职业教育是塑造人力资本特别重要的方式,而且是回报率很高的投资,学生花钱读书,购买教育产品,就是指望将来能得到回报。这种回报在短期来看是能够学以致用,毕业后能顺利就业;从长远来看是使投资者获得事业和收入上源源不断的收获。学生和家长在选择学校时,都希望学校有良好的"产学合作"背景和宽广的就业基地,让学生在校学习中就按照企业的要求进行学习和培养,缩短就业时的不应期。因此,积极开展"产学合作"在客观上顺应了教育投资者的愿望,同时也是吸引更多的学生和家长进行教育投资的重要因素之一。作为企业的一方,也非常愿意学校能按他们的要求进行培养,也非常欢迎学校为他们提供按他们要求培养的人才。双方在此基础上进行合作,实现了学校、家长、企业各方的互利,有利于社会的和谐发展。

上述内容从教育与经济关系、市场经济、学校和企业双赢、政府政策支持及社会供求关系等层面上对"产学合作"互利性的动力机制进行了分析,说明了职业院校开展"产学合作"的必要性和可行性。

## 5.3 实现"产学合作"互利的合作模式

### 5.3.1 联合共建校内外实习、实训基地

一是由合作企业设计建设方案,并向职业院校提供仪器、设备和技术支持,建立校内"教学型"实习、实训基地。例如深圳"元征"科技公司向广东白云学院提供成套的汽车检测设备,并在校内建起汽车检测线,供学生实习和对外维修汽车;台湾全量工业股份公司在广东白云学院建立生产性实训车间,让学生直接加工零件和调试产品;重庆力帆汽车集团与重庆工业职业技术学院合作,由力帆汽车集团提供设备和技术指导,学院提供场地和师资,共同建立校内培训基地,专门培训力帆汽车售后服务人员并供校内学生进行生产性实习。通过这种合作,企业宣传了自己的产品,培养了潜在的产品使用者和推销者,并从学院获得优秀的毕业生。二是企业根据自身条件和实际需要,在厂区车间内设立"生产与教学合一"的校外实习、实训基地,主要接纳合作职业院校学生进行顶岗生产实习,也可面向社会开展有偿服务。例如深圳职业技术学院利用企业厂区内建立的"港口与航运"实习基地进行生产实习;郑州铁路职业技术学院利用铁路系统内的教学基地开展联合培养学生。通过共建校内、校外实习、实训基地,让学生真刀真枪进行生产实习,实现就业"零距离"培养,缩短了学生毕业的"后成熟阶段",学生及家长也非常满意。

### 5.3.2 与企业建立共同经济实体

职业院校通过改制让企业以主人的身份直接参与办学全过程,共享办学效益。目前,山东和浙江等省的教育部门和政府部门联合出台相应的措施,鼓励企业参股、入股职业院校,探索以公有制为主导、产权明晰、多种所有制并存的职业教育办学体制。职业院校与企业建立共同经济实体,教育与产业建立"职教集团",权利分享与责任分担,推动职业院校与企业一体化办学,形成前校后厂、校企合一的办学实体。推动职业院校与企业走规模化、集团化、连锁化办学的路子,企业在分担责任的同时获得应有的经济利益,使校企双方合作更紧密、更长久。

### 5.3.3 实现校企文化对接

职业文化就是大学精神和企业精神的融合贯通，学校文化与企业文化的结合反映出职业文化的积淀。企业是培养学生技术应用能力和综合职业素质的最好场所。学生在课堂知识学习和校内实习实训的基础上，再到生产、经营、服务、生活第一线实践，能提高学生诸多素质，如敬业精神、人文精神、质量意识、服务态度、合作能力、独立工作能力、团队精神、风险承受能力等，将职业精神和企业文化融入实践教学环节，实现校园环境的企业化，从而让学生在就业时赢得主动。学生作为准职业人在企业实践，也将朝气蓬勃、自强奋进的校园精神带入企业，让校园文化潜移默化地影响企业。通过校企文化对接，建立起有利于培养技术应用能力和良好职业素质职业人的机制。

### 5.3.4 依托行业背景的合作

许多过去归属行业管理的职业院校有着良好的行业背景，他们长期与这些行业保持联系，如煤炭、钢铁、铁路、石油、造船、军工等院校。这些院校专业特色鲜明，与所属行业的生产、技术、服务、招生及就业有天然的"血缘关系"，在开展"产学合作"上有得天独厚的优势。如重庆工程职业技术学院（过去是煤校）与煤炭行业合作；重庆科技学院（过去是石油专科学校）与石油行业合作；渤海船舶职业学院与渤船重工所属的二十几个部门合作。学校和企业本着"双向参与，互惠互利，优势互补，资源共享，共同发展"的原则，以服务求支持，以贡献求发展，依托行业，服务地方经济；以高就业率带动高质量招生，以高质量招生为高质量教育教学打好基础，以高质量教育教学促进高就业率，提高就业层次和质量，努力形成招生、教学、就业之间的良性互动。

### 5.3.5 推进"工学"交替的合作模式

职业院校开展"产学合作"，在学制改革上，要打破传统的三年或二年制的学习制度，积极在学生中推行工学结合学习形式，建立真正意义上的学分制管理模式。学生工、学结合，实行"双元制"学习模式，半年在学校学习，由学校教师授课，半年在企业工作或顶岗实习，由企业的技术人员或师傅担任教师，使学校和企业共同培养学生，学生可以带着问题从学校到工厂，也可带着问题从工厂到学校，学生什么时候学完课程，取得学分，什么时候毕业。在整个学习期间，学生在生产和顶岗实习中遇到问题，随时可到学校开放的实训中心进行实习和实验。

此外，扩大选修课范围，调动学生自主学习的积极性，拓宽学生知识面以增强学生适应能力。学生在"双元制"学习过程中，理论联系实际，为毕业后"零距离"就业创造了条件，同时在企业实习工作中，可以得到一些生活补贴。企业在接受学生生产实习中，考察和培养自己需要的专业人才，并向学校反馈符合自己需求的培养方案，学校教师和工厂技术人员在合作过程中相互作用，互为补充，进一步密切了"校企"关系。

# 第6章 职业教育专业与产业、行业链融通的新视角

**本章摘要**：职业教育的专业培养面过窄，教学内容陈旧，跟不上区域经济和产业调整的步伐，专业建设和改革面临新的瓶颈。针对专业建设存在的问题，从新的视角进行分析与思考，提出基于产业和行业链的专业发展策略和实施路径。

近几年，许多职业院校的专业经历了国家示范专业的建设，骨干专业建设、课程资源库、精品课程和很多资源共享课程的建设。在学习国外的先进职教理念和新的职业教育课程观的基础上，建设了一批专业精品课程，各种实训设备增加了投入，师资有了明显的改善，教学资源得到极大的提升，但这主要还是硬件的改善，专业自身建设和改革跟不上区域经济和产业结构调整的步伐，忽视整个产业面和行业链对专业人才不同的定位和需求，知识学习领域和学生的就业范围相对较窄。专业是职业院校的生命，是学生选择职业院校学习的主要依据。职业教育专业建设和改革如何适应区域经济和产业结构调整，如何面向产业和行业链拓展其新领域，使专业建设得到可持续发展，将是新一轮职业教育专业改革的发轫点。

## 6.1 当前职业院校专业建设普遍存在的问题

### 6.1.1 专业设置同质化，特色不突出

当前职业教育专业面临的最大问题是专业教学缺乏特色，千校一面，重复和雷同的专业现象相当严重，客观上导致专业建设难以体现特色。此外，专业建设跟不上产业结构调整的需求，在专业设置上不求新意，主要根据已有的专业目录，长期习惯于"供给导向"，忽视"需求导向"，不知如何将专业发展与产业、行业发

展对接，并按行业和产业的需求定制、特制不同的人才，这是当前专业改革和发展难以形成突破的关键所在。现今出现的一些传统优势专业不能吸引学生报考，毕业学生就业难等问题，不能简单地归结为"供大于求"的问题，而应从专业的结构与区域经济和产业结构失调，技术结构层次低，供给与需求不同步，服务市场与人才结构的需求不相适应等方面去寻求解决的策略。

### 6.1.2 专业培养方向单一，学生就业面窄

忽视产业面和行业链对专业人才的需求，专业定位长期局限在很窄的领域。比如：数控技术应用专业，其课程设置、技能训练和实训教学主要以数控机床为教学载体，针对数控机床学习数控原理、数控编程技术、数控机床电气控制及数控机床的维修，对数控技术理解狭隘，教学内容单一。随着区域经济发展和产业结构的调整和提升，各种行业都有大量的数控设备被应用，对数控技术人才的需求甚至超出了制造业本身的需求。如果不面向产业和行业链发展专业，学生的知识范围不宽，就业渠道必然变窄。

### 6.1.3 职业专业培养目标定位偏低

一些职业院校比较重视培养中、高级技能型人才，热衷于参加各种级别的技能大赛。无法满足企业对一线管理和高层次技术人才的需求。职业专业培养目标层次感不明显，优势不突出。此外，学生的技能训练缺乏真实的工作背景，限制了学生后续课程学习和就业能力，毕业后不能很快适应工作岗位，对于要求"即插即用"型毕业生的单位来说，就业没有竞争力。

### 6.1.4 专业结构不适应区域经济和产业结构的调整

区域经济结构调整和产业发展的新趋势引领劳动力类型的需求结构的改变，同时也影响职业教育的专业设置结构的变化。目前，许多职业院校的专业设置偏重第二产业，第三产业的专业设置主要集中在以旅游和财经为代表的相关行业，致使一些专业人才培养过剩，而以技术服务为标志的互联网增值服务、现代物流服务、工程咨询、信用评估、管理咨询等专业人才在就业市场上供不应求，说明了职业教育专业结构与区域经济和产业结构调整不相适应。

## 6.2 专业与产业、行业链融通的基本策略

### 6.2.1 专业体系与课程体系的改革融入产业和行业链

新兴产业不断兴起，旧行业、旧职业不断消失或被更新，促使职业院校的一些传统专业处于"被改革"状态，调整或改造传统专业，转变为个别行业或专门的地域背景培养学生的思路，主动将专业体系与课程体系的改革融入产业和行业链中，已成为新一轮职教专业改革的发轫点。开设区域经济发展急需的各类应用性专业，增加与高新技术相关度较高的专业学科，并加强这些学科专业的建设水平，积极为区域经济的支柱产业、高新技术产业及新型服务业培养学生，面向整个工业产业界和行业链培养专业技术人才，这才是专业不断改革和创新的原动力。图6-1表明，课程体系构成学生的学业，专业体系组成学生的专业，将学业与专业相互融通并与不同的行业链对接，最终使专业建设和学业融入整个产业界，使专业建设和发展不断做强做大，从而使专业更有生命力。

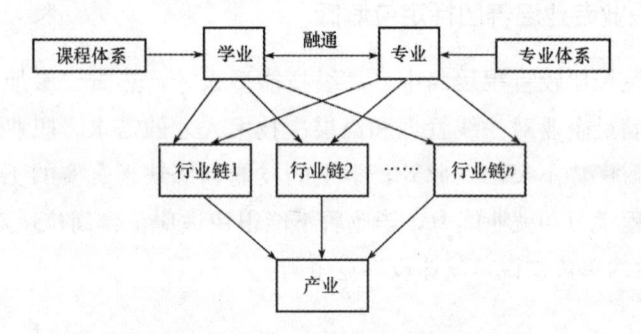

图 6-1 课程与产业、行业的融通

### 6.2.2 专业结构要积极适应区域经济和产业结构的调整

职业教育对区域经济的服务性决定其构成要受到区域经济结构和产业链重组的制约，不同区域的产业结构以及生产力层次，会直接影响到职业院校的专业设置和空间布局，产业特点对劳动力的类型结构也有不同的要求。因此，区域经济发展的新趋势、产业结构的演变及对劳动力类型需求结构改变将直接影响职业院校的专业设置。

产业结构直接决定职业教育专业的设置、调整与发展。经济发展引起产业结构升级和调整的过程，其实质是新技术迅猛发展并应用到生产领域的过程，在这

一过程中创造出一些新的生产部门，相应地要求职业院校的专业设置必须对这种变化做出回应。在专业设置上，既要考虑办学的超前性，又要考虑区域产业结构发展的特点；既要服从区域经济发展水平的要求，又要通过自身结构的优化，更好地服务于区域经济的发展。以重庆为例，重庆近几年对产业结构进行了调整和重新布局，在原有的优势产业基础上，改造升级为轨道交通、大型输变电及装备、新能源汽车、特种船舶、国防军工、结算类金融和创新型金融、网络服务、电子信息等战略性产业。职教专业的发展，应从传统的制造行业转向更广泛的行业链和产业面，紧紧围绕新能源汽车、模具制造、轨道交通、建筑工程、IT信息技术、电子仪表、电力装备、食品、包装、印刷、造船、制药、化工、家具、环保成套装备和军事装备制造等产业集群，适时对专业进行调整和改造，专业建设如能按照这样的思路进行改革和创新，专业发展就变活了。职业院校要积极提升专业的适应能力和服务能力，充分利用行业和区域优势，动态掌握社会需求和新技术发展趋势，及时更新教学内容，主动将专业改革和建设融入地方产业链，在更多的领域里推广专业技术应用，使毕业生就业面覆盖整个产业和行业链。

### 6.2.3 专业设置与产业、行业变化形成随动关系

区域经济发展和产业结构调整是一个动态过程，专业建设作为其关联和随动系统，也应建立动态专业调整机制。一方面，定期研究地方发展规划，尤其是产业结构变化和产业集群规划，加强与人才市场、行业协会、企业的联系，及早收集新职业、新岗位、新工艺、新技术信息等需求信息，努力减少专业建设与地方经济建设的信息不对称程度，紧紧围绕产业和行业链的变化设置相应专业；另一方面，由于职教教育对产业和行业的需求反映一般滞后于现实社会，要满足社会的需要，就必须适度超前发展，也就是在专业设置上要有前瞻性和预见性，能科学地预测未来专业发展走向、技术发展对职业岗位要求的变化以及人才需求变化的周期性规律，主动把握区域经济和社会发展趋势，提前做好相关专业建设。

## 6.3 专业建设与产业、行业链融通的路径

### 6.3.1 面向产业与行业链拓展专业教学的内涵与外延

改变过去以单一行业为背景的教学模式，根据不同行业链对专业用人的需求，

设置不同的培养方案和教学计划。面向产业和行业链发展专业，首先应开发出不同专业方向共享的专业基础课程平台（图6-2），在专业基础平台上，根据不同行业对同一专业的不同要求进行融通，最终形成不同行业链对公共基础平台的专业拓展方向。公共专业基础课程包含基础理论课程、专业基础课程、项目课程和实践课程等不同形式。比如：职业数控技术专业，其专业的内涵与外延拓展首先从狭义机床应用外延到广义的机械坐标轴运动的伺服控制技术，从传统的机械制造业应用向其他领域和不同的行业的数控设备应用方向发展；其次，建立好以数控原理、单片机接口技术、伺服控制技术、数控技术与PLC、机电一体化技术、液压数字控制技术等课程为基础的专业基础课程的平台，以帮助学生建立最基本的专业理论知识、专业技能及职业素养，为实施后续专门方向的数控课程教学打下坚实基础。在搭建数控技术基础能力平台后的第三学年，可以根据区域不同行业和产业对数控人才的需求，就业市场的变化以及学生就业愿望设置不同的数控专业教学拓展方向。

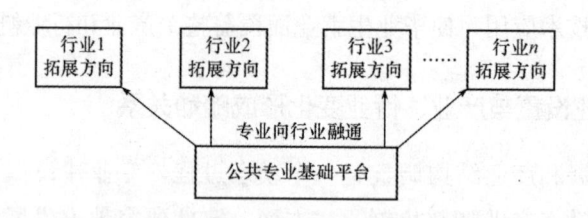

图6-2 与行业融通的专业平台

数控专业拓展的其他方向如"造船和钣金数控技术""立体智能仓库数控管理""服装数控技术""印刷与包装数控技术""家用智能机器人技术"以及"工程机械液压数控技术"等，此外，也可根据不同区域经济发展和产业结构的特点拓展其他的专业方向。在课程设置上，应强化"机制工艺和工装知识""电力电子技术""伺服控制技术""微机接口技术""PLC与液压智能控制技术""传感器与检测技术"及"现代数控技术"等专业基础课程。

### 6.3.2 面向产业、行业链培养生产一线的专业技术人才

目前，许多职业学院比较注重职业技能的训练，重视各级技能大赛，弱化技术教育。《教育部关于推进高等职业教育改革创新引领职业教育科学发展的若干意见》中，对职业的培养目标重新定位在"培养生产、建设、服务、管理第一线的高端技能型专门人才"。职业院校不仅要成为产业和行业链高技能人才的输送

源,也要成为这些行业应用技术人才的生产源,生产一线的紧缺人才不仅是高技能人才,也包括大量的技术工程师或技术师。随着我国生产水平的不断提高,企业出现了许多高级技术岗位,需要大量的高层次技术人才,基于这一共识,未来的技术劳动力市场将向复杂化和简单化两端分化,职业技术人才也会向高技术和低技能两个方向强化,中间技能人才将被迫向两端移动。据此,职业的专业发展可退出中低端人才领域,直接培养高端技能人才和应用技术人才。比如,数控技术专业面向产业、行业链的教育目标应定位在高端数控技术应用人才的培养,具体来讲就是从两个方向上发展专业,一是培养"精工艺、会高端编程"的数控设备应用人才,在课程设置上,强化"刀具与高速切削技术""机制工艺""组合工装夹具""多轴加工自动编程"及"精密数控加工技术"等课程;二是培养"懂装调、会维修"的高端数控技术人才,这类人才培养以维修数控设备为目标,课程设置以电为主,加强学生对"电工电子技术""自动控制与检测技术""电机拖动与伺服技术""PLC与液压控制技术""现代数控技术""微机控制与接口技术""智能机器人控制""典型CNC系统连接与调试""数控设备安装与调试""数控设备故障诊断与维修"等课程的学习。

### 6.3.3 基于产业和行业链的"双元制"专业人才培养模式

"双元制"专业人才培养方案的实施,首先由职业院校、用人企业和行业的专业人士组建专业建设指导小组,在调查、分析和研究不同行业职业岗位任务的基础上,明确企业的需求,共同制定专业人才规格、培养标准和校企对接的结合点。其次,学院和企业要明确各方的责任和具体的工作任务,企业或用人单位与学院协同完成教学及实训过程,通过理论与实践的双重训练,培养不同层次和类型的技术类人才。在课程设置上要求构建"二元并重"新的课程结构和体系,文化课程和基础课程在学院完成,专业课和实训课程在企业完成;在师资配置上,实施"工学结合"的专业课程教学,必须是一个教师团队共同完成一门课程的讲授和实训,学校教师必须有企业工作经历,具备双师型素质,并有企业工程人员、能工巧匠共同参与教学;在对学生考核方面,要采用培训与考核相分离的考核办法,对学生知识和技能的形成建立新的考评体系,注重对学习过程的考核,知识考核和能力考核并重,以能力考核为主,突出工作技能的训练。

### 6.3.4 "产学合作",打通专业与产业、行业链融通的接口和通道

依托产业和行业的需求办学,是职业院校专业赖以生存的基础。促使"产学合

作"深入开展,优化专业建设,就是要把专业调整的思路与产业和行业链的需求相结合,加强与企业间互动机制的建设,根据产业结构变化的需求调整专业人才培养结构,形成专业与产业、行业链融通的接口和通道。

"产学合作"实现专业与产业、行业融通的具体行为是:吸纳经济和产业主管部门和行业专家学者参与本区域职业院校专业设置和规划工作,调整专业布局与行业企业接轨,方便开展"产学合作"。根据产业和行业结构特点,设置有针对性的专业,使学生毕业后就近就业,真正实现学校专业对接产业、课程对接岗位、课堂对接车间、教师对接实践、校长对接厂长的目标。此外,在专业设置上不光要适应企业的需求,也要考虑如何引导行业和企业对新兴专业的需求,进行被动适应市场到主动引领市场的转变,使其成为企业的人才源、技术源和信息源。

### 6.3.5 专业与产业、行业链对接,创建专业知识学习的环境条件

在专业教学改革上,职业院校应积极倡导"工作本位学习",提倡以职业工作任务为导向,将课程学习内容按职业工作过程展开,在工作过程中或在工作岗位上学习专业知识和技能,强调学生是学习过程的中心,教师是学习过程的组织者与协调人,教学是知识传授和情境的融合。为了实施专业学习与产业、行业的链接,职业院校要主动与产业和行业界合作,形成互利、互惠、互融的合作动力机制,建设融教学、培训、职业技能鉴定、产品制造与技术研发功能于一体的实训基地,将专业教学和企业生产有机结合起来,在实训基地内营造现代企业生产加工的管理环境,引入企业文化,促进学生的社会化成长。

工作场所学习专业知识的实施,可以选取区域内几家有影响的大型企业,由学院提供场地、先进设备,企业提供产品和生产技术及管理,建立集教学、生产、技术服务于一体的"工业中心",也可以由合作企业设计建设方案,并向职业院校提供必要仪器、设备、技术支持和生产管理,建立校内"生产型"实习、实训基地。学院与企业按照经济规律,以协议的形式固定产学合作关系,形成双赢机制。

为便于工作场所学习专业知识的开展,需要建立一套便于学生学习的个性化学习资源,个性化学习资源包括数字化学习资源、多媒体课件、网络课程、虚拟工艺、虚拟生产线、网络资源、仿真软件等。学校和企业可以搭建互动信息平台,将企业的生产与专业学习进行对接,将专业技术应用有关的工艺过程、工作流程以及现场问题解决的实时信息传送到互动信息平台上,学生通过这个平台直接学

习和了解专业的工作过程知识。个性化学习资源的开发要以学生为中心,利用各种信息资源来支持学生的"学",配合工学结合的教材、企业背景的教师团队及生产性的实训环境,使工作导向的职教课程由必要变成可行,从而推动专业教学根本性的变革,凸显其职业和工作特性。

# 第 7 章 "产学合作",从模式研究到国家制度建立的探索

**本章摘要:** 职业教育"产学合作",过去主要研究的是其合作模式和合作的方法,随着产学合作向持久和深度融合发展,迫切需要国家层面的制度建立,从法律上保障产学合作各方的规范和支持。通过对职业教育"产学合作"的现状回顾,国家制度建立的规范功能分析,提出多级国家制度管理"产学合作"的设想,并通过建立中介机构和遴选评价指标来监督和保证"产学合作"的实施。

## 7.1 "产学合作"发展模式回顾与现状

我国职业教育开展"产学合作"以来,坚持了"洋为中用"和自主创新两条道路,在学习国外产学合作模式和经验方面,先后引入了德国的"双元制"产学合作模式、英国的职业资格证书教育产学合作模式、澳大利亚国家资格框架下产学合作模式以及北美的能力标准产学合作模式等。在学习和消化国外先进合作模式的基础上,探索和创新出了适合国内的一些产学合作模式,如:职业院校与企业组建职教集团的"校企一体"模式,"区域性产学合作联盟"模式,企业与职业学院互相持股模式以及校办厂、厂办校等合作模式。在具体实施的方式中,有产学研合作、产教结合、工学结合、工学交替、半工半读方式,也有双元制、现代学徒制、合作教育等不同的形式。国家层面也出台了许多支持开展职业教育"产学合作"的政策和法规,如:1991 年 10 月《国务院关于大力发展职业技术教育的决定》中首次提出了"产教结合"和"工学结合"的要求,1996 年 9 月国家《职业教育法》指出:"职业学校、职业培训机构实施职业教育应当实行产教结合",2004 年 9 月《教育部等七部门关于进一步加强职业教育工作的若干意见》提出"推动产教结合,加强产学合作,积极开展订单式培养",2005 年 10 月《国务院关于大力发展职业教育的决定》再次要求开展工学结合、产学合作,大力推行工学结合、产学合作的培养模式,教育

部在 2014 年推出了《开展"现代学徒制"试点的工作意见》(教职成〔2014〕9 号),提出逐步建立起政府引导、行业参与、社会支持,企业和职业院校双主体育人的中国特色现代学徒制。随后在 2015 年,职业教育与成人教育司发出了《关于开展现代学徒制试点工作的通知》(教职成〔2015〕2 号)。在国家的号召下,各地方政府也制定出相应的政策条例,支持和鼓励区域内职业教育开展"产学合作"。譬如:2007 年 2 月上海市出台《关于本市推进产学合作培养高技能人才工作的实施意见》,山东潍坊市也在 2009 年 3 月出台《关于大力推进产学合作加快技能型人才培养的实施意见》,2009 年 12 月重庆市永川区推出《关于加强职业教育产学合作办学的指导意见》。这些措施有力地推动了各地职业院校和企业的产学合作教育发展,并在各种模式实施和推广中,逐步将"产学合作"由一个单一的概念,演变为具有特殊性、常态性和普遍性意义的职业教育创新理念。

由于国家和各级政府的积极推进,职业教育"产学合作"在我国开展取得了一定的成效,促进了我国职业教育的发展和理念的创新。但长期以来,职业教育"产学合作"研究的重点主要针对不同的合作模式和合作方式,各种形式的"产学合作"基本上还处于一种模式的探索和方法的创新阶段,如工学结合培养模式、"双元制"培养模式、订单培养模式、新型学徒制培养模式及顶岗准就业实习模式等,这些模式主要停留在经验层面的探索上。"产学合作"的双方主要是职业院校积极而企业往往处于被动,参与产学合作的各个主体之间存在体制的间壁垒,各自为政,缺乏部门、机构统一协调运行的保障制度,相应的政策和法律制度还有待完善。受地域、条件和环境及实施对象的限制,产学合作往往表现出即时性和短期性,难以持久下去,深度融合和长久的合作机制还没有形成。国家和各部委虽然出台了一些相关的政策和法规,但大多仅仅是原则性规定,切实有效,可实际操作的国家制度机制还没有真正建立和完善起来。"产学合作"的深度融合仍面临诸多困难和问题,其核心是缺乏行之有效的国家制度来保证职业院校和企业的合作。因此,职业教育"产学合作"的深入研究应有一个转折和提升,即从合作的模式研究转向国家法律制度建立的研究;从微观研究转向宏观研究;从实践性问题研究转向理论和制度研究;从单一的校企层面问题研究转向政府层面机制研究;从产学双方关系的研究转向对其监督和评估的第三方的职能研究。

## 7.2 "产学合作"国家制度的法律规范功能

世界各国在发展职业教育"产学合作"过程中,政府都实时制定出各种制度和法律来支持和保障"产学合作"的开展。德国在1969年9月制定的《联邦职业教育法》及随后颁布的《企业基础章程法》和《青年劳动保护法》，对企业培训进行了全面的规范，国家立法干预产学合作，赋予"双元制"作为开展产学合作的法定身份；美国国会1862年通过《莫里尔赠地法》，首次搭建起了学校与农业之间，知识与技能之间的桥梁，标志着产学合作的形成。随后在1963年颁布《职业教育法》，1982年通过《工作培训合作法》，1994年又推出《从学校到工作机会法》，美国通过立法使企业与学校开展合作教育计划，实施教育为工作准备的"生计教育"，英国在1964年推出《产业训练法》，1973年又颁布《就业与训练法》，这两部法案明确和强化了教育部门与产业部门在职业领域开展产学合作共同承担的职责，推动了英国现代产业训练制度的建立与完善，并从国家层面立法保证职业资格证书教育和工读交替学徒培训制的实施；日本在1951年6月推出《产业教育振兴法》，1978年推出多次修改的《职业训练法》，从法律地位上明确了国家和地方所承担职业教育培训责任，规定中央和地方设置产业教育委员会，明确其组织权限以及对各类学校实施财政补助的内容和方法，使日本产学合作制在法律的框架下在全国顺利开展。

国外职业教育许多"产学合作"的成功范例有力地证明了"产学合作"是职业教育创新发展的必由之路，分析这些国家"产学合作"模式，最大的特点就是各国政府建立了完善的法律和制度，通过法律法规体系规范参与"产学合作"各方统一协调运行，各尽其职，有效保障了各级产学合作的成功展开。制度体系的建立是"产学合作"各方所应共同遵守的行动准则和规程，依靠国家强制力推行的制度体系建设，可以规范参与产学合作各方的权利与义务、法律责任、利益分配、行为规则和社会责任。因此，国家层面的"产学合作"制度建立是保证产学合作的必然选择，国家和各级地方建立起合理的法律结构和内容体系，对顺利开展职业教育产学合作至关重要，并能对参与"产学合作"的各个子系统有如下的法律规范功能：

**1. 规范合作各方的权利与职责**

职业教育中，产业、教育及监管的组织管理体制彼此分割，产学合作各方处于不同行业、不同系统、不同领域，要实现产学深度合作和有效对接，权责分担，必须有国家法律制度来统一协调和规范，通过政府颁布法律法规政策来规范合作的主体与客体，各自的工作内容、承担的责任，享有的权利以及对社会的义务等。

**2. 规范合作各方的利益分配**

利益与风险并存，职业教育产学合作不能回避不稳定的因素。我国产学合作的瓶颈体现在法律制度实际操作性的相对欠缺，最为深刻的就是利益分配和风险共担制度不完善。产学合作各方由于对利益分配有不同的目标值，特别是对产学合作成果与智力资源效益的归属权、产学合作涉及的其他参与组织的利益分配，往往存在较大的分歧。通过国家制度和法律的建立与完善，规范了参与各方的利益分配、利益共享和风险共担的机制，使产学合作各方合作愿望和合作持久性增强。

**3. 法律的规范与制约**

职业教育产学合作涉及多元主体，涉及企业、学校、金融及中介评估机构多种社会关系，需要完善和统筹各种社会关系及明确相关主体责任的法律制度。国家法律制度的建立，可以从法律层面确立对各个社会关系的统一调节和制约机制，解决教育主管部门不能对企业进行足够约束的难题，使各方各尽其职，形成合作力量。对参与产学合作的主体而言，从法律上明确企业必须接纳学生到企业参加实习和实训，对职业院校的未成年学生参与企业实习，也应有明确的法律保障学生的相关权利不被侵害。

**4. 规范财政的支持**

产学合作需要中央和地方的财政支持和投入，通过国家法律制度将产学合作的经费来源纳入各级财政预算，规范资金的正确使用，对套用或挪用财政专项资金的各方给予相应的法律处罚。明确国家资金投入的作用主要体现在社会效益上，譬如：增加学生就业率，促进企业和学校为社会培养更实用的人才、保持社会稳定等。规定"产学合作"的财政资金投入，对职业院校主要通过设置产学合作专项经费进行控制，对企业而言，即使财政少投入或不投入资金，也应出台对企业用工、税收减免等方面的制度和相应的优惠政策予以补偿。

## 7.3 多级政府管理的"产学合作"制度构建

"产学合作"政策和法规制度的建立是国家实施职业教育方针，推动地方经济发展，促进就业的准则和行为规范，是统一和引导企业和职业院校合作的意志和行为的重要保证和依据。

在市场经济条件下，解决职业教育"产学合作"的困难和问题当然应主要依靠市场机制，从市场中找办法、找出路。但是，这并不意味着政府可以不管或者少管，没有政府参与的产学合作是一种游离、不稳定的利益合作，合作的双方很难长久坚持和深度的融合。"产学合作"必须在政府的指导和监管下进行，而且应有各级政府制定各种制度来保证实施。政府既是职业院校和企业的举办者或管理者，又是"院校—企业"双方实现合作的重要保障和黏结剂。政府在"产学合作"中，可扮演双重角色，扮演企业的角色，通过资助和制定一些管理政策来支持企业的发展和开展"产学合作"，扮演职业院校的角色，通过制定符合社会需要的教育方针和评估指标体系来规范职业院校的发展和促进"产学合作"。同时，政府还可以直接参与或委托第三方对"产学合作"的过程和效果进行监督和评估。

职业教育"产学合作"的深度融合和长久机制的建立可以通过构建多级政府管理制度机制来实施。这种多级政府管理机制由三个层级和一个第三方的监督评估机构组成，如图7-1所示。

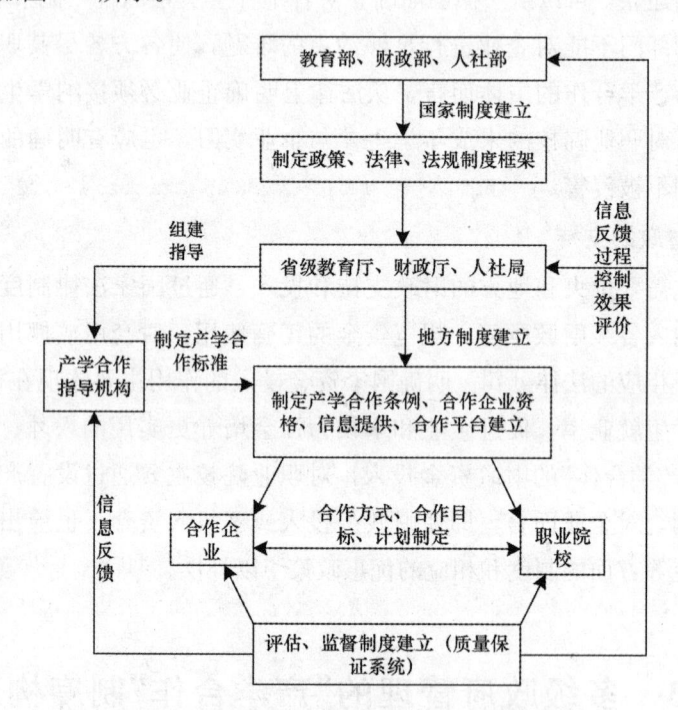

图7-1　各级政府"产学合作"制度构建的框架

第一层级为国家层面的决策制度构建，由国务院相关机构、财政部、教育部、社会人力资源保障部等组成，主要是制定政府《产学合作法》《职业教育企业资格法》《学生劳动保护法》等法规文件，政府《产学合作法》规定产学合作的当事人（企业与职业院校）参与资格、合作方式、合作程序、合作合同、质疑与投诉、监督与检查、法律责任等条例；《学生劳动保护法》对学生劳动对象安全保护范围，确定劳动环境、劳动条件等，明确预防和处理意外伤害的管理机构、管理办法，建立

## 第7章 "产学合作",从模式研究到国家制度建立的探索

责任应急机制等。譬如,在开展"现代学徒制"的产学合作中,学生兼具学生和学徒的双身份,但本质上仍是学生,不少中职学生还未满16周岁,受到的法律保护与正式工人不一样,甚至与"禁止用人单位招用未满16周岁的未成年人"的有关规定相冲突,虽然学校、企业和学生签订了多方协议,可以保障学徒的相关权利不被侵害,仍要考虑尽快修改完善学生劳动保护的法律、法规,从法律上确立实习学生"准员工"和"学生"的双重地位身份。《职业教育企业资格法》可以规定参与校企合作的企业享受的优惠条件和奖励办法等,对涉及"产学合作"的相应的政策和法规进行规定,组织并筹措政府、行业、企业、社会等各方面的资金,并制定合理的资金管理和使用政策。

第二层级为地方省级决策制度的建立,主要由省级政府办公厅、财政厅、教育厅及人社厅等机构组成,其任务是按照上述国家层面的法律、法规文件制定出各地相应的实施细则,组建地方政府层面的"产学合作"指导机构,对产学合作进行指导和调控,利用行业和部门的优势,依据政府《产学合作法》《职业教育企业资格法》《学生劳动保护法》制定相应的地方制度和实施办法,譬如:遴选合作企业和职业院校,协调和规范合作各方的职责、权利与义务、利益分配和风险共担,委托教育中介组织制定"产学合作"的评估指标体系和监管措施,搭建合作平台,为企业和职业院校双方提供信息和交流的平台,加强对内对外的宣传,营造社会氛围,为产学合作提供适宜、宽松的政策、资金和社会环境。

第三层级是"产学合作"的运行层面。2011年教育部印发了《教育部关于充分发挥行业指导作用推进职业教育改革发展的意见》。文件强调了行业对职业教育指导的重要性,强调要完善机制,探索和构建职业教育行业指导工作体系,充分发挥行业在指导产学合作中重要作用。"产学合作"的运行层面由行业协会、各级教育部教学指导委员会、合作企业及职业院校组成,主要的工作是制定"产学合作"的标准、合作目标、合作计划、合作内容及相关的学习资源开发,对"产学合作"的理论和实践进行研究,为国家和地方制定职业教育"产学合作"政策、法规、制度和措施提供依据。

第四层级是"产学合作"的监督和评估层面,是介于政府、学校、企业三者之间,以提供产学合作的评估和监督服务的中介机构,是一种相对独立的专业组织,可由政府委托第三方中介组织或直接由中立的教育评估机构实施,其主要任务是对"产学合作"各方进行监督和过程控制,制定评估指标体系、过程监控、信息反馈和评价反馈等制度条例。并将监督和反馈信息送达政府、职业院校和企业,同时对外发布产学合作评估报告。

## 7.4 "产学合作"的评价和监督指标体系构建

在职业教育"产学合作"活动实施的过程中，对合作的效果、质量和水平需要进行客观的认定和评估，产学合作的过程也需要对参与的各方进行监督。中介机构对产学合作质量的评估和监督就是通过动态获取产学双方及社会的主要信息，按事先制定的评估指标对信息进行统计分析和科学评价，形成评估报告和反馈信息，是客观、公正、公开、具体评价产学合作质量和社会效果的主要方法。在我国现行的产学合作评估体制中，评估和监督的权力基本由政府垄断，没有其他权力机构对其进行约束，难免出现不真实甚至弄虚作假的现象。此外，对"评估"的过程和最后的结论都有很强的封闭性，评估主体采集的数据来源、评估方法和指标体系缺乏系统性和透明性，没有调动企业积极参与产学合作的主观能动性。

"产学合作"的质量和过程监控需要独立于政府、学校、企业的第三方机构即中介机构来完成。在国外，一般是通过依法成立的独立的社会"中介团体"（Intermediary Body）对产学合作的各方进行评估和监督，出具客观的评价报告，并定期向社会进行公布。这些社会中介组织往往受政府的委托和资助，接受产学合作双方的申请，开展对产学合作的质量和社会效果的鉴定活动。中介机构的基本职能是在评估服务中进行沟通、协调、监督和对服务机构完成信息反馈，具有相对独立的地位，能提供专业性评估服务，获取的信息要客观、公正，价值取向应保持"中立和公平"。我国职业教育"产学合作"的评价与监督，可以借鉴国外的思路，并按图 7-2 所示的框架结构进行。图中的中介机构可以是政府指导下的第三方机构或者是具有专业资格的民营组织，其主要任务是独立完成对产学合作的内容、过程、质量、社会效果及存在问题进行评估和监督，并出具客观、公正、权威的评价报告。中介机构的工作对象面向四个方面，与各个对象之间的工作信息是双向流动的。对政府，是提交产学合作的年度评价报告和对产学合作的开展提出政策建议；对"产学合作"双方，给出产学合作的评价、监督和信息反馈；对行业和产业协会，则对其制定的产学合作标准、内容、考核方式进行反馈与指导。中介机构对职业院校和企业的合作评估至少包括四个评价子系统：企业、职业院校的质量评价系统，具体合作项目的质量评价系统，产学合作的社会效益评价系统，学生在企业实习质量综合测评系统，各评价指标的主要内容如下。

**1. 企业质量评价系统**

评价指标包括参与合作的愿望、合作的历史背景、对国家产学合作法的理解

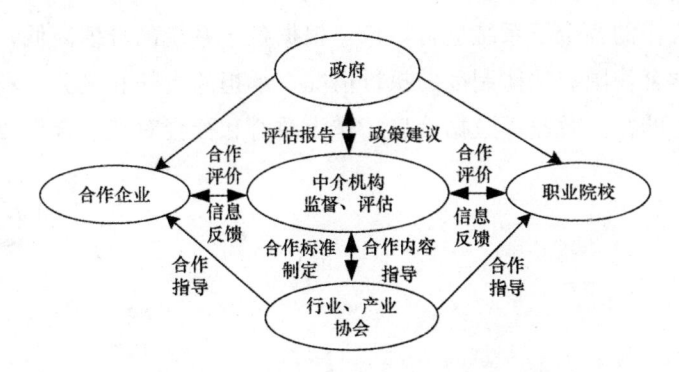

# 第7章 "产学合作",从模式研究到国家制度建立的探索

**图7-2 "产学合作"中,中介机构职能关系**

和执行情况、学生实训和生活环境、企业师傅参与比例、产学合作计划的制订、经费和材料的投入、学生工作岗位的安排、合作档案的建立、与学校分享合作成果及产学合作良好氛围的塑造等。

**2. 职业院校质量评价系统**

评价指标包括完成产学合作协议、合作历史、学校领导重视程度、实习经费投入、学校教师的参与合作比例、实习计划和内容安排、学生就业指导、指导教师工作态度、合作企业的遴选、实习管理和组织机制、学生完成实习目标等。

**3. 具体合作项目的质量评价系统**

具体指标为完成产学合作计划书、双方指导教师合作愿望、校企文化的融通、完成产学合作的成果、学生实训环境考核、优秀学生成为企业员工、产学合作项目报告等。

**4. 学生在企业实习质量综合测评系统**

评价指标包括学生的职业态度、知识技能的掌握、团队合作能力、独立工作能力及对企业和学校的认同感等。

**5. 产学合作的社会效益评价系统**

评价指标包括学校和企业的社会声誉、媒体舆论影响、行业协会信息反馈、学生就业率、毕业学生的社会荣誉及教育评价机构公布的影响因子等。

上述各项评价指标中,可按照评估的要求分成不同的层级并分配不同的权重,各个测评指标的权重系数可根据其期望的重要性确定,其中职业院校、企业和学生实习评价指标的权重系数要高于其他各项评价指标,这样更能体现"产学合作"实际效果。按上述评价指标设计出各种产学合作评估和监督的表格,分别

## "政产学"三重关系在院校建设中的探索与实践

对参与产学合作的各个子系统进行评价，根据各子系统的分值高低，就可以评价出他们对产学合作国家法律制度的执行情况、承担的责任和义务、利益分配与风险共担、产生的社会效益等数据信息，作为政府和社会对产学合作效果考核与促进的依据。

# 第 8 章　职业教育专业的改革

## ——以数控专业为例

**本章摘要：** 专业建设创新是职业教育生存和发展的基础，面对产业技术和装备的不断提升，职业教育专业建设和创新迎来发展机遇。以数控专业改革和创新为例，整合专业课程结构，适应装备制造技术升级的需要，与国际接轨引入国际优质教育资源，发挥专业带头人的作用，保障专业建设可持续发展，构建职业教育与高层次学历教育的上升通道。

应对装备制造技术的变革和提升，职业专业建设和改革既要考虑自身办学的规律，又要考虑区域产业结构发展的特点；既要服从区域经济发展水平的要求，又要通过自身结构的优化，更好地满足服务区域经济的需求。目前，职业院校开设的专业大多数是长线专业，经历了十多年的发展，在装备制造技术普遍升级的状况下，已不能满足产业结构调整和技术更新的要求。以职业数控技术专业为例，其专业建设和改革思路仍然局限在机械制造行业内，教学内容仍是以数控机床为主要的学习载体，忽视了专业改革面向整个产业和行业界拓展，从而在很大程度上制约了职业数控专业改革和创新。

## 8.1　数控专业改革的背景

2014 年，我们对重庆及周边的几十家大中型国有和部分私营的装备制造业企业进行了调研，在考察中发现，80%以上的企业已经意识到产业结构调整和新技术的推广必将引起装备制造技术升级换代，有 72%的企业已经在引进或正在引进新技术、新工艺和高精尖的自动化设备。以数控新技术的应用为例，调查表明企业对数控装备升级认识和数控新技术的应用主要体现在以下几个方面。

### 8.1.1 现代数控技术在企业同步推广和使用

在数控设备结构的新技术应用上，正在使用直线电机取代滚珠丝杆传动，扭矩电机代替蜗轮蜗杆传动，运用双丝杆组成工作台的中心驱动（DCG）传动，数控电动主轴取代传统主轴变速箱；在数控加工技术应用上，采用高速响应矢量（HRV）控制技术、数控法向插补、提前插补（Advanced interpolation）和纳米级插补（Nanometer interpolation），实现了超高速和超精密数控切削加工。

### 8.1.2 自动编程取代传统的 G 代码编程

在数控加工编程上，采用 5 轴联动自动编程加工，实现"工程语言"编程、多轴矢量插补及法向加工、蓝图尺寸输入编程（不用 G 代码）、模型扫描输入，利用软件直接生成数控加工刀路，以取代传统的 G 代码和二、三维软件数控加工编程。

### 8.1.3 实现数控加工与生产管理网络化

一些大中企业正在积极推进数控设备管理网络化和智能化，使数控技术不光是用于加工制造，而且将生产管理与数控加工同步进行。比如，根据销售订单安排数控设备进行加工生产，用计算机服务器管理和控制联网的数控设备协调加工（程序管理、刀具管理等）。

### 8.1.4 数控设备维修技术的新发展

智能化的故障诊断软件的开发，数控传输由"串行"变为"并行"，从而解决示波器在串行数据传输中不能解决的故障问题，采用 PMC Tracer（接口信号跟踪诊断）可以实时的跟踪 I/O 接口动态波形信号，使维修人员能够方便地找出故障源。此外，国内外正在研究和开发的数控新新技术，如 OPEN CNC 数控系统的应用、PROFIBUS（现场总线）技术、CNC＋PC、PC＋CNC、PC＋I/O 及 STEP CNC 也已经或正在进入大中型企业。

根据我们对职业数控专业的调查，职业院校的数控专业教师大多熟悉传统数控机床原理及其应用，对于 CNC＋PC，PC＋CNC 及 PC＋I/O 等现代数控新技术不太熟悉，教学中讲授这些内容不多，对其他行业使用的数控设备了解不多，师

## 第 8 章 职业教育专业的改革——以数控专业为例

资队伍整体工程实践能力和技术水平不高。

调研和座谈表明，一些企业专家甚至认为：数控加工正被演化成一种通用的加工技术，以数控加工技术和编程为主的数控技术专业最终将被整合到机械制造专业中。因此，职业数控技术专业的培养目标必须进行重新定位，向高速、精密加工、多轴编程、数控维修和现代数控技术转向，向培养高端技能和一线高技术人才方向发展，以适应当前产业结构调整和装备制造技术升级的需要。

## 8.2 "单专业，多专门方向"的专业建设思路

对数控专业现状和存在问题的梳理，得到两个对数控专业改革可行的思路：一是建立两个专业基础平台，将现有的"数控设备应用与维护"专业和"机械设备管理与维修"专业进行整合，构建数控设备装调与维修方向的专业基础平台；将原来的"数控技术应用"专业进行改造，组建成精密数控加工技术方向的专业基础平台，从而形成数控技术"一个专业，多个专门方向"的发展思路，如图8-1所示；二是提升"数控技术"专业的人才培养目标的新内涵，调整课程结构和知识内容，在课程设计和教学内容的讲授上，引入数控技术发展的新技术和新技能，拓展数控技术在其他领域的应用。

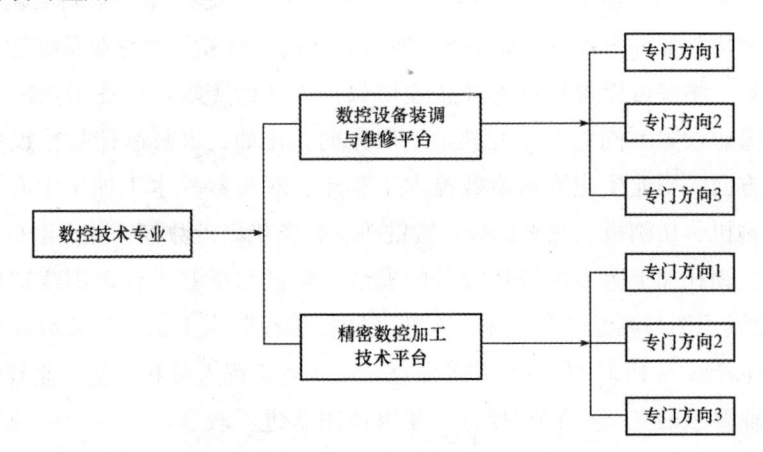

图 8-1 "单专业，多专门方向"的专业建设构建

数控专业的课程平台设置应从职业教育的特点入手，按职业岗位的要求培养必需的知识和能力。以知识应用为主线，能力培养为核心，对原有的课程结构进

行优化和整合，增加反映数控设备的新结构和数控新技术及维修技术的新知识点，系统科学地构建课程体系，避免使专业理论知识走向简单化、大幅降低理论水平的难度等问题。构建专业课程知识平台时，要以宽口径专业课程设置不同专业方向的共享平台，形成综合化的专业课程模块、有针对性的技能知识专门化模块。根据不同行业对数控技术专业方向用人的需求，设置不同的培养方案和教学计划。专业基础平台课程应包含基础理论课程、专业基础课程、项目课程和实践课程等不同形式。针对不同岗位的用人要求，将专业基础平台课程模块与不同的专门化模块进行组合，从而形成有差异的人才培养模式。

### 8.2.1 数控设备装调与维修方向专业基础平台的构建

数控设备装调与维修方向的专业基础平台课程结构主要包括公共基础课程平台和专业基础课程平台。公共基础课程平台主要有机械制图与CAD（含公差与配合）、机械设计基础、机械制造基础、电工电子技术、检测技术、机床电气控制及数控机床与系统等课程组成。这类课程主要培养学生机械工程的能力，学生的机电控制相关能力；专业基础课程平台应涵盖电机及伺服系统、液压传动与PLC控制、传感器与检测技术、机器人控制技术、数控设备安装与调试、数控设备故障诊断与维修、典型CNC系统连接与调试等课程。这类课程的学习可以帮助学生建立最基本的专业理论知识、专业技能及职业素养，为实施后续专门类的数控课程学习打下坚实基础。学生在这一期间学习时间为2年左右。数控设备装调与维修专业的能力结构和课程平台设置如图8-2所示。在搭建数控技术专业基础能力平台后的第三学年，学院可以根据行业和企业对数控人才的需求，就业市场的变化以及学生就业愿望设置不同数控专业教学拓展方向。比如：家具制造数控设备装调和维修专门方向，毕业生主要从事数控木工车床、双头数控木工加工中心，各种数控木工雕刻机、切割机、三坐标数控镂铣机、打条机以及数控锯片刃磨机以及5轴数控橱柜、锁孔加工等专用数控设备的安装、调试与维修工作，围绕这些岗位可以开设"家具识图与测绘""家具制造工艺及数控编程""木工数控设备故障诊断与维修""家具生产线与PLC自动控制"等课程，由企业工程人员和学院专业教师共同开发符合行业要求的"工学结合"教材，并组成团队进行教学实施。学生的生产实训可以到家具企业进行顶岗实习，在现场学习木工数控设备的操作和维修技术，从而实现毕业后的顺利就业。

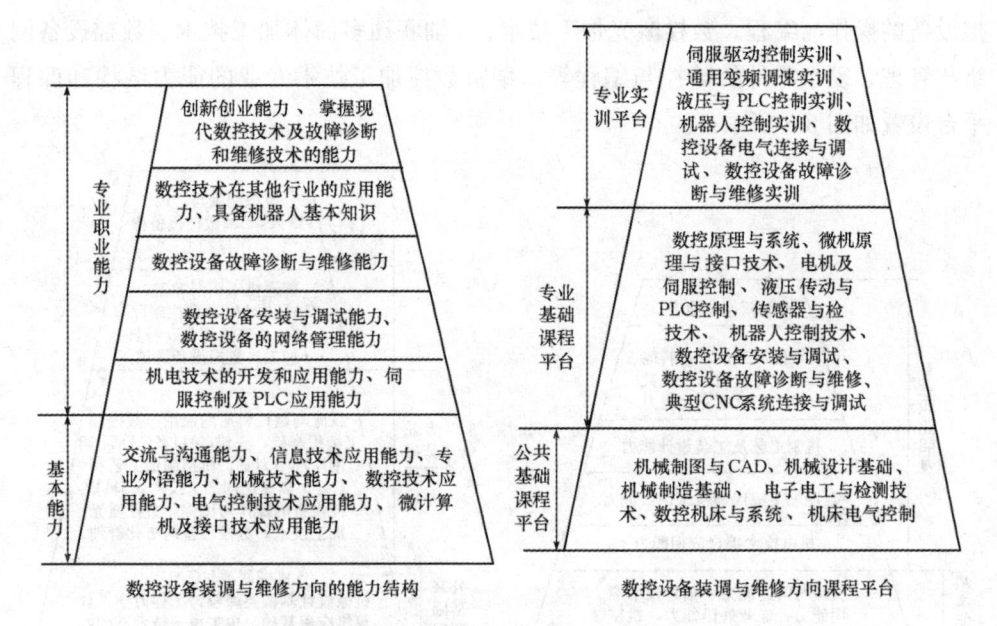

# 第8章 职业教育专业的改革——以数控专业为例

**图8-2** 数控设备装调与维修专业的能力结构和课程平台设置

数控设备装调与维修的其他专门化方向的拓展如:"造船和钣金数控设备应用与维护""立体智能仓库数控管理与维护""服装制造数控设备应用与维护""印刷与包装数控设备应用与维护""家用智能机器人技术"以及"工程液压设备数控技术"等,此外,也可根据不同区域经济发展和产业结构的特点拓展其他的专业方向。在课程设置上,应强化电力电子技术、伺服控制技术、微机接口技术、PLC与智能液压技术、传感器与检测技术及现代数控技术等专业基础课程。

## 8.2.2 精密数控加工技术方向专业基础平台的构建

精密数控加工技术方向主要培养现代数控加工与编程高技能人才,课程结构设计要反映出高速和精密数控加工的新技术和新知识。其通用课程模块包括:①机械制造基础模块,包括机械制图与CAD、机械制造基础、公差与配合及测量,工程力学、工程材料与热处理等;②电气基础知识模块,包括计算机应用基础、电工电子技术基础、机床电气及控制等,主要培养学生机械和电类工程的初步知识和能力;③专业基础课程平台,主要内容为机床与数控机床的应用、数控原理与系统、数控加工编程基础、三维CAD及CAM、切削原理与刀具、机械制造工艺和工装,这些课程培养学生对数控设备的应用和数控加工制造工艺的知识和能力。精密数控加工技术方向的拓展课程包括高速数控切削加工技术、5轴数控设备的操作与编程、数控激光加工技术、5轴联动多面体加工技术、数控设备网络化管理、复杂零件的数控与编程等。精密数控加工技术专业的能力结构和课程平台设置如图8-3所示。

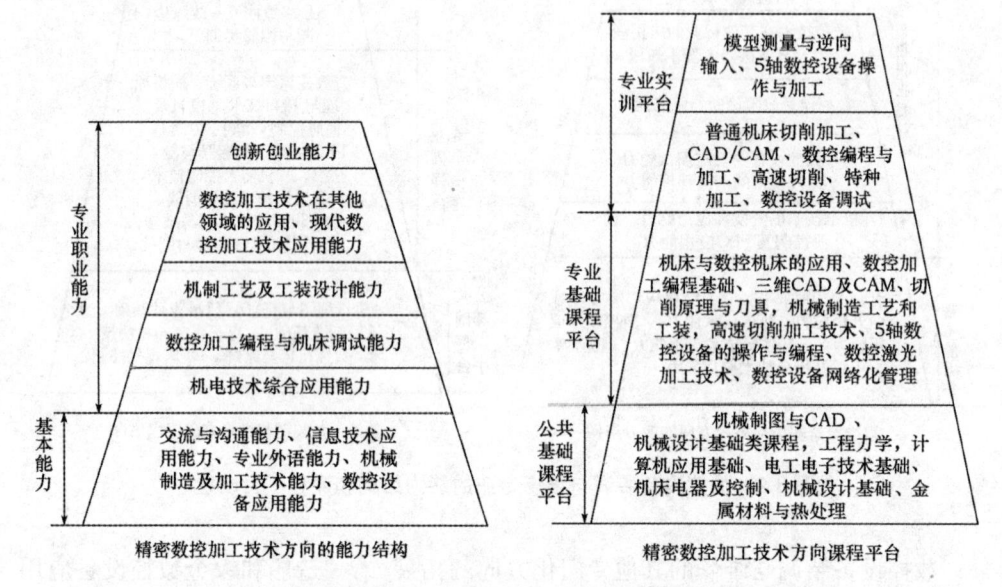

**图8-3 精密数控加工技术专业的能力结构和课程平台设置**

## 8.3 专业课程知识的整合

传统的数控专业课程体系主要是以数控车床、数控铣床、加工中心等数控设备作为学习的载体，教材的知识结构多年不变，比较陈旧和缺少活力，不能适应现代装备制造技术发展的要求。整合数控专业课程的结构就是要对传统的知识进行筛选，去掉课程中部分过时的知识和章节，将当前数控技术发展的新结构、新工艺、新的故障诊断技术和维修技术和信息控制技术等逐步引入专业的课程教学和实训中，让学生在学校学习期间就接触到先进的数控前沿知识，提高学生数控专业知识的起点阈值，使学生能站在一个较高的起点上选择就业岗位。课程整合的具体思路如下。

### 8.3.1 在课程内容中引入先进机械结构和数控新技术

在数控设备新机械结构上，增加直线电机驱动传动、扭矩电机代替蜗轮蜗杆传动，双丝杆组成工作台的重心驱动(DCG)传动，数控电动主轴变速箱等新知识的介绍；在数控加工工艺新技术应用上，增加高速响应矢量(HRV)控制技术、数控法向插补、提前插补和纳米级插补等内容的介绍；在高端数控编程技术上，引入 5 轴联动自动编程加工，"工程语言"编程、多轴矢量插补及法向加工、蓝图尺寸输入编程(不用 G 代码)、模型扫描输入，利用软件直接生成数控加工刀路，用以取代传统的 G 代码和二、三维软件数控加工编程。

数控设备故障诊断和维修新技术上，介绍一些智能化的故障诊断软件的使用，数控信号传输"并行"输出技术，数控系统 I/O 接口的 PMC Tracer 信号跟踪诊断技术，根据数控设备使用的不同功能要求，讲授 I/O 接口信号的二次开发，此外，对于国内外出现的先进数控系统，可以介绍 OPEN CNC、I/O 与外部继电器的 PROFIBUS(现场总线)技术、CNC＋PC、PC＋CNC、PC＋I/O 及 STEP CNC 等数控系统知识。

### 8.3.2 归并相同的知识内容，合并重复的课程

对于数控设备装调与维修专业方向而言，过去"数控机床电气控制""机床电气控制与 PLC""数控机床电气连接与调试"等课程的内容多有交叉和重复，往往一门课程讲过的内容，后面的课程又重复学习。将三门课程内容进行整合，形成"数控机床电气控制与连接"和"数控机床 PLC 控制与调试"两门课程。精密数控加工技术专业方向的课程整合，可以将"数控加工与编程"的理论课程与数控加工实训合二为一，成为"数控加工与编程实训"新课程，并且将课程理论讲授与实训操作同步进行。在讲授的内容上，减少手工编程的内容，增加自动编程，重点加强加工工艺、工装、刀具材料及各种切削参数选择和调整。对原有的"计算机二维绘图"与"计算机三维造型基础"课程进行合并，将二维与三维计算机绘图与造型内容进行归并，整合成新课程"CAD/CAM 应用技术"。

## 8.4 职业教育改革的国际视野

### 8.4.1 引进国外优质教育资源，提升学生核心职业能力

为了提升职业院校学生的专业能力，让他们尽快掌握国内外领先的应用技术，专业建设上要积极引进国外先进职教技术和优质的教育资源。国外职业教育发展

先进、成熟，出现资源过剩现象，急于向发展中国家输出自己职业技术教育的教育理念和教育资源，我们可以利用这个机会，通过合作、互利互惠，引进国外优质的资源。如数控技术专业可引进国际金融组织贷款支持专业实训基地建设，引进日本 FANUC 和德国西门子数控实训设备和技术标准等。此外，德国汽车职业培训与认证、澳大利亚职业技术教育理念、国际劳工组织 SYB 创业培训项目等都是较好的国际优质培训资源，还可以引进国外知名的职业院校和世界 500 强企业的教育理念和模式，开展国际通行的职业资格证书培训和认证体系及职业教学科研，使学生在校内就能同步接触到国际、国内的领先技术，培养"学做一体"、以企业为家、团队合作、注重细节、工作严谨等国外企业要求的核心职业能力。运用国外的优质教育资源为学生服务，提升技能水平和动手能力，弥补学院实训建设资金和设备不足的短板，学生毕业后能很快适应企业的新技术要求，增强就业的竞争力。

### 8.4.2 职业资格证书教育与国际职业资格证接轨

我国已经成为世界制造大国，也是世界劳务输出大国，全球 500 强企业已遍布国内各地，我国大型国企及民企也纷纷走出国门，许多经济运行将与国际接轨，劳动力的技能水平也要与国际接轨以提高在国际人才市场的竞争力。目前，国内开展的一些培训大多是基于厂商产品技术体系的认证培训，主要围绕自身相关产品的技能与专业背景进行培训。职业院校积极开展各种国际职业资格认证培训，按国际和各国职业资格认证的标准进行有针对性的培训，职业资格培训要基于职业角色，保证课程的全面性和先进性，比如：澳大利亚 TAFE 证书、英国的 NVQ 证书、德国的 AHK 技师证书等都是国际比较通用的职业资格证书，学生拥有这些证书可以到国内外的跨国公司和证书签发国家就业。

引进国际证书认证标准及鉴定规范，能有效地解决教学与国际标准和国际规范接口的问题，培养出与国际接轨的技能型人才，引导专业改革向国际靠拢。对于国际上出现的新技术和新职业岗位如信息系统集成服务、互联网增值服务、信息安全服务、工程咨询、认证认可、信用评估、经纪代理、管理咨询、市场调查、投资经纪以及涉外秘书等岗位的培训和认证要积极引入，以便与国际资格认证培训接轨。

## 8.5 职业教育的重新定位

《教育部关于推进高等职业教育改革创新引领职业教育科学发展的若干意见》

中，对职业的培养目标重新定位在"培养生产、建设、服务、管理第一线的高端技能型专门人才"。目前，企业为了节省人力成本，提高产品质量，将会大量装备自动化设备，需要高层次的技术型人才。社会上还出现了许多对技术要求很高的岗位，如飞行驾驶员、外科手术师、生产工程师以及对企业高精尖设备操作和维护的操作技术师等，这类人才仍属于职业技术教育范畴，但仅仅掌握高技能无法胜任这些岗位，必须有更高的技术和良好的文化基础知识才能满足职业要求。

### 8.5.1 开发高层次的职业技术教育

拓展高技能人才向上延伸培养的空间，满足经济结构调整和产业结构升级对技能人才高层次的需求，有必要构筑职业专科与技术本科、技术本科与专业硕士等紧密衔接的通道和接口，真正形成开放、灵活、顺畅的高技术人才培养体系。目前我国的高技术人才主要通过企业培养和自然成长方式获得，大专层次的职业教育已经不能满足国内经济发展对高技术人才的需求。职业教育与普通教育是不同类型的教育，职业学校的毕业生虽有专升本的路子，但不是解决他们继续接受教育的合理办法，职业教育的上升通道应建立与职业教育在性质上相同而层次更高的教育，这就是技术本科教育。有了更高层次的职业技术教育，学生的上升发展通道可以通过专升本和高层次职业教育学习这两条路线实现，同时也打通了普通教育与技术教育的对接，增强了职业教育对社会的吸引力。

职业的专业改革和建设应积极做好准备，科学地预测未来专业发展走向、技术发展对职业岗位要求的变化以及人才需求变化的周期性规律，适度超前为专业改革和发展做好准备。

### 8.5.2 强化普通文化课程学习

无论什么教育类型，都不能忽视对人的全面素质教育，职业教育与普通教育的沟通与衔接需要文化基础知识，职业专业课程学习在很大程度上依赖普通文化知识的掌握，因此，在职业教育中强化普通文化课程学习是职业教育自身发展的需要，也是接受职业教育学生终身学习、全面发展的需要。

建立专业学习的公共基础平台，开发不同专业共享的专业基础课程平台，专业公共基础平台课程设置应包括专业基础课和专业基础理论，通过强化专业基础知识学习和训练来帮助学生掌握好基本的专业理论知识、专业技能及职业素养，夯实基础，满足学生跨专业"专升本"或进入高层次职业技术教育学习的需要。

### 8.5.3 构建职业技术人才成长的"立交桥"

完善职业技术教育自身的类型和层次体系，鼓励示范、骨干职业与本科院校合作试办应用技术本科专业，扩大职业毕业学生接收高层次教育的比例，从职业院校中遴选一批条件优秀的学院试点职业专科教育与技术型本科教育、研究生教育相衔接的培养模式，打通职业、应用型本科及专业学位研究生的职业技术教育的上升通道。

## 8.6 职业教育改革中专业带头人的作用

专业品牌是职业办学的名片，专业带头人就是这张名片的设计者。职业专业建设主要是通过专业教研室来实施，一个教研室往往同时有多个专业的建设和教学运行，大量的行政管理工作使教研室逐步演化成一级机构，教研室主任自身承担着比较繁重的教学任务，很少有精力来考虑专业发展和建设。许多职业虽设有专业带头人，但专业带头人并不是一级组织负责人，对专业建设和改革起不到实质的作用，这种机制不利于优秀专业带头人作用的发挥。应该认识到，专业带头人在专业建设和改革中的作用举足轻重，专业带头人是专业建设的策划者，是专业市场信息的捕捉者，也是专业教学的组织、实施者。专业带头人应具有先进的职业教育理念，对专业建设和发展具有前瞻的策划能力，科学地预测区域经济和产业调整对专业未来走向的影响，掌握市场对人才需求变化的规律，能带领专业团队协调工作，在行业和企业界有一定的影响力，在本专业发展遇到困难和专业变革调整时，应提出相应的对策并与团队一起适时开发出适应市场和顺应产业结构调整的新专业。比如，现在国内制造业普遍面临原材料成本、人力成本和管理成本增加的困境，企业为了生存，一是尽可能采用新技术和自动化设备来代替人力生产；二是改革管理模式，如将生产管理由过去的个人计件工资制（只能保证个别工序的产品质量）改为以生产单元计件工资制（即每条生产线严格按计划完成班产，保证产品每个工序的质量）。面对就业市场这些变化，作为专业带头人就要积极调整课程结构和教学内容，加强对学生就业指导，培养与之相应的职业能力，增加相应的实训等。

职业院校要发挥专业带头人对专业建设的引领作用，建立稳定的专业带头人培养机制，每个专业应设一个专业带头人，由专业带头人负责专业的研究和建设，教研室负责教学管理和教学实施。专业带头人可通过竞争上岗的方式选拔，学院在使用上要放心、大胆，赋予其权力、提高其地位和待遇，使其引领专业建设可持续发展。

## 8.7 职业教育功能的拓展

现代社会是一个学习型社会(Learning Society)。所谓学习型社会，就是实现自我的学习贯穿于每个人终身的社会。职业培训已将一个人的职业、生活、事业、劳动、创造及人生融为一体。职业院校在完成学历教育的同时，应积极开展职业培训教育，形成专业学历教育与职业培训双轴驱动的局面。一方面，人的一生要经历不同的社会时期，要不断改变自己的行为，满足自我实现的需要，而要做到这些就必须不断学习；另一方面，行业和职业的演变和改造，新的行业需要大量能承担起跨文化交流并训练有素的劳动者。职业院校在专业建设中必须转变办学思想，紧紧抓住这一发展机遇，积极开展非学历职业技术培训，利用现有专业资源开办职业培训，投资小、见效快，具有巨大的市场空间。

现代社会职业岗位体系是一个动态的大系统，在完成专业学历教育的同时，积极开展和布局各种形式的职业培训，以学历教育为主、培训教育为辅，使两者相互贯通，构建职业培训与终身教育一体化的职业教育形态结构。我国现今职业技术教育的目标，比较偏重于学生的就业，而从终身教育观点来看，学生走出校门仅仅是完成终身学习的一部分。在市场经济体制下，社会对人才的层次和知识结构要求不断提高，职业教育的目标不能是仅为一次就业，而是要为学生今后的"可持续学习"提供必要基础。

职业院校在专业建设和规划中，要充分利用专业现有的教育资源，配合区域经济结构特点和产业结构调整，积极开展政府购买的社会培训产品工程，如在岗职工技能提升培训工程、城乡统筹的转移劳动力培训工程、建筑行业惠农转移培训工程、大学生再就业培训工程、助推微型企业创业培训工程以及库区移民技能培训工程等，将培训教育做大、做强、形成品牌，与学历教育各分秋色。

# 第9章 职业教育结构调整与新型城镇化建设

**本章摘要：** 国家正在大力推进的新型城镇化建设，是实施以人为核心的城镇化建设，其目的是提高新城镇的人口和产业集聚规模、转变农村经济和社会结构，实施教育扶贫，构建合理的职业教育结构。在分析了新型城镇化建设与职业教育结构的互动关系和政府在职业教育结构调整中的主导作用后，新型城镇化建设中应采取的调整职业教育结构取向是：在专业结构调整上，要适应新城镇建设的经济结构和产业结构特点；在布局结构调整上，要向新型城镇疏散职业教育资源，吸纳新城镇建设所需的各种转移劳动力；在形态结构调整上，要满足新型城镇化建设所要求的多种职业教育形式。

2013年12月举行的中央经济工作会议首次召开专题性的全国城镇化会议，会议对新型城镇化的推进思路做了最终定调，新型城镇化是以城乡统筹、城乡一体、生态宜居、和谐发展为基本特征的城镇化，发展以省会为中心的区域性城市群，同时推进以县、市为基础的就地新型城镇化。新型城镇化的核心是"人的城镇化"，以人为本，促进劳动者素质的提高。新型城镇建设对职业教育的专业、布局和形态结构调整提出了新的要求，对于大城市，应该实施人口、产业、城市功能和职业教育资源外溢的策略，提高综合承载能力以及可持续发展能力；对于新型城镇，则应以提高人口和产业的集聚规模、实施农村地区的教育扶贫，来实现职业教育结构的协调发展，增加职业教育经费的投入和布局更多的职业教育资源，推进职业培训，调整专业结构，解决转移劳动力的就业，增强人口吸纳能力。

新型城镇建设对职业教育的促进和发展是一次难得的机遇，同时也对职业教育的专业结构、布局结构和形态结构等提出了调整的新要求。实施新城镇化建设，将在一定程度上改变职业教育结构的内涵、规模、专业类型、布局和层次差别等方面。

## 9.1 职业教育结构调整与新型城镇化建设的关系

### 9.1.1 职业教育结构要适应新型城镇化建设的基本需求

与普通教育不同，职业教育除了具有教育的属性外，还有开放性和反馈性的属性。职业教育首先是一种生活教育和就业教育，要面对就业、校企合作、区域经济发展和产业结构的调整，这些外部因素随时影响或制约职业教育的发展和运行轨道，从这个意义上讲，职业教育是跨界的和开放的，是一种有反馈的闭环教育。职业教育这种跨界和开放的属性决定了其教育结构也应当是开放的，与区域经济结构和产业结构的需求相适应。

在统筹新城镇职业教育的发展中，要注意保持大城市与新城镇各自的特色，如果一味地为了统筹而统一化甚至同一化，这样会破坏新型城镇职业教育的发展规律，阻碍职业教育的良性发展。比如：建立职业教育的布局、专业和形态结构向新城镇倾斜的教育投入机制，达成一定层面上的教育公平和均衡发展；整合城镇和农村职业教育资源，真正实现劳动力有效转移，促进农村城镇化建设和新农村建设。调整职业教育结构，实现新城镇职业教育的均衡发展和公平发展是一个长远的目标，但可实现的近期目标是在新城镇化建设中，使职业教育结构实现动态调整，使其在空间层次和横向规模上都有较好的发展。

### 9.1.2 新型城镇化建设离不开职业教育的促进和拉动

新型城镇化建设和发展离不开职业教育的支持，过去由于城镇经济和产业发展缓慢，农村职业教育资源不够，使得大量的青年劳动力离乡打工，他们多数没有经过专门的职业技能培训，主要靠体力劳动和简单的技术劳动生活，地方政府并没有从根本上解决农村转移劳动力的出路问题，许多地方还以输出廉价的农民工劳动力多为荣。出现这些现象，主要原因之一是城镇职业教育的发展长期不受重视，高职教育资源缺乏，农村和城镇的职业教育的专业和布局不合理，没有对当地农业人口的劳动技能培养形成吸引和拉动作用。

城镇产业结构是区域经济结构的组成部分，城镇产业结构会对职业教育层次、专业设置和学校布局产生一定的影响。重庆正在实施的新型城镇化战略，使传统的农业耕种技术逐步向现代农业技术转变。现代农业生产的主要特征是生产过程的机械化、生产技术的科学化、增长方式的集约化、产品经营的市场化、生产组织的社会化、劳动者的技能化和智能化。这一系列的转变都离不开职业教育的发展和促进，必须通过大力发展特色的职业教育来推动新型城镇建设的人才培养。新型城镇现代化发展需要各类职业教育和各层次的职业技术人才，需要与新城镇的产业结构和经济结构相适应的专业结构、形态结构和布局结构。新型城镇化建设的核心是"人的城镇化"，突出劳动者素质的提高。职业教育是提高转移劳动资本最基本也是最重要的手段，是实现新城镇人口集聚的重要保证。

## 9.2　政府的主导作用

在新型城镇化职业教育发展中，政府作为经济政策和产业政策的制定者和教育部门的管理者，应积极扮演监督、调整和协调的角色，比如：政策制定、经费保障、管理监督、合理布局、结构调整、统筹规划、督导评估及信息服务，通过调节和监督改善职业教育的基本办学条件，促进城市乡镇职业教育的均衡发展，通过监督和协调，着力营造制度环境，加强规范管理和监督指导，保证职业教育结构和经济结构的协调发展，促进新型城镇职业教育事业与经济的发展和稳定。

从经济角度讲，职业教育结构与新型城镇化经济结构和产业结构的相互适应，能够产生和谐的经济社会和良好的人文环境。因此，职业教育结构的合理构建，既推动新型城镇化建设快速发展，又使社会和国家受益。从"调节"功能看，新型城镇化经济对职业教育结构的调节是第一次调节，这种调节主要发生在职业教育的专业结构领域，政府层面的参与属于第二次调节，主要影响着职业教育的布局结构、形态结构以及体制结构如何更好地适应生产关系，其产生的影响体现在宏观经济建设和社会效益上。市场和政府共同调节，既可以提高职业教育与新型城镇化经济结构的相互促进和相互制约，又可以保障两者协调发展所带来的经济效益和社会效益。

新型城镇化的职业教育发展还处于探索阶段，单纯依靠市场来配置资源不利于新城镇职业教育发展。在现阶段，政府应肩负起领导新型城镇职业教育统筹发展的重任，统筹规划，立法保证。从执政和管理的角度，政府发挥其调控功能，制定特定的政策和相关的法律，从资金、教学资源、职教师资的配备、职业教育结构的合理性等方面进行统筹和规划，在充分尊重新型城镇化职业教育发展自主权的基础上，采取多种措施优化新城镇职业教育发展的环境和条件、保障新城镇建设职业教育优先发展的权力,使大城市富有的职业教育资源向新城镇有序疏散,改革城市职业教育的涉农比例,在大城市与城镇职业教育之间建立稳定的信息沟通渠道。引领新型城镇化职业教育发展,政府可以采取一定的措施来推动职业教育专业、布局、形态及体制结构向有利于新城镇职业教育建设方向调整。

## 9.3 专业结构调整的方向

新型城镇是连接城市和农村的主要节点,也是实现城镇工业化和农业现代化的支撑点。新型城镇的功能定位是能主动承接大中城市政治、经济和教育资源辐射,有效带动周边乡村发展其经济、文化和科学技术,真正使我们的城镇成为具有较高品质的适宜人居之所。职业教育对区域经济的服务性决定了其构成要受到区域经济结构和产业结构的制约,不同区域的产业结构特点、生产力水平层次和劳动力构成的类型会直接影响到职业教育的专业设置和空间布局。因此,新型城镇建设带来的产业发展新趋势、产业结构的演变和对劳动力类型的需求结构将直接影响职业院校的专业设置。

以重庆为例,2013年前的调查结果显示,重庆市高职业教育的专业结构比重按三次产业分,分别是10.11%、31.89%、53.79%。其中涉及农、林、牧、渔等直接为农业服务的第一产业的专业仅占10.11%,接近90%的专业是第二和第三产业,并主要设置在城市,与城市和乡镇的专业结构不相适应。调整和构建新城镇化建设所需的职业教育专业设置要因地制宜,稳步推进。重庆广大农村地处山地和丘陵,不适合大型的机械化耕种,需要研发小型和微型的各类农用机械设备,如各种小型的播种机、收割机、开垄机、施肥机、除草机、平整机和各种小型运输机等成套农业设备,利用现代设备实现农作机械化和集约化,在对这些机器的控制上主要采用液压、智能和遥控,以提高作业的效率和减轻劳动强度为主。在生产方式上,要从过去的单户生产转变为规模生产,把分散的土地集中起来,由城镇技能型人才调控、维护,由种植、经营大户进行生产和经营。

按产业结构划分,重庆城镇职业教育开设的专业主要应面向农林牧渔的现代化生产和现代化经营管理。目前,许多区域城镇的职业教育主要集中在中低层次的学历教育或初级职业资格培训阶段,高职院校中涉及农科招生的专业数仅占高职招生专业数的很少比例,真正意义上的面向城镇建设和发展的高职学院几乎没有,严重制约了现代城镇发展所需要的技能人才。根据国家新型城镇化建设提出的发展方针,应当逐步增加高职院校布局中小城市的数量,引导农科院校和部分地方高职学院调整专业结构,设立面向新城镇化建设的机械制造与维修、农业成套设备使用与维修、现代种植与养殖技术、新城镇经营管理、农业资源和水利资源的开发利用、观赏休闲业、食品检测与安全、食品科技、农产品储运加工、网络与农产品营销、生态和环保、农村养老等专业方向发展,以适应新型城镇化发展和现代城镇发展的要求。

## 9.4 布局结构调整的方向

城镇化经济和产业结构调整的动态性使得职业教育布局也具有动态变化的特征,职业教育的布局结构优化应结合新型城镇经济发展和产业结构调整、城镇的功能定位、产学合作及生源市场和转移劳动力的特点开展,围绕城镇的支柱产业、新兴产业和现代农业等进行规划和发展,构建与新型城镇建设相适应的职业教育布局结构。

城镇经济发展水平在一定程度上影响着职业院校布局结构调整的内涵、规模、专业类型和层次差别等。城镇水平较高地区的职业教育发展规模相对于经济水平落后的职业院校来说,其专业设置更多地集中于较高端的产业链,技术类型、层次也较高,而经济水平较低的城镇,其职业院校规模小,专业构成单一,产业分工的类型、层次也比较低。新型城镇职业院校布局结构调整,既要符合新型城镇化建设,又要满足院校自身的专业结构的优化要求,还要注重特色专业的个性发展。要特别注重发展与新型城镇化建设相关的特色专业,杜绝专业发展整齐划一。从布局结构来看,宜布局与新城镇经济发展和产业结构紧密结合的职业院校,如涉农林牧院校,交通、水电、农机制造、物流等职业院校,合理的职业教育布局有利于根据生源的特点和分布进行就地招生和就地安置,便于职业院校和企业开展"产学合作",从而促进区域经济的快速发展。

在重庆近期推出的新城镇发展的总体规划中,将建设以重庆万州为中心城市的渝东北城镇群和以重庆黔江为中心的渝东南城镇群,其中渝东北城镇群重点发展区域特色、环境友好型产业,打造长江三峡国际黄金旅游带;渝东南城镇群要积极发展具有自然景观与民俗文化的特色旅游经济环线。新城镇的发展思路注重民族文化、自然景观和旅游文化,对职业教育的专业结构和布局调整发出了明确的信号。

在职业教育的布局调整上，政府一定要避开在发展职业教育功能认识上的误区。过去的城镇化运动往往忽视"人"的城镇化，只重视区域经济效益和发展速度，围歼农村土地，农民被排除在城市保障之外。在职业教育的发展上，片面认为农村职业教育的功能就是农村教育、就业教育甚至是扫盲教育，模式上照搬城市职业教育模式，重视部分专业、岗位和技能的教育，忽视社会法律、道德规范、城市生活、价值观与公民素质的教育。实施新城镇建设，将使大量的农业人口向新城镇转移，此举使农民与依存了几千年的生活方式和乡村文化决裂，从根本上改变传统的社会结构、经济结构、生活观念和生活方式。社会结构转变，使农村从过去主要依托血缘和姓氏宗族组成的关系转变为新型城镇的社区关系结构；生产资料(土地)的流转，使生产方式从单一的个体生产转变成规模生产，这是对几千年来我国农村的社会结构和经济结构的变革。因此，在职业教育结构的布局调整上，除了要在专业、技能、职业能力上实施教育培训，还应在社会法律、道德规范、城市生活保障，生产、管理、经营、现代农业生产等领域开展各类教育，既培养本地人才又培养外地人才，使他们学会在城镇生活，形成适宜城市生活的世界观、伦理道德观，养成合乎理性的行为准则，成为构建和谐社会的新型劳动力资源。

## 9.5 形态结构调整的方向

据2013年调查显示，重庆高职学院主要招收以学历教育为主的高职生，虽然各高职学院也从事培训教育，但主要针对在校学生的职业资格证书培训和少量的政府购买的培训项目。此外，重庆的社会培训学校数量不多，校均生源数偏少，培训的新技术含量不高，低技术的培训主要集中在城镇等边远地区，制约了职业教育形态结构的正常调整。新城镇化的重要举措之一是要将大量的农村人口向城镇转移，职业教育扶贫必须瞄准在城镇和农村中处于弱势的群体，短期目标是让他们学会生存的技能，长期来讲是让他们逐步实现生存的价值。重庆新型城镇化建设，造就了大量的就业岗位，特别是以服务业为主的第三产业，用工需求量很大，农村中的弱势群体和转移劳动力经过短期的技能培训，能较快地适应这些就业方向和岗位，满足新型城镇化建设的用工需求。根据调查分析，当前城镇和农村亟须培训就业的劳动力主要有以下几类：

(1)农村和城镇初中分流人员。这类人员因种种原因没有继续读书，而又无专业技能知识,想要在社会上谋职,困难较大。由于他们已具备初等文化水平,对其培训主要针对职业岗位进行,学习掌握必要的技能和技术,培训半年左右就能胜任工作岗位。

(2)农村转移劳动力。随着农民的土地被征用、土地流转和农业生产的集约化,农村会释放出许多剩余劳动力,这些劳动力很大部分转入城市。农村转移劳动力的技能水平和整体素质还较低,对这些转移劳动力实施职业教育,重点应放在既满足自身生存又能为城市建设服务的初中等岗位培训上。除了适时开展适应城市产业和经济发展需要的培训,提高自身生活必需的知识和岗位技能水平外,还要让他们学会城市生活、懂法律常识、了解公民权利与义务、具有正确的价值观和道德规范。

(3)生活在社会边缘的人群。这类人员主要指社会上的失业者、辍学者、残疾人、农村贫困人口、政策性移民及各种处境不利的人群。对这些人员主要围绕他们的生存开展职业培训,使他们获得自我谋生的能力,同时减少青少年失业和处于社会边缘现象的发生,保持社会的稳定。

(4)微型企业创业人员。微型企业的创业人员有很多是在外打工多年的劳务输出人员,经过多年的外出打工,有一定的创业基础和资金积累,回到家乡创业,政府支持这类人员在家乡发展,给予创业资金的支持和税收的优惠和减免,对这类群体实施职业教育,主要针对他们需要的专业知识、技能以及为提高他们的生产管理水平进行培训。

(5)第一代农民工的子女。这批"新生代农民工"随他们的父辈来到城市,从小在城市中生活、学习,他们需要的是在个人职业生涯得以发展的同时,融入城市生活,成为城市中的一员。对他们进行职业培训,应培养他们的文化素质与在城市生活所要求的知识和技能,同时,让他们突破制度、文化、心理的隔阂,使他们在社会意识和消费习惯上,彻底成为现代意义上的城市居民。

对弱势群体实施职业教育扶贫的关键在政策制定上,政府在职业教育资源投入上要"先予和多予",要将"人的城镇化"落实到实处,不仅对新城镇职业教育进行"输血",而且要培养其"造血"的功能。对区域转移人口的职业教育要面向长远,培养现阶段人才和培训未来人才同步进行,要有目的、有计划地将农村的潜在劳动力转化为现实和未来的劳动力,以人的进步和素质提高为核心,以个体与社会的和谐发展为目标,将单一性的就业教育转变成"多元同步"的职业教育。

## 9.6 城市的职业教育资源应向新型城镇疏散

过去，国家在职业教育发展战略上，一直是以城市职业教育为中心，对农村职业教育不够重视。长期以来都是农村补贴城市，大城市很多财富都源自农村人口红利，结果导致城乡职业教育存在着巨大的差距，城乡教育的差距问题始终没有得到很好的解决。实施新型城镇职业教育发展，必须从城乡教育资源均衡化的角度来推动城镇职业教育的改革，让城市中的富裕职业教育资源向新城镇区域疏散，实施城镇职业教育发展优先化的战略方针。

大、中型城市在自我发展过程中，往往会将城市功能定位逐渐向着国际金融、商贸、互联网及信息化中心转变，政府、开发商极力想将土地改变用途，使其增值和发挥更大的功能。而新型城镇化建设需要让更多的农村劳动力获得受教育的机会，特别是职业教育。职业教育针对性强、实用性高、覆盖面广，能够使更多的农村劳动力提高素质和增强技能。当前，职业教育的对象逐渐从城市向农村和乡镇转移，其办学的重心也在逐步向城镇移动，新型城镇化建设和发展需要更多的职业教育资源。以重庆为例，城市中的富裕职业教育资源可以通过以下渠道向新城镇疏散。

(1)通过政府统筹规划、增加职业教育投资、配备更多的职教师资等制度建设来促进新城镇职业教育发展。比如：从政府层面，重新布局职业教育资源、增加向新城镇倾斜的教育投入机制，在一定层面上促使教育公平和均衡发展；整合城镇职业教育资源，真正实现劳动力有效转移，促进农村城镇化建设和新农村建设。在统筹大城市和新城镇职业教育的发展中，要注意保持两者的特色，如果一味地为了统筹而统一化甚至同一化，这样会破坏城镇职业教育的发展规律，阻碍职业教育的良性发展。

(2)城市富裕的职业教育资源向新型城镇疏散，是提升新城镇职业教育资源的一条捷径，大城市的职业教育资源要合理有序地向新型城镇疏散，避免新城镇的职业教育结构完全照搬大城市，这是既不实际的，也是不必要的。具体实施可以采用以下思路：将位居重庆城市中一些涉农的中高职学校和职教培训中心迁向城镇，或易地重建。一方面，由于职业院校的生源95%以上来自城镇和农村，易地办学，学生学习成本低，可以带动当地的经济发展。特别是可以帮助城镇青年和农村大量青年转移劳动力就近接受职业教育，毕业后就地安排就业。在专业设置上还可紧密结合地方的经济建设和人才需求的特点,这样职业教育的快速发展可以带动新型城镇化建设;另一方面,通过土地置换获得资金,可以利用这些资金建设具有较大规模、高水平、功能完善的职业院校,实现与新型城镇化建设配套,利用国家新城镇建设的各种优势来推动职业教育的各项建设。

职业院校的易地发展可以有不同的方式。一种是将身处中心地段的土地通过政府评估后按市价转卖给开发商,由政府提供城镇或经济开发区的低价土地进行易地重建,利用土地运作的差价重新建设学校,可以使学校原有的面积、校舍、实训实验资源、体育设施、辅助教学设备增加数倍,改变学校的面貌,使职业院校一举站在一个更高的平台上发展;另一种方式是将中心城市的职业院校与中小城市或边远地区的职业学校重组,利用这些学校现有的校舍进行扩建或重建,整合已有的资源,优势互补,扩大办学规模,建设在区域内具有一定规模的职业院校,以职业院校建设带动新城镇建设,利用土地置换的资金优势,改变过去小而散的状况,实现集约化办学,提升自身的内涵和规模。

(3)积极利用重庆各级社会和企业教育资源发展新城镇的职业教育,配合区域经济结构特点和产业结构调整,与区域内的各种企业开展校企合作,与社会团体开展各种职业培训,积极实施政府购买的社会培训产品,通过多元化的投入机制,使新城镇的职业教育做大、做强、形成品牌,与职业院校的学历教育形成双轴驱动。此外,要主动将部分职能下放到低一级的地方政府,激活地方政府主动调整职业教育结构的意愿和动能,促使地方的公共财政向职业教育投放的比例增加,积极制定新型城镇化发展职业教育的政策措施,鼓励区域企业参与"工学结合"和"产学合作",对企业招收当地转移劳动力就业给予相应的税收优惠,积极研究制定对开展"产学合作"的企业实行税收减免及政策和银行贷款上的支持,通过企业税收政策的调控,激励企业主动参与新城镇的职业教育发展。

综上所述,职业教育结构适应重庆新城镇建设的基本要求是:首先,专业结构应适应新型城镇产业和经济结构的特点,按区域产业结构发展趋势,使专业结构与区域经济和生产力同等进步;其次,布局结构应与重庆新型城镇的产业构成、生源结构及经济发展水平相适应,合理的职业教育布局结构能有效聚集新生劳动力,从而促进区域经济的快速发展;再次,形态结构应满足重庆新城镇建设所要求的学历教育和各种职业培训,构建职业培训与终身教育相互贯通的职教形态结构。

# 第 10 章　新形势下职业教育育人功能的解读

**本章摘要**：家庭教育和社会教育的责任越来越多地转向职业院校，生源的高度农村化，办学观念的偏移以及思想教育的僵化等问题是当前职业教育功能弱化的主要原因。在分析了职业院校教育功能弱化存在的外部和内部原因后，提出职业院校应重视对学生进行"生活教育"，职业院校的思想和行为规范教育必须适应学生的变化和社会的进步；职业院校布局中小城市办学，有利于学生良好行为的养成。

当前，许多城市的职业院校的教育现状使学校的管理层和教育者感觉非常困扰，费了很大努力招进校的学生不想学习专业知识和职业技能，纪律意识涣散，不尊敬师长，生活习性不良，排斥学校的管理和教育，甚至一些学校出现生源流失的现象。许多职业院校虽然也重视教学方法和教学手段的改革，在教师的知识传授和学生的技能掌握改革上下了不少功夫，但成效不大，学校觉得职业院校的学生越来越不好管理，教师也越来越不想教这样的学生。尽管学校付出了很大的努力，但培养的学生并不能得到社会的认可，结果是学生不满意学校、家长不满意学校、企业和社会也对其毕业生不太认可。职业院校教育功能的缺失和变化使学校的管理者和教师很为难，但又不得不去面对，学校没有更好的教育措施，教师也觉得难以胜任自己的职业。笔者认为这种现象的出现不能只按常规去分析和找出解决的办法，而应从近年来学生的家庭教育和社会教育缺失现象，职业教育跟不上社会变化及职业院校布局结构调整上来分析原因和提出对策。

## 10.1　职业教育不能替代家庭教育和社会教育的职责

随着职业院校招生的重心从城市转移到农村，农村在校学生的比例已经高达

90%以上。根据我们对重庆主城区的几所职业院校的抽样调查,发现职业院校生源95%以上来自农业人口,这些学生勉强学完初中的课业,年龄平均在18岁左右,人生观正在形成中,很多学生是应试教育失败者,是从多层筛选中过滤下来的"学习弱势"群体,他们不愿意再接受"应试教育"学习。调查中发现,农村学生中85%以上的学生父母长期在外打工不在自己身边。学生父母一般一年才返乡一次,有的甚至数年不与子女见面,使学生长期得不到家庭的关怀和教育。他们的父母送他们到职业院校读书,主要想让学校或社会帮他们教育和管理孩子,学习知识和技能并不那么重要,只要能找到一个工作做就行了,把家庭教育的责任直接转移到了学校。

另一方面,近几年来企业对职业院校的毕业生也不太满意,他们认为现在企业的设备都是国内、国际一流的,管理也是与国际接轨的ISO标准,为什么职业院校培养的学生不能脚踏实地地工作,他们专业知识和技能较差、怕吃苦、缺乏敬业精神、看重收入、经常跳槽。企业认为这是学校教育功能的缺失,没有把学生教育好,把本应由学校和企业共同教育、培养的社会公民,单方面地推向学校,把社会教育的职能完全让学校来承担。

家庭和社会对职业院校学生的教育是职业院校所不能替代的。"人之初,性本善",家庭教育是从幼儿时期就开始进行的,主要完成对孩子的行为和人性的塑造,为进入社会奠定基础。社会教育是由学生进入社会后,由学校、企业及公共媒体共同完成对学生的人生观、道德观和责任观的教育,是培养合格公民所必需的教育,学校的教育主要是一种生活教育,通过学校的教育使学生学会谋生的本领。家庭、社会、学校的教育功能是不相同的,但三者又有共性,共同的目标是培养学生成为合格的社会人,而教育的出发点和方法的不同决定三种教育不能由一方包办。职业院校承担不起,也无法承担家庭和社会教育的担子。

## 10.2 职业教育急需教育家

职业技术教育本质上是一种生活教育,在真实的生活环境中接受专业教育,为将来工作和生活做好准备才是职业教育最直接、最明确的目标。杜威早年提出过"教育即生活"的教育观,1971年美国教育总署长马兰博士也提出了"生计教育"(Career Education)的教育观。他们共同的观点认为,职业教育是一个终身教育的过程,它帮助个体寻找生活的方向和意义,培养个体的技术能力、职业能力、知识的迁移能力、社会能力和有效公民能力。我国职业教育的先行者陶行知认为："教育是生活所原有，生活所自营，生产所必需的教育(life education means an education of life by life and for life)，教育的根本意义是生活之变化，生活无时不变即生活无时不含有教育的意义。"因此，学生在职业院校里所学必须与将来的生活和工作情景结合起来。许多中等职业学校把对学生的教育单纯理解为传授专业知识和学会生存的技能，学生没有真实的生活和生产体验，忽视了生活和社会对学生的教育作用，使学生专业知识学习与实际的生活和社会环境脱节，学生走出校门却无法适应现实生活和社会。因此，忽视生活的职业教育是导致职业院校教育功能缺失的内在原因之一。

现在一些职业院校的领导喜欢按照企业管理的模式治理学校，特别重视招生和就业，在工作方式、方法上背离职业教育规律，没有很好地发挥教师的主导作用和学生的主体作用。职业院校教育管理的行政化和企业化倾向影响了教师的敬业精神和学生学习的积极性，学校只把学生招进来，再想办法推荐出去，中间的教学和教育过程随便一点，一时也看不出来，最终受影响的是学生本人和社会。

民国诸多的职业教育家如陶行知、黄炎培，他们办职业教育不是抽象的，他们投身职业教育不是为了个人功利。教育是他们的信仰，是为了救国救民，他们这种理想具体表现在爱学校、爱师生，对学生无私地奉献，在当时那么艰苦的条件下培养出来的学生，其素质、行为规范、理想和人生观却达到历史的巅峰。

强化职业院校的教育功能离不开职业的教育家，职业院校的领导应是"学高为师，身正为范"，有教育抱负，能静下心来办学，能脱离低级趣味和社会官场风气的学者和专家。各级主管部门应选那些有终身办学志向的，不受任何名利干扰和诱惑，把自己完全献身教育事业的教育家出任校长。职业教育的缺失已经到了亟待扭转的地步，职业教育家办学则是扭转局面的一个重要的突破口，但目前在认识上存在种种误区，有较大的阻力，迫切需要管理层的强势推进。

## 10.3  职业教育须适应学生和社会的变化

社会在变，学生在变，而职业院校传统思想政治课的说教方式基本没有改变。多年来职业院校在硬件和软件方面的建设不协调，学校重视硬件的投入，教学设备、教学设施和校园环境不断现代化，教学手段不断创新。专业教育一直在进行教学方法和教学条件的改革与改善，学生的专业知识和技能教育得到明显的提高。

但学校的软件建设投入严重不足,对学生的思想教育和人生观的形成教育变化不大,仍然是枯燥的概念、抽象的理论、空洞的政治说教,没有具体的行为规范教育,没有教育学生如何成为社会人,如何做人、如何做事,怎样学会在城市生活与工作的基本要素教育。学生在课堂里学到的东西与现实的生活和社会情景极不相符,难免使他们产生厌烦心理。他们在课堂里形成的理想和抱负被生活现实所抵消,扭曲了他们正在形成的人生观和行为观,使他们变得虚荣、浮躁、急功近利、厌学,从而增加了学校教育难度。

职业院校的思想和行为规范教育应从学生的实际生活和做人的基本点开始。目前,职业院校学生大多数还处在世界观和人生观形成之中,对其进行思想教育不要一开始就讲什么思想、什么主义、什么哲学等内容,而应从他们做人行为规范开始。从农村到城市,他们面临重大的转变,从低级生存环境到较高级的生存环境,从比较简单的社会关系到复杂的社会关系,这个转变要靠班主任、任课教师和校园文化教育来进行正确的引导,良好的校园环境和校园文化潜移默化地影响着学生的行为规范。一些学校的校训总是宏大、理想和不切实际的口号,给人一种不实在的感觉。陶行知先生当年为安徽工学拟定的校训是"义则居先,利则居后,敬其所长,恕其所短",在创办育才学校时提出育才的"十二要"也是讲基本的做人、行为规范和生活的要求,读起来实在、亲切,到现在也不过时。

联合国教科文组织认为:当代的教育有四根支柱,即"学会认知、学会学习,学会做事,学会共处,学会生存发展"。对职业教育而言,"学会做事"不仅仅是学会专业知识和职业技能,更重要的是学会做一个社会人,成为一个有益于社会的人,养成良好的行为规范,做到"学以明生、工以养生",学会与人相处,学会参与集体合作的能力。

## 10.4 职业教育应向中小城市转移

教育作为培养人的社会活动,与其生源分布和发展状况密切相关。一方面,教育影响生源的发展变化,影响生源数量的增长及规模,影响生源的素质和结构;另一方面,职业教育的对象是低年龄(特别是中职生)、低层次的人群,农村人口占有相当大的比例。目前条件较好的职业院校一般设置在城市中,让经济条件差的农村学生不远千里到城市学习和生活,学生的思想纵向跨越过大,加上家庭教育的缺失,增加了职业院校对学生教育和管理的难度,同时现代都市中不和谐的成分对未成年人的影响使其很难把控自己，无论从经济成本还是教育成本上对学生和家庭都是不划算的。

职业院校集中在城市布局必然要增加农村学生的食宿成本、交通费用，特别是增加经济不发达地区的家庭支付子女教育费用的负担，同时也会增加城市的经济负担和就业压力，也增加了城市的不稳定因素。职业院校的生源分布主要来自广大农村和社会的弱势群体，这些学生大都家庭经济状况不良，国家为了帮助他们学习，改善他们的生存能力，从2007年起通过政府的渠道，对中等职业学校的学生读书给予了生活补贴，有的地方还免除了学费。

以重庆为例，重庆是一个大城市又是一个大农村，农村人口占重庆市总人口的70%以上。多年来农村职业教育发展十分缓慢，全市中等职业学校绝大部分分布在县级以上的城镇，农村职教主要依托部分职业中学及条件较差的培训机构。职业院校布局这些地方办学可以解决边远地区职业教育资源不足的问题，同时就近招收农村学生入学学习，可以解决他们远离家庭带来的学习成本增加的问题。

中小城市作为大城市的卫星城市有聚集富余劳动力和新生劳动力的功能，可以缓解大城市的就业压力，增加大城市的稳定指数，在这些地方，无论在投资、运行经费，还是学生的学习成本都低于大城市。在中小城市发展职业教育，可以带动当地的经济发展，特别是可以使城镇青年和农村大量青年转移劳动力就近接受职业教育，毕业后就地安排就业，在专业设置上还可紧密结合地方的经济建设和人才需求的特点。

职业院校向中小城市转移，也是职业教育均衡发展，使教育资源更多地向农村地区、边远地区和民族地区倾斜的一项举措，在中小城市和边远地区开办职业院校，还可以采用封闭或半封闭的教育形式，利用较为艰苦的环境学习和生活，磨炼学生意志，学生远离大城市生活，思想相对单纯，加强纪律和磨炼也比较容易实施，对学生行为规范教育也是非常有利的。我们在对二、三线城市职业院校调查中发现，远离中心城市的职校学生，学习环境和学习风气好，学生活泼、思想进步、学习积极性很高，他们生活简朴、能吃苦，在这样的环境办学确实有利于学生的品德打造，培养健康、积极向上、正直和有责任感的社会公民。

# 第11章 职业教育结构与区域经济的适应性研究

## ——以重庆高职教育为例

**本章摘要**：以近几年重庆高职教育发展为例，运用教育经济学原理，分析职业教育结构与区域经济结构的相互依存关系，并从职业教育的专业结构、布局结构和形态结构与区域经济结构分析着手，提出职业教育结构如何适应地区经济发展和产业结构的变化的措施与路径。

## 11.1 研究背景

2010年5月国务院批准重庆设立"两江新区"，打造了两路寸滩的物流保税核心和西永综合电子保税区核心，使重庆发展步入"双核"驱动时代。"两江新区"的定位为："国家重要的现代制造业基地和综合交通枢纽，内陆地区对外开放的重要门户，长江上游地区商贸物流中心、金融中心和科技创新中心。产业结构在原有的优势产业基础上，改造升级为轨道交通、大型输变电及装备、新能源汽车、特种船舶、国防军工、结算类金融和创新型金融、网络服务、电子信息等五大战略性产业"。此外，新能源、新材料等新兴战略产业已经划入"两江新区"的规划之中。

教育结构是指教育系统内部各要素相互联系和作用的方式或秩序。从广义上讲，是指相互联系着的各种教育机构的总体和比例关系；狭义上讲，指各种不同类型和级别学校的比例及其衔接。高职教育结构主要由专业结构、布局结构、内容结构、体制结构、形态结构等组成。高职教育是直接为地方经济建设服务的，它的生命力体现在对区域经济的适应性和服务性上，区域经济发展和产业结构调整导致职业教育结构的变化，区域经济发展的水平在一定程度上决定着高等职业

# 第11章 职业教育结构与区域经济的适应性研究——以重庆高职教育为例

院校教育结构调整的内涵、规模、专业类型、布局和层次差别等。目前重庆高职教育的结构整体上跟不上重庆新区经济建设和产业结构的调整,许多高职学院仍然闭门办学,专业设置重复,学院布局不合理、办学形态结构单一,校企合作开展困难,严重制约了重庆高职教育的发展。在重庆产业结构转型期和新经济格局下,重庆高职教育结构如何适应区域经济建设和发展的需求,高职院校如何抓住发展的新机遇,更好地为本地经济服务,这不仅是当前高职教育面对和研究的热点,也是高职教育实践迫切要解决的问题。

## 11.1.1 国内外职业教育结构模式及改革研究动态综述

**1. 国外研究现状分析**

国外职业教育历史悠久,发展模式比较成熟,可作为我国高职教育改革和创新的参考和借鉴对象。从20世纪50年代以来,逐步形成了以德国"校企合作"的"双元制"模式、美国"合作教育"社区学院模式、英国的职业资格证书教育模式、澳大利亚的TAFE学院职教模式以及亚洲日本、韩国、中国台湾等国家和地区的特色职业教育。20世纪60年代,随着经济的发展和产业结构的转型,国外职业教育改革出现城市乡村统筹发展的格局,如英国的"新城运动"模式,德国的"城乡等值化"模式,美国的"乡村复兴"模式等(梁成艾、朱德全,《职业技术教育》2010年第28期)。国外政府对职业教育与区域经济的协调发展给予积极的支持,并从资金和政策上给予强有力的保障,如美国的政策制定者采用了一系列措施,来激励企业参与到职业学校的培养计划中来;澳大利亚教育与区域经济紧密型合作的典范——TAFE学院,既是教育机构,也是执行政府政治和经济政策的载体(肖化移等,《中国现代教育装备》2009年第6期)。

国外职业教育发展的实践告诉我们,职业教育的发展,离不开区域经济的发展,离不开企业的参与,离不开政府的引导和支持,国外职业教育模式是根据区域经济发展的特点实时调整职业教育的结构,形成有区域特色的发达的职业教育。

**2. 国内研究现状分析**

自2000年以来,国内已有专家和教育研究机构对高职教育结构和高职教育如何适应区域经济建设和发展进行了一些研究,并发表研究论文和报告,如:江苏省职业技术教育科学研究中心工明伦提出的"职业教育结构及其优化",对职业教育结构是指高职教育系统内各要素之间的联系与比例关系进行了分析,提出高职教育结构与我国政治、经济、科技、文化等有着密切联系,并受政治、经济、科技、文化等因素的影响和制约；桂林航天工业高等专科学校的徐京耀，芦茂季等研究成果是："结合广西区域经济发展高职教育"分析了广西经济的现状与发展方向，提出广西高职如何结合区域经济实际，调整高职教育发展方向；上海财经大学财经研究所张纯纪撰写的《论高职教育与区域经济发展》(《经济论坛》2009年第22期)，认为：发展高职教育必须认识到高职教育和区域经济之间相互影响、相互制约的关系，坚持区域化、市场化、动态性、战略性原则；江苏省社会科学基金项目"提升江苏职业教育水平"课题组研究成果：《论高职教育与地方经济发展的关系》(《光明日报》2007.5.12)，指出高职教育是地方经济的内生需求，必须根据地方产业结构的演进、生产技术的变化、经济增长的速度等不断调整优化自身的发展。此外，李东海、李银仓等著述《高职教育与区域经济发展的思考》(《社科纵横》2003年第4期)，从高职教育与区域经济发展的关系着手，探讨了西部地区高职教育面临的问题与困境，提出了高职教育发展应当采取的措施。

**3. 重庆地区研究状况**

重庆属于内陆西部地区，高职教育的改革和发展滞后于沿海经济发达地区，近十多年来，高职教育的规模和数量增长很快，专业不断扩展，在校生人数增长很快。自2007年以来，重庆市对高职院校的布局结构进行调整，形成以重庆万州、涪陵、永川、黔江四个卫星城市职教中心和以重庆主城职业教育为龙头的格局。重庆本地的职教专家学者和教育科研机构，积极探索重庆高职教育与区域经济发展的关系，取得了一些好的成果，如：重庆永川区树立"发展职业教育就是发展先进生产力""抓职教就是抓经济，抓经济必须抓职教"的超前意识和观念，将职业教育列入经济社会发展的总体规划，提出了"城校互动"职教发展模式；重庆城市职业技术学院的赵东菊提出的《适应重庆产业大发展需要的重庆高职教育人才培养与教育教学改革研究》(《科技咨询》2010年第19期)。

上述研究对国内和重庆地区高职教育如何与地方经济接轨，在根据产业结构调整办学思路方面做出了前期的探索，取得了一些成果和成绩。但是前面的研究多从宏观上论述高职教育与地方经济发展关系，而对具体的高职教育结构(专业结构、布局结构、内容结构及形态结构等)如何适应区域经济发展特别是开发区、国家级新区的经济结构和产业结构调整等具体层面的研究文献较少，得出的结论或研究成果对指导教育管理部门调整高职教育和高职学院进行教育教学改革和专业结构调整意义不明显，特别是在指导高职教育结构调整、协调高职院校与区域经济结构和产业结构调整过程中，政府在其中的职能和应起的作用等方面研究的成果鲜有所见。

# 第11章 职业教育结构与区域经济的适应性研究——以重庆高职教育为例

基于对上述研究背景的分析,课题将在现有的研究成果和探索的基础上,深入研究重庆高职教育的专业结构、布局结构、内容结构、体制结构及形态结构如何适应重庆"两江新区""双核"保税区和高薪开发区经济结构和产业结构调整模式,从理论探讨、实践应用等不同层面积极探索创新,力求反映前瞻性理论和前导性实践趋向,得出可操作的实施性措施,写出研究报告供政府、教育管理部门及高职学院对重庆高职教育结构调整决策做参考。

## 11.1.2 课题研究目的和意义

重庆正在实施的"九大"新兴产业,《重庆"两江新区"建设规划》和《重庆市"十二五"发展规划纲要》都对经济结构和产业结构提升、调整和转型提出了具体要求。按照这种调整思路,课题将致力于研究重庆市高职教育结构如何适应这一变化,并重点从组成高职教育结构的专业结构、布局结构及形态结构方面入手,探索重庆高职教育结构调整、改革和创新的指导思想和行之有效的实施路线。通过对课题的研究,提出构建动态的职业教育结构观,按照重庆区域经济和产业结构的调整趋势,优化和改革重庆高职的专业结构;按新的经济结构和产业结构布局来调整高职院校的布局结构,使之更有利于开展"产学合作",实现互惠互利和农村新生劳动力的聚集;积极构建适应区域经济新变化和产业结构调整所需的形态结构,使高职院校呈现学历职业教育、职业培训、岗位培训和终身教育的多元职业教育形态结构;探索在高职学院实行工学结合、学分制与弹性学制的多元化的学习制度,构建加强通识教育,促进人的全面发展等新的职业教育构想,为教育管理部门和政府教育决策提供必要的、可实施的参考依据,为重庆地区高职学院进行教育结构调整提供思路和实施路线。

本课题从构成高职教育结构的专业结构、布局结构、内容结构、体制结构、形态结构等方面入手,深入分析重庆高职教育结构与区域经济发展和产业结构调整的不适应性,以教育学和经济学为理论基础,以区域经济发展和产业结构调整为引导,定位研究目标如下:

(1)研究区域经济发展和产业结构调整与高职教育结构调整的相关性和随动性,从而构建动态的职业教育结构观;

(2)探索高职院校与行业、企业开展"产学合作",实现互惠互利和实现农村新生劳动力的有效聚集机制,构建适应区域经济变化和产业结构调整所需的学历教育、职业培训和终身教育等多元职业教育形态结构;

(3)研究政府在引导高职教育结构适应区域经济和产业结构调整的职能和作

用，提出"政—产—学—区域"职业教育协调发展的新模式；

（4）探索城乡经济和职业教育统筹发展、城市与农村实现"缩差共富"所需的高职布局、形态及专业结构的调整模式；

（5）研究重庆新型城镇化建设与高职教育结构的互动关系以及合理的职业教育结构对国家实施的新城镇化建设的促进作用。

通过上述研究目标，提出适应当前区域经济发展及产业结构调整的高职教育结构的改革思路与对策，为教育管理部门和政府教育决策提供必要的、一手的参考资料，为高职学院进行教育结构调整提供思路和指向。课题研究立足区域经济结构和产业结构的调整，从高职教育结构出发，全面、系统地研究高职教育与区域经济发展和产业结构的适应性，研究内容紧密结合职业教育，具有很强的现实意义和可操作的指导性，研究成果对重庆高职教育的结构调整和今后改革发展有较强的参考价值。

## 11.2 重庆高职教育结构的现状分析

### 11.2.1 职业教育结构定义及其组成

#### 11.2.1.1 教育结构的基本属性

结构指客观事物和社会现象各系统的排列组合及结合方式，包括内容结构、形式结构、比例结构等。教育结构是指教育系统中各个子系统、各组成部分之间的排列、组合和结合方式，即教育纵向子系统的级与级之间的比例关系和相互衔接；教育横向子系统的类与类之间的比例关系和相互联系。从广义上讲，是指相互联系着的各种教育机构的总体和比例关系；狭义上讲，指各种不同类型和级别学校的比例及其衔接。教育结构主要由教育的专业结构、教育的形态结构、教育的布局、结构的类别。教育结构具有以下特点：

（1）整体性。教育结构中各要素按子系统组成系统整体。其整体功能大小，取决于各子系统功能，总体功能可大于也可小于个体功能之和。

（2）复杂性。教育结构有多种层次和联结形式，它具有宏观与微观相互渗透，横向结构与纵向结构立体交织的特点，是随时间推移而不断运动的、复杂的多维结构。

（3）适应性。教育结构是为适应社会结构、经济结构、产业结构、科技结构和

# 第11章 职业教育结构与区域经济的适应性研究——以重庆高职教育为例

文化结构的需要而组建的,因而适应性是其存在的首要条件。

(4)相对稳定性。一定时期教育结构的构建有一个相对稳定期。结构上的变化也是相对原有结构,从量变到质变逐步实现的,改变不是全盘否定。教育结构没有随着产业结构的变化进行相应的改革和调整,使重庆职业教育结构出现不合理现象,制约了职业教育的迅速发展。

#### 11.2.1.2 教育结构与经济结构的关系

**1. 经济结构制约教育结构**

经济结构直接或间接地制约着教育结构内部变化的趋势,制约着教育结构内部调整改革的方向。经济结构对教育结构的制约主要是:

(1)产业结构对教育专业结构和类别结构的制约,产业结构内部调整或发生巨大变化,专业结构和类别结构也要作出适应性的调整,如增加相关的专业和学校的数量,减少与产业不对口的专业与学校。

(2)劳动技术结构对教育系统的类别结构、程度结构的制约。

(3)地区经济结构对教育系统的布局结构的制约。

经济结构与教育结构的制约关系如图11-1所示。

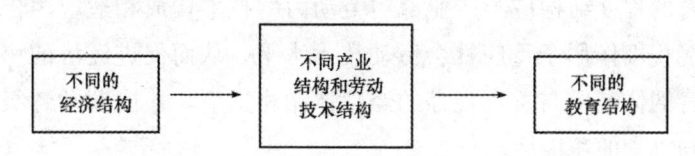

图11-1 经济结构与教育结构的影响

**2. 教育结构制约社会经济结构**

科学合理的教育结构直接影响到各类经济结构中,人力资源数量和质量是否得到保证和是否有效地配置。

(1)教育结构决定其供给的劳动力结构,教育结构不合理,会使产业结构中人才过剩或短缺问题并存。

(2)教育的专业结构和程度结构对劳动力技术结构和地区经济发展起制约作用。

(3)教育结构和经济结构相互影响、相互制约、相互联系,教育为经济的发展供给各类劳动力来制约经济结构;经济发展对教育提出各类劳动力的需求。

合理的教育结构要满足:①教育的专业设置、专业比例要与社会经济部门的产业结构、职业结构及其比例关系相适应;②教育的程度结构、布局结构及其之间的比例关系,要与社会经济部门的劳动技术结构及其比例关系相适应。

### 3. 高职教育结构的组成及内涵

一般来说,职业教育的结构主要包含:专业结构、形态结构、内容结构和布局结构等。其中对职业教育产生直接影响的是专业结构、形态结构、体制结构和布局结构。职业教育结构组成反映了职业教育内部构成关系及系统内各组成要素之间的比例关系、联系方式、相互作用及其变化规律,是一个复杂的、动态的、多元的综合构成体系,在一定程度上影响甚至决定职业教育的性质、功能和效益。任何一种结构失衡都会影响职业教育的健康发展。

过去,有关研究职业教育的文章大都涉及教学管理、专业改革、课程改革等方面,往往忽略了教育结构合理性对高职发展的影响,注重教育内部改革,而忽视与外部的联系;重视自身发展而忽略了职业教育的生命力在于对社会和区域经济、产业结构的适应性和服务性。

职业教育结构是否合理直接体现在劳动力结构的合理性上,要使职业教育适应经济的发展,必须培养与重庆经济发展相适应的劳动力及专门人才。第一,高职的专业结构应适应重庆经济结构和产业结构的调整,要按产业结构发展趋势,调整重庆职业教育的专业结构比例,使专业结构反映出科学和生产力的进步;第二,职业教育的程度结构应与产业部门劳动力的技术构成相适应,合理的职业教育层次结构能积极作用于重庆社会劳动技术水平,从而促进经济的快速发展;第三,职业教育的体制应与重庆现存的经济体制相适应,才能调动各级、各部门及社会力量参与办学的积极性。

### 11.2.2 重庆高职专业结构的现状与分析

区域经济和产业结构调整推动高职教育结构的变化,首先体现在高职专业结构的变化上。产业结构是地方经济发展的脊脉,各地根据自身资源优势、发展规划及城市宏观的战略布局,会在不同时期,形成不同的产业结构布局,区域经济发展和产业结构调整必然导致高职专业结构的变化,区域经济发展的水平在一定程度上决定着高职院校专业结构调整的内涵、规模、专业类型和层次差别。因此,高职教育专业结构必须适时、主动地适应区域经济和产业结构的变化。专业结构的优化不仅仅是专业数量和空间位置上的重构和布局,广义上应该是既要在专业数量、专业布点的空间位置及时序上合理安排,更要对一定数量专业学科、专业门类和专业数量进行合理筹划、布局优化。

高职教育结构调整中的一项重要内容就是对专业结构的优化。近年来,随着各区域城市功能的重新定位、层次的提升和区域内产业结构不断调整,引发新一

# 第11章 职业教育结构与区域经济的适应性研究——以重庆高职教育为例

轮高职专业结构调整和优化。

重庆市现有32所独立设置高职高专,按照教育部2004年的《高职高专教育指导性专业目录(试行)》分类,开设的学科覆盖了目录中19个大类,78个二级门类中覆盖了61个,所占比例为78%,在目录标出的523种专业中,一共开办有242种专业,占46.3%,见表11-1。根据统计资料分析,当前重庆高职高专专业结构呈现以下特点。

**1. 专业门类齐全,与产业结构调整前基本适应**

对重庆2010年各高职专业设置资料分析,其中二级门类全部覆盖的有制造、电子信息、艺术、财经、材料能源、医药卫生、生物药品、文化教育及公共事业等,2010年招生专业数主要集中在电子信息、财经、制造、土建及艺术传媒等大类中,各占专业布点数的17.2%、15.63%、12.76%、11.3%及9.88%,见表11-2。在19个大类中覆盖最少的大类有环保安全、法律及交通运输,以环保安全、农林牧渔、法律及公安等大类的专业布点最少。从表11-1可以看出,目前重庆高职高专专业门类齐全,专业布点数,设置的专业基本覆盖了现有重庆地方经济和产业的组成,基本满足重庆产业结构调整前经济发展的需求。

表11-1 重庆市高职高专专业设置与招生统计(2010年资料)

| 一级门类 | 二级门类 | 开出门类 | 专业门类覆盖比(%) | 目录专业数 | 招生专业数 | 招生专业覆盖比(%) |
|---|---|---|---|---|---|---|
| 1. 制造 | 4 | 4 | 100 | 33 | 23 | 69.7 |
| 2. 电子信息 | 3 | 3 | 100 | 29 | 25 | 86 |
| 3. 艺术传媒 | 3 | 3 | 100 | 31 | 21 | 67.7 |
| 4. 土建 | 7 | 6 | 85.7 | 32 | 25 | 78 |
| 5. 财经 | 5 | 5 | 100 | 36 | 31 | 88.9 |
| 6. 交通运输 | 7 | 4 | 57 | 51 | 10 | 19.6 |
| 7. 材料能源 | 4 | 4 | 100 | 20 | 13 | 65 |
| 8. 轻纺食品 | 4 | 3 | 75 | 25 | 5 | 20 |
| 9. 医药卫生 | 5 | 5 | 100 | 27 | 14 | 51.8 |
| 10. 公安 | 4 | 3 | 75 | 29 | 7 | 24 |
| 11. 法律 | 3 | 1 | 33 | 13 | 3 | 23 |
| 12. 旅游 | 2 | 2 | 100 | 8 | 7 | 87 |
| 13. 农林牧渔 | 5 | 3 | 60 | 38 | 4 | 10.5 |
| 14. 生化药品 | 4 | 4 | 100 | 23 | 11 | 47.8 |

续表

| 一级门类 | 二级门类 | 开出门类 | 专业门类覆盖比（%） | 目录专业数 | 招生专业数 | 招生专业覆盖比（%） |
|---|---|---|---|---|---|---|
| 15. 文化教育 | 3 | 3 | 100 | 39 | 17 | 43.6 |
| 16. 公共事业 | 3 | 3 | 100 | 24 | 11 | 45.8 |
| 17. 环保安全 | 3 | 1 | 33.3 | 15 | 2 | 13.3 |
| 18. 水利 | 4 | 3 | 75 | 19 | 10 | 52.6 |
| 19. 资源测绘 | 6 | 5 | 83.3 | 45 | 9 | 20 |
| 合计 | 78 | 61 | 78 | 523 | 242 | 46.3 |

资料来源：重庆市教育委员会2010年教育事业统计资料。

### 2. 专业设置同质化，优势不突出

表11-1数据表明，重庆市高职专业设置趋同化、同质化现象比较突出，同一区域院校之间的专业设置各自为政，造成同一专业门类过于密集。2010年，全市高职院校招生的242个专业中，除机械和电子信息大类专业以外，招生专业主要集中在市场营销、企业管理、企业财会、计算机应用技术、商务英语、外贸和物流等专业，这些专业均有20所学校开设。

### 3. 普通专业多，前沿专业少

针对重庆经济发展和产业结构调整出现的新工种、新岗位的相关专业开设数量不足，如重庆近期提出要大力发展的"天然气化工、石油化工、煤化工、集成电路、软件和服务外包、信息家电、新兴汽车、新兴装备制造、新兴材料"等九大新兴产业，在2010年的招生目录里鲜有体现。可见，重庆高职院校对产业结构的调整普遍反应迟钝，普遍没有开设相关专业，见表11-2。

表11-2 重庆31所高职按专业大类设置和专业布点统计

| 序号 | 类别 | 设置学院的数量 | 所占比例（%） | 专业布点数 |
|---|---|---|---|---|
| 1 | 制造 | 16 | 51.6 | 71 |
| 2 | 电子信息类 | 23 | 74.2 | 108 |
| 3 | 艺术传媒类 | 18 | 58.1 | 62 |
| 4 | 土建类 | 18 | 58.1 | 80 |
| 5 | 财经 | 23 | 74.2 | 98 |
| 6 | 交通运输类 | 12 | 38.7 | 17 |
| 7 | 材料能源 | 3 | 9.6 | 22 |
| 8 | 轻纺食品 | 9 | 29.0 | 11 |
| 9 | 医药卫生 | 2 | 6.45 | 22 |

# 第11章 职业教育结构与区域经济的适应性研究——以重庆高职教育为例

续表

| 序号 | 类别 | 设置学院的数量 | 所占比例(%) | 专业布点数 |
|---|---|---|---|---|
| 10 | 公安 | 1 | 3.2 | 7 |
| 11 | 法律 | 3 | 6.45 | 3 |
| 12 | 旅游 | 17 | 54.84 | 28 |
| 13 | 农林牧渔 | 2 | 6.45 | 7 |
| 14 | 生化与药品 | 8 | 25.8 | 18 |
| 15 | 文化教育 | 15 | 48.4 | 34 |
| 16 | 公共事业 | 2 | 6.45 | 13 |
| 17 | 环保安全 | 4 | 12.9 | 4 |
| 18 | 水利 | 3 | 9.67 | 11 |
| 19 | 资源测绘 | 3 | 9.67 | 11 |
| 20 | 合计 | | | 627 |

资料来源:重庆市教育委员会2010年教育事业统计资料。

**4. 不适应区域产业结构调整,指导未来需求的专业少**

重庆高职专业布点总数为627个,表11-3为其面向三次产业分布的情况。从统计数据看出,目前重庆高职专业布点偏重于第二产业和部分第三产业,面向第一产业的专业布点比例仅为1.11%,第二产业主要设置以汽车、摩托车、装备制造、化工、电子信息、仪器仪表等专业为主,第三产业的招生的比例较高,但主要集中在以旅游和财经为代表的专业上。随着重庆产业结构和经济构成的调整,高新技术产业比重不断增加,产业集约化程度提高,从过去的劳动力密集型逐渐向资本密集型和技术密集型转移,特别是以服务业为标志的第三产业崛起,带动了重庆金融、信息、房地产、保险、小区服务、旅游业及消费服务等相关产业发展,出现了节能环保、新一代信息技术、生物、高端装备制造、新材料、新能源汽车等新兴产业,以高技术的延伸服务和支持科技创新的专业化服务为核心的高技术服务业产业也得到迅速地发展,这对指导重庆高职未来专业的建设和发展具有积极的引领作用。图11-2为三次产业结构的柱形分布图。

**表11-3 重庆高职专业布点在三次产业中分布情况**

| 名称 | 第一产业 | 第二产业 | 第三产业 |
|---|---|---|---|
| 高职专业大类按三次产业划分 | 农林牧渔 | 材料与能源、轻纺食品、生化与药品、医药卫生、水利、土建、制造 | 财经、电子信息、旅游、交通运输、资源开发与测绘、环保气象与安全、公共事业、文化教育、艺术设计传媒、公安、法律 |
| 专业布点数 | 7 | 220 | 400 |
| 比例(%) | 1.11 | 31.89 | 63.79 |

资料来源:重庆市教育委员会2010年教育事业统计资料。

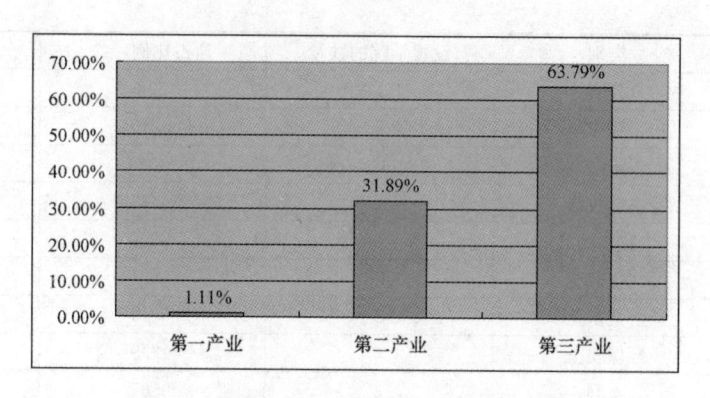

图 11-2　高职专业按三次产业分布的柱形图

### 11.2.3　重庆高职院校布局结构与分析

高职教育与区域经济发展的关系表现为相互依存、互惠互利和优势互补。高职办学与社会状况、政治和文化等领域有着千丝万缕的联系，高职教育布局结构调整是社会经济、政治和文化等领域的诸多变革在高职教育领域系统的反映和体现，其本身必然受到以上各种因素的制约和影响，反过来高职教育布局结构调整是否适当，在一定程度上可以影响社会经济、文化和政治的变迁。高职教育的布局结构应与区域产业结构构成、城市的功能定位、生源结构及经济发展水平相适应，合理的高职布局结构能聚集新生劳动力，实现"产学合作"，从而促进区域经济的快速发展。

2010年5月国务院批准重庆设立"两江新区"。"两江新区"的定位为："国家重要的现代制造业基地和综合交通枢纽，内陆地区对外开放的重要门户，长江上游地区商贸物流中心、金融中心和科技创新中心。此外，国家还批准在重庆建有两个"核心"保税区，即"两路寸滩"核心保税港区，依托水港、空港，侧重保税物流，辐射本地及周边省市；"西永综合"核心保税区，依托西永微电园高科技项目集群，侧重保税加工，重点发展高端IT产业，为全球电子信息类大企业及其配套企业在重庆落户、发展，提供全面的平台服务。在新的经济结构模式下，重庆形成了"两江新区"、"双核"保税区及先前规划的"高新开发区"等多轴驱动时代。重庆的产业结构也进行了重新调整和布局，在原有的优势产业基础上，改造升级为轨道交通、大型输变电及装备、新能源汽车、特种船舶、国防军工、结算类金融和创新型金融、网络服务、电子信息等五大战略性产业。

## 第11章 职业教育结构与区域经济的适应性研究——以重庆高职教育为例

**1. 高职的区域布局总体失衡**

2010年重庆现有各类独立设置的高职31所,其中有18所位于重庆主城区,8所分布在经济发展较好的渝西经济走廊,4所分布在渝东北三峡库区的万州区和涪陵区,而渝东南民族地区只有黔江一所高职(表11-4)。三峡库区生态经济区有人口1557万(2007年重庆统计局的统计数据),占据重庆总人口的半壁江山,该区域的高职院校数量却只占重庆高职院校的12.9%,重庆高职院校区域布局失衡较为严重,不利于三峡库区、渝东北和渝东南两翼地区的劳动力聚集和服务地方经济建设。

表11-4  2010年重庆31所高职布局分析

| 地区 | 数量 | 比例(%) | 地区 | 数量 | 比例(%) |
|---|---|---|---|---|---|
| 重庆主城 | 18 | 58 | 铜梁 | 1 | 3.2 |
| 合川 | 1 | 3.2 | 万州 | 3 | 9.6 |
| 永川 | 3 | 9.6 | 涪陵 | 1 | 3.2 |
| 江津 | 2 | 6.45 | 黔江 | 1 | 3.2 |
| 璧山 | 1 | 3.2 |  |  |  |

**2. 高职布局结构不适应区域产业构成**

从表11-3可以看出,重庆现有的31所高职学院中,面向第一产业的高职学院很少,而开设第三产业的学院和专业比例占到了63.79%,地方政府在设置高职学院和审批专业上仅仅考虑地区发展和办学效益,忽视重庆经济结构组成和高职学院的合理布局,这明显与重庆市近几年的产业结构变化不相适应。2008—2012年,重庆各次工业产业构成及较往年增长情况统计见表11-5。2012年三大产业构成的比例分别是8.2%;53.9%;37.9%,从三大产业构成的比例来看,第一产业比重逐年减少,第二产业比例递增明显,第三产业构成比例也有下降的趋势。但从各次产业增长的比例来看,第二产业增长较快,第一产业下降明显,第三产业基本保持不变。第二产业比重和增加长较快说明重庆的经济结构仍然是以加工制造业各类工业为主,第一产业构成比例小、增长慢,说明重庆在发展现代农、林、牧、渔方面还有很大的空间和技术缺口。而重庆的第三产业增长迅速,从一个侧面反映出以高新服务业为标志的第三产业的崛起,带动了重庆金融、信息、房地产、保险、小区服务、旅游业及消费服务等相关产业发展,这对指导重庆高职未来院校的布局优化和发展具有积极的引领作用。

表 11-5　2008—2012 年重庆各次产业构成及较往年增长情况统计　　单位：%

| 年份<br>产业 | 2008 构成比例 | 2008 增长比例 | 2009 构成比例 | 2009 增长比例 | 2010 构成比例 | 2010 增长比例 | 2011 构成比例 | 2011 增长比例 | 2012 构成比例 | 2012 增长比例 |
|---|---|---|---|---|---|---|---|---|---|---|
| 第一产业 | 11.3 | 6.8 | 9.3 | 5.5 | 8.7 | 6.1 | 8.4 | 5.1 | 8.2 | 6.1 |
| 第二产业 | 47.7 | 18 | 52.8 | 17.8 | 55.2 | 22.7 | 55.4 | 21.8 | 53.9 | 22.7 |
| 第三产业 | 41 | 12.4 | 37.9 | 13.3 | 36.2 | 12.4 | 36.2 | 10.8 | 37.9 | 12.4 |

资料来源：重庆市统计年鉴。

2010 年以来，重庆市实施新的产业布局结构：一是以两车（汽车、摩托车）核心部件产业群、依托重庆在机械制造、仪器仪表、电子产品、金属材料加工等方面的雄厚基础，汽车产业集群发展规模可观。重庆市巴南区花溪工业园区集中了以汽车、摩托车及主要零部件生产为主的大量机械制造厂商；二是布局国家的西南化工基地，目前已基本形成了以长寿天然气化工、涪陵化肥、万州盐气化工三大化工产业基地为主，以特色工业园区为辅的相对集中的产业集群；三是电子产业集群发展迅速，有惠普、微软、DBM、NTT、富士康、中国移动等世界 500 强企业落户的重庆西永微电子产业园区，基本形成了半导体、PC 制造、软件与服务外包、电子元器件配套的四大产业格局。

从重庆市的产业结构组成来看，工业结构偏重，调整压力大。包括汽摩在内的装备制造业占工业经济总量的 50% 以上，一业独大的工业结构未根本改变；轻重工业比例为 34：66，不尽协调。要调整产业结构，必须加大自主创新，促进技改工作；加强节能降耗，加快园区建设。重庆市的电子信息产业起步晚，仅占全市工业的 10%。为此，将以西永微电子产业园和北部新区为主要载体，主动承接台湾等地区电子信息产业转移。

重庆在实施新型工业化的过程中，提出"天然气化工、石油化工、煤化工、集成电路、软件和服务外包、信息家电、新兴汽车、新兴装备制造、新兴材料"等九大新兴支柱产业，为适应产业结构调整，高职院校应围绕这些产业布局承担起积极培养高素质应用性、技术性及操作性人才的职能。但从目前来看，重庆高职院校专业设置中文科类所占比重较大。2010 年重庆高职招生中，财经类、文秘、旅游类等文科专业占前 3 位，而应用性、技能性较强的工科类专业如制造类、土建类、交通运输类等几类专业的招生呈减少趋势。

**3. 城乡高等职业学校发展极不平衡，制约了农村经济的发展**

重庆农村人口占全市总人口的近 80% 左右，多年来农村职业教育发展十分缓

# 第11章 职业教育结构与区域经济的适应性研究——以重庆高职教育为例

慢,全市高等职业学校绝大部分分布在主城区或县级以上的地方,农村职教主要依托部分职业中学及条件较差的培训机构,由于广大农村及边远地区尚未普及九年义务教育,因此,职业教育主要以学习初、中级实用技术和初等职业技术教育为主;另一方面,重庆许多专业人才不愿向边远地区流动,造成农村专业技术人员数量缺口大等问题,制约了农村经济的发展。由于农村缺少专业技术人才,现代农业发展迟缓,使重庆的第一产业长期处于经济结构的低端。

要高度重视对农村职业教育的发展,把普及贫困地区职业教育作为职业教育发展的新增长点,必须认真规划,统筹协调。农村高职教育、成人教育要与基础教育同步发展,促进重庆农村经济和社会的协调发展。由此,合理布局重庆高职教育结构,实现城乡高职教育统筹发展,为重庆培养一批高职农业专技人才,是振兴现代农业和改善经济结构成分的当务之急,也是对重庆积极推行的"缩差共富,城乡一体化统筹发展"政策的一项有力举措。

**4. 高职布局趋同化,新建高职没有形成错位发展的格局**

2010年重庆设置8个及以上学科大类的高职院校的数量和比例都明显增加,新设置的高职追求高层次、综合性,出现较为明显的趋同倾向。有些高职院校在本身条件不具备的情况下却开办了较多学科跨度很大的专业,专业重复和雷同的现象相当严重,客观上导致各个高职院校难以体现特色,同类学生供求矛盾突出,就业困难,这是各个高职院校追求"热门"或"大而全"而市级教育主管部门又缺乏合理引导的结果。使定位于服务区域经济的特色不明显。此外,高职在追求综合化的过程中,大量增设学科和专业,导致部分高职学科专业覆盖面过宽,难以通过学科群建设形成竞争力、办出特色。

## 11.2.4 重庆高职形态结构的现状与分析

**1. 高职职教功能不完善,注重学历教育,忽视社会培训功能**

重庆高职的形态结构不太合理,据2011年调查,32所高职学院主要招收以学历教育为主的高职生,虽然各高职学院也从事培训教育,但主要针对在校学生的职业资格证书培训和少量的政府购买的培训项目。此外,重庆的社会培训学校数量不多,校均生源数偏少,培训的新技术含量不高,低技术的培训主要集中在区县等边远地区(表11-6),制约了职业教育的形态结构的正常调整。随着区域经济发展和产业结构的重新布局,催生了很多新产业和新行业,各种新技术和新领域层出不穷。

表11-6  2011年重庆市职业技术培训基本情况(不含技工学校)

| 全市学校数(所) | 班级(个) | 学生数/学校(所) | 结业学生数 | 同期各级普通学校招生数 | 与普通学校学生比例(%) |
|---|---|---|---|---|---|
| 3929 | 13544 | 379 | 1489698 | 1760957 | 84.6 |
| 农村学校数(所) | 班级(个) | 学生数/学校(所) | 结业学生数 | | |
| 3650 | 11319 | 363 | 1326242 | | |

资料来源：重庆市教育委员会2011年教育事业统计资料。

**2. 职业教育学习形式单一**

随着现代教育技术、网络技术和各种传媒技术的迅速发展，知识和技能的传授已逐渐偏离了课堂和学校，教与学不仅仅限于师生之间，其内涵也发生了较大的改变。此外，学习时间也灵活多变，有全日制、函授制、自学及靠计算机网络传播技术等各种学习方式，使职业技术教育变成真正意义上的个性化学习或"个人化"学习。

目前，重庆的高职教育形式仍以课堂和班级教学为主，学习形式单一，学习时间不灵活，特别不利于学习者根据自己的个性和爱好选择合适的时间来学习不同的内容。职业教育的形态结构改革方向之一是大力推行"个性化学习"，借助现代化互联网技术和各种程序化的CAI使学习者可选择不同时间、不同地点，按个人的需求进行"自助式学习"，从而推动职业技术教育向边远地区、广大农村和乡镇地区普及。

**3. 高职教育形态结构不能满足重庆各类转移劳动力的培训需求**

随着重庆城市的扩大和城市功能的改变与提升，各种经济开发区、产业园、保税区的建设及重庆两江新区的建设，使农村大量的土地被征用，用途被改变。失去土地的农民面临结构失业和生存的压力，他们没有技术和技能，文化水平低下，不知道如何适应城市的生活，虽然政府给予农民一些基本生存费用，但由于收入的急剧改变，不能维持原有的基本生活。

## 11.3 高职教育结构与区域经济和产业结构的关系

### 11.3.1 高职教育结构与区域经济的关系

高职教育受教育与经济两大规律制约，必须协调好与区域经济的关系，找到适合教育规律和适应区域经济发展规律的发展平台，做到学校教育结构与区域经

# 第11章 职业教育结构与区域经济的适应性研究——以重庆高职教育为例

济结构相统一,既满足经济发展和产业结构调整的要求又能充分发展自身。

一般说来,区域经济发展水平决定了高职教育发展规模和水平,经济发展较高地区的相对于区域经济水平落后地区的高职教育来说,其专业设置在已有的产业链中更多地集中于高端部分,分工的类型、层次也较高。区域经济和产业结构进行调整,高职教育的专业结构必须进行相应的调整或设置。高职教育结构是否合理直接体现在劳动力结构的合理性上,要使高职教育适应区域经济的发展,必须培养与经济发展相适应的劳动力及专门人才。首先,高职教育的专业结构应适应区域产业结构的调整,并按产业结构发展趋势,调整高职院校的专业结构比例,使专业结构反映出科学和生产力的进步;其次,高职教育的布局结构应与区域产业构成、生源结构及经济发展水平相适应,合理的职业教育布局结构能聚集新生劳动力,实现"产学合作",从而促进区域经济的快速发展;再次,高职教育的形态结构应是学历教育和各种职业培训的结合,适应经济结构转型所需的人才结构在不断变化的现状。

## 11.3.2 高职教育结构受地区产业结构变化的影响

经济发展引起区域经济结构和产业结构调整,反映在制造业上就是装备制造技术的更新和提升,新技术迅猛发展并应用到生产领域,装备制造产业技术和结构改变直接影响高职专业发展、调整与改革。

从表11-5中可见,2008—2012年重庆第一产业比重下降较快,第二产业稳步发展,而第三产业迅速发展。随着重庆产业结构的调整,高新技术产业比重不断增加,产业集约化程度提高,使产业结构从过去的劳动力密集型逐渐向资本密集型和技术密集型转移。新兴产业不断兴起,旧行业、旧职业不断消失或被更新。产业结构的调整促使重庆职业院校的一些传统专业被改革和被新专业所替换,以适应地区产业结构的改变。由此可见,高职教育结构受地区产业结构变化的影响。

## 11.3.3 技术和劳动力结构决定着重庆职业教育的层次结构

任何产业要进行生产,都必须拥有同时占有生产资料和使用生产资料的劳动者。一定的生产资料需要与之相应的技术水平的劳动者来掌握,两者存在数量和质量上的对应关系。生产技术水平越高,对劳动者文化和技术水平要求愈高,反之则愈低。因此,生产技术水平决定着职业教育的层次结构。以重庆为例,第一产业主要是传统"粮猪型"结构,经济和文化发展极不平衡,特别是广大农村和三峡库区,生产发展水平尚处于手工劳动阶段。劳动主要以简单和密集型为主,技术含量低,农副产品仍以粗加工为主,生产尚未形成产业化。因此,发展职业教育应以初中级层次为主。而在城区中,科学技术推广迅速,生产高度自动化、信息化,要求劳动力和专门人才的技术水平必须与其相适应。所以,在这些地方要求职业教育的层次结构应定位在以中高级为主。

### 11.3.4 经济体制和社会对人才的需求影响职业教育的体制及形态结构

经济体制是指各级各类行政部门领导的经济机构及其人力、财力、物力的构成比例;教育体制则是指各类行政部门领导的教育机构及其人力、财力、物力的构成比例。重庆经济体制在所有制形式上有全民、集体,也有外资及个体形式,并且非公有制比例正在逐步扩大。即使是在全民和集体所有制的经济实体中,其隶属关系也有不同。因此,为社会培养劳动力的中等职业教育体制也应是多样化的,有国家办学、地方办学、部门办学、社会力量办学及个人办学,这样才能建立起适应经济建设所需的教育体制。2012年5月,中共重庆市委关于大力发展职业技术教育的决定,进一步提出了要鼓励多种办学体制共生共长,特别要引导和提倡社会力量和个体力量办学,加快中高职业教育的调整和改革,要提升办学质量,注重内涵发展,把发展职业技术教育作为提高劳动力素质和企业生产效益的关键举措。

### 11.3.5 职业教育的人才结构必须适应重庆地区经济的发展

高职的布局结构必须适应重庆职业教育城乡统筹发展的需要,对农村职业技术教育的发展要"高度重视,认真规划,统筹协调",使农村职业教育、成人教育与基础教育同步发展,促进重庆农村经济和社会的协调发展。因此,重庆的高等职教布局结构调整的当务之急是大力发展农村和边远地区的中、高等级的职业教育,并把普及贫困地区职业教育作为职业教育发展的新增长点。

重庆职业教育的形式结构也应与社会对教育消费的需求相适应。随着经济的增长和社会不断进步,人们对教育的需求日益高涨,教育作为一种特殊的产品与其他商品一样,也应适合人们的消费口味。

## 11.4 重庆高职教育结构调整的目标和原则

### 11.4.1 高职教育结构调整的目标

上述对重庆高职教育结构的不适应性进行了分析,根据世界经济格局的大转

# 第11章 职业教育结构与区域经济的适应性研究——以重庆高职教育为例

变和重庆产业结构调整与经济发展的需要，急需建立起与重庆经济发展相适应的职业教育结构体系，使重庆职业教育的体制、布局、专业、内容和形态等结构逐步与经济发展配套，为经济建设培养各类合格的劳动者。为此，提出重庆高职教育结构调整的目标如下。

**1. 适应地区经济发展的现实需要**

职业教育多年来一直与重庆经济发展有着本质的、最紧密和最直接的联系。它为重庆的社会生产培养了大量的高素质劳动力，把知识和技术直接转化为现代生产力，没有重庆职业教育的大力发展，就不可能有重庆经济建设的大力发展。因此，职业教育结构调整必须以适应重庆经济建设发展的需要为前提。

重庆是一个发展极不平衡的中央直辖市，经济上的二元结构非常突出：大工业和大农业、大城市和大农村并存。经济发展的不平衡以及自然条件形成的区域性经济特征，决定了重庆职业教育必须适应区域经济的发展才有生命力，其专业设置、学校布局、教育层次和类别必须考虑当地产业结构的特点，教学内容必须考虑当地生产力的发展和群众生活的要求，办学规模必须考虑当地的承受能力，这样才能使职业教育与重庆经济发展形成共生共长和良性循环的局面。

**2. 面向地区经济未来发展的需求**

职业教育的结构调整必须面对未来的经济和社会发展，满足经济对未来的需求。重庆是一个年轻的中央直辖市，未来发展潜力很大，同时大城市带动大农村任务又非常艰巨。重庆市在国民经济发展"十二五"规划中提出：一是要构筑21世纪长江经济带的西部经济增长点；二是构筑成渝经济发展的新高地；三是构筑长江上游中心城市经济圈。具体措施是：推进"两江新区"三大特色板块（先进制造业板块、都市功能板块和现代服务业板块）建设，与"两路寸滩"综合保税区一道形成"水港＋空港"的国际物流优势；加快西永综合保税区电子信息板块建设；发挥重庆市内陆特点，实施重庆长寿和万州开发区的先导建设，建成石油化工基地和海外农产品基地和资源开发基地；加快建设内陆国际贸易枢纽。上述这些经济和产业结构调整的战略部署的实现将不断产生新的劳动力层次结构和类别结构的变化。经济要发展教育必先行，人才的培养需要相当长的时间，职业教育作为现代教育的重要组成部分，政府必须根据本地产业结构调整和经济发展科学预测未来的人才需求，及时对重庆职业教育的观念、体制、规模、布局、内容、办学模式以及教育方法等教育结构进行调整，为重庆未来经济发展做好劳动力资源准备。

**3. 促进高职教育结构与重庆经济社会结构互相适应的常态发展**

通过政府对重庆市高职教育结构和区域经济结构和产业构成的适时调控，构建两者合理、互动又相互制约的动态关系,促进区域经济文化和职业技术的整体发展。适应性是高职教育结构改革应遵循的首要原则,职业教育的适应性主要体现为两个方面,其一是适应地方经济建设,职业教育的生命力在于服务社会,为本地区经济建设和发展做出贡献,顺应则发展,违背则淘汰,学校的布局,科类设置,办学体制,形态和内容以及学制都要按区域经济发展的新格局和产业结构调整的要求进行改革,这是重庆职业教育结构调整的指导思想;其二是适应学习者个人的需要,以就业为向导,职业教育的产品面向就业市场,学生通过学习或培训最终是要在社会中谋就一职业,要采用多种教育形式来满足各种年龄和各层次人员的学习愿望,逐步实施以个人兴趣和爱好等个性化特征的职业技术学习模式。职业教育的这种适应性是主动的而不是被动的,除了政府层面上的政策上对高职教育结构实施调控外,高职院校应主动调整自身学院的专业结构和形态结构,形成常态化,顺应区域产业结构和社会经济的发展。

### 11.4.2　高职教育结构调整的原则

**1. 符合区域经济发展与社会需求的原则**

教育必须为社会主义建设和经济服务,这是重庆职业教育结构调整的指导思想。职业教育结构是否合理,主要看其是否能主动适应地区经济发展的需要,学校的布局,科类设置,办学体制,形态和内容以及学制都要按区域经济发展的新格局和产业结构调整的要求进行改革。高职教育为促进区域经济发展培养服务在生产、建设、管理、服务第一线的高技能人才,教育结构的调整必须以区域经济和产业结构发展与市场需求为导向,与区域劳动力结构和层次水平相适应,与区域人口和文化分布和城乡统筹发展的总体水平相适应。因为社会需求是动态变化的,高职教育结构要与之相适应,必须随着经济社会发展变化及时进行调整,这样才能增强高职教育为区域经济发展培养人才的针对性。重庆高职教育结构优化应结合城市功能定位及经济发展特点,各次产业结构比例、城市与农村职业教育发展不平衡的特点,高职院校便于开展"产学研"和毕业生就业的特点,围绕支柱产业、新兴产业、重点发展领域,建立适应市场需求变化的高职教育结构。

**2. 符合规模、结构、质量、效益协调发展的原则**

高职教育的专业结构布局优化,涉及专业的规模,专业之间的配伍与组合,专业的质量和水平,以及专业建设过程中所产生的教育效益和社会效益等诸多问题。优化既是实施的行为过程,也是行为的期望结果,只有做到专业结构布局满足规模、结构、质量、效益协调发展的原则,才是优化的专业结构布局。

**3. 符合整体协调发展与个性特色发展相结合的原则**

高职教育专业结构调整，既要符合一个地区、一所学校的专业结构布局的优化要求，还要注重特色专业的个性发展。专业结构布局优化必然要涉及一些专业的整合与重组，但是需要注意的是，专业的整合与重组不能削弱特色专业的个性发展空间，应该促进特色专业的发展，杜绝专业发展整齐划一，加强对有行业背景的个性专业发展。同时，特色专业的建设与发展，对于辐射带动相关专业为支撑的专业群建设，实现专业整体发展效益，促进专业结构布局优化具有重要作用。根据高职院校办学过程中的传统优势，选择特色鲜明、就业率高、发展稳定、前景广阔的专业作为特色专业重点建设，形成特色专业及优势专业群，是提高职业教育可持续发展能力的重要因素，也是高职教育专业结构调整最终要实现的目的。

教育本身是社会大系统中的一个组成部分，它的变化、发生、发展受社会其他因素的制约，特别是受社会政治经济制度、社会生产力水平、科学技术发展水平和文化背景、文化传统的影响。同时，又服务于整个社会，职业教育也不例外，适应性是其改革应遵循的首要原则。职业教育的适应性主要体现为两个方面，其一是适应地方经济建设，职业教育的生命力在于服务社会，为本地区经济建设和发展做出贡献，顺应则发展，违背则淘汰；其二是适应学习者个人的需要，职业教育的产品面向就业市场，学生通过学习或培训最终是要在社会中谋就一职业。因此，要采用多种教育形式来满足各种年龄和各层次人员的学习愿望，充分利用现代教学手段和传播媒介，逐步实施以个人兴趣和爱好等个性化特征为主的学习模式。

## 11.5 重庆高职教育结构适应区域经济发展的思路与对策

### 11.5.1 树立动态高职教育结构观，以科学发展观指导高职结构调整

就高职教育的规模、质量、结构、效益而言，结构是原因，而规模、质量、效益是结果。高职教育的质量实际上寓于高职教育的结构之中，高职教育的结构本身含有高职教育质量、社会效益和经济效益的一定要素。优化高职教育结构或以最小投入获取最大产出，是提高高职教育质量，获得社会效益和经济最大化的真正内涵之所在。

在重庆高职教育的发展中，应当坚持高职教育各种结构优先调整的原则，将

高职各种结构调整与优化作为一项长期的战略目标来看待。

高职教育结构是对高职教育各个系统组成的总体把握,并决定着职业技术教育的价值取向。随着社会变革加快、经济技术高速发展和产业结构的调整,当今的职业技术教育逐渐失去其终结性一面,而向人生全部生涯延伸。综观职业技术教育的演变,从杜威早年提出的"教育即生活",陶行知先生倡导的"生活即教育","社会即学校"及1971年美国教育总署长马兰博士提出的"生计教育"(Career Education),到1999年4月联合国教科文组织在首尔世界技术与职业教育大会上提出"构建终身教育的职教体系"。可见现代职业教育观已将一个人的职业、生活、事业、劳动、创造及人生融为一体。可以预见,未来的社会是一个学习型社会(Learning Society)。所谓学习型社会,即是求得自我实现的学习被贯穿于每个人终身的社会。人的一生要经历不同的社会时期,因此,要不断积累社会经验,不断改变自己的行为,而要做到这些就必须不断学习。由此而知,现代高职教育结构观既是一种以职业为中心的生活教育观,又是一种以合理人生为宗旨,满足人的个性需要和社会需要的广义职业教育观,从这个意义上讲,只有职业教育才是人类教育的总体,才能贯穿人的全部生涯。高职教育结构与一切社会结构一样,是在不断演变的。从职业教育的构成来看,其专业结构、内容结构、布局结构、体制结构和形态结构也不会一成不变,而是随社会经济发展,产业结构的调整,劳动力市场的变化和需求,技术的提升以及职业教育本身的内涵和外延的改变而变化。因此,职业技术教育结构具有动态性和迁移性,我们所研究的职业教育是一个动态的教育结构,必须以动态的、变化的和发展的眼光去看待,这是重庆实施职业教育结构调整和改革应遵循的基本观点。

### 11.5.2 建立激励与约束机制,优化重庆高职教育结构

政府教育主管部门应积极运用调控措施,制定合理的政策,充分利用重庆现有的高职教育资源,如示范校建设、骨干校建设、特色专业建设、实训基地建设、招生和教育教学改革立项等政策手段,科学合理地建立激励与约束机制,推进高职教育结构优化。

**1. 在安排招生计划中,坚持贯彻专业结构布局优化**

招生计划安排是人才培养结构调整的主要环节。市场需求是动态的、发展变化的,因此各专业的招生数量应与时俱进,根据就业反馈信息,调减社会需求量明显不足的专业招生数量,增量用于重庆经济发展和社会发展较快、就业预期较好的专业。招生计划安排应进一步突出重点,坚持向现代优质资源倾斜,向结构

# 第 11 章 职业教育结构与区域经济的适应性研究——以重庆高职教育为例

调整倾斜,向就业率和就业质量高的学校和专业倾斜。

**2. 实行专业结构布局优化与新专业设置等工作挂钩的政策**

将专业结构布局优化与新专业设置挂钩,政府对结构调整改革动作快、力度大、成效显著的专业,在新专业审批时优先考虑,对于专业结构调整改革进展缓慢的专业,将严格控制设置新专业。将专业结构布局优化与经费投入挂钩,对优化成效显著的高职,在重点专业、重点实训室、实验室等经费方面优先安排,否则可减免投入。此外,将专业结构布局优化与评估评优挂钩,将优化成效作为评选示范院校、骨干学校的重要条件。

**3. 建立与社会用人部门的互动机制**

教育与社会的不适应在很大程度上是因为缺乏联系与沟通。专业结构布局是否优化,最终是社会用人部门检验。中央提出建立以企业为主体的技术创新体系,突出提出了产学研相结合的作用。高等教育宏观协调和管理部门,需要建立与行业间的互动机制,根据社会需求结构调整人才培养结构,特别要注重根据经济和社会发展对紧缺人才、技能型人才的需要,重点支持建设一批特色专业;各高等学校更要根据自身的特点,加强与产业用人部门间互动机制的建设,专业教学计划的制定一定要注重征求相关企业和单位的意见。通过这些方式和内容与社会用人部门的互动,推进专业结构布局优化。

**4. 政府宏观规划产业集群,引导高职院校布局**

政府在职业教育与产业集群互动发展过程中具有导向、协调等重要作用。产业集群由于规模大,对人才的需求表现出一定的稳定性、批量性和需求同质性,这为高等职业院校的设立提供了条件。政府在规划产业集群发展中,可以借鉴重庆西永微电子产业集群园区发展规划的经验。规划产业集群的园区,考虑到技能型人才供应、科研合作等智力配套支持系统的嵌入,从而设立职业院校。重庆市正在进行"314"发展战略布局,新兴产业群的发展是经济发展的重中之重。依据重庆"特大城市、中心城市"特点,要加强在渝西片区和三峡库区的高职院校建设。根据主城区的新型产业集群,调整在主城区高职院校的分布。将高职院校发展纳入产业集群发展的总体规划,通过人才交流、共享师资、共建实验实训基地,确保高职院校与产业集群发展密切融合,提高产业集群的整体实力。

**5. 专业结构要积极适应区域经济和产业结构的调整**

高职专业对区域经济的服务性决定其构成要受到区域经济结构和产业链重组的制约,不同区域的产业结构以及生产力层次,会直接影响到高职院校的专业设置和空间布局,产业特点对劳动力的类型结构也有不同的要求。因此,区域产业发展的新趋势、产业结构的演变及对劳动力类型的需求结构改变将直接影响高职院校的专业设置。

经济发展引起的产业结构升级和调整，其实质就是新技术迅猛发展并应用到生产领域，并创造出一些新的生产部门，产业结构改变直接影响高职专业设置、调整与改革。重庆高职在专业设置上，既要考虑办学的超前性，又要考虑区域产业结构发展的特点；既要服从区域经济发展水平的要求，又要通过自身结构的优化，更好地服务于区域经济的发展。重庆近几年对产业结构进行了调整和重新布局，在原有的优势产业基础上，改造升级为轨道交通、大型输变电及装备、新能源汽车、特种船舶、国防军工、结算类金融和创新型金融、网络服务、电子信息等战略性产业。表11-7是对重庆两江新区重点产业人才需求的预测。此外，近年来重庆的装备制造技术不断提升，生产自动化、数控化、智能化和机器人技术的应用推广迅速，正逐步取代传统的生产加工技术。重庆的高职专业建设和改造，应从传统的制造技术向先进的密集型技术转移，紧紧围绕新能源汽车、模具制造、轨道交通、IT信息技术、电子仪表、电力装备、航空、机器人技术、包装、印刷、制药、化工、环保成套装备和军事装备制造等产业发展，适时对专业进行调整和改造。

表11-7 两江新区产业发展重点领域急需紧缺人才预测表　　单位：人

| 领域 | 急需紧缺人才类别 | 2010年规模 | 2015年（新增） | 2020年（新增） |
| --- | --- | --- | --- | --- |
| 汽车产业 | 关键技术研发工程师 | 980 | 2800 | 3700 |
|  | 高级技师 | 1450 | 1000 | 1650 |
| 装备制造产业 | 高级研发设计人才 | 3000 | 2200 | 2800 |
|  | 操控维护技能人才 | 950 | 1250 | 1550 |
| 电子信息产业 | 设计生产与开发应用人才 | 19000 | 80000 | 120000 |
| 节能环保产业 | 研发设计人才 | 150 | 400 | 600 |
|  | 操控维护技能人才 | 100 | 350 | 580 |
| 航空与机器人产业 | 直升机制造人才 | 50 | 300 | 500 |
|  | 机器人制造与维护人才 | 50 | 300 | 600 |

资料来源：重庆两江新区产业发展人才规划（2010）。

当前，工业领域正在大规模使用机器人代替人力劳动和提升生产效率。重庆历来为劳动力大城市，大量低端制造依赖低成本的劳动力，随着"人口红利"拐点来临，人力成本逐步增加，用机器人代替人工劳动势在必行。技术的进步使机器人的经济回收周期不断缩短，必将推动重庆机器人产业爆发式的增长。除了制造

## 第 11 章 职业教育结构与区域经济的适应性研究——以重庆高职教育为例

业大量应用机器人操作之外，机器人不久还将进入到普通百姓家庭。据最新统计显示，2016 年我国工业机器人订单量为 8.5 万台，居世界首位。同时，我国工业机器人保有量 33.23 万台，也位居世界第一，发展空间十分广阔。高职院校应按照这样的思路提前对专业重新规划，改革和创新，积极提升专业适应新技术能力，利用行业和区域优势，动态掌握社会需求和新技术发展趋势，及时更新教学内容，主动将专业改革和建设融入地方产业链，在更多的领域里推广专业技术应用，这样专业发展就变活了，毕业生就业面也扩大了。

**6. 构建动态和前瞻性的专业调整机制，与经济发展和产业结构调整形成互动**

区域经济发展和产业结构调整是一个动态过程，高职专业建设作为与之关联和随动的子系统，要适时建立动态和前瞻的专业调整机制。一方面，定期研究地方发展规划，尤其是产业结构变化、装备制造技术发展变化和产业集群规划，加强与政府部门、行业协会、人才市场及各企业的联系，及早收集新职业、新岗位、新工艺、新技术等需求信息，努力减少专业建设与地方经济建设的信息不对称程度，紧紧围绕产业和行业链的变化设置相应专业，使专业调整与经济结构调整同步；另一方面，由于高职教育对产业和行业的需求反映一般滞后于现实社会，要满足社会对不同专业的需要，专业建设就必须适度超前，也就是要有前瞻性和预见性，比如：科学地预测学生到入学到毕业的时间段内，产业结构调整和社会需求的发展走向，新技术和新技能在职业岗位中运用的趋向，专业在市场环境中的竞争力的变化等。科技发展走向对职业岗位要求的变化以及人才需求变化具有周期性的规律，能否科学地预测未来专业的走向，适时的改革和调整专业结构和课程学习的内容，取决于对区域经济、技术进步和社会发展趋势的把握。只有综合了解更多相关因素的影响，主动把握区域经济和社会发展趋势，提前在专业建设上做出反应，才能使专业设置更具预测性和前瞻性。

# 第 12 章 我国实施"现代学徒制"的环境条件

**本章摘要**:"现代学徒制"是目前国家正在试点和推广的一种新型的职业教育模式,它彻底改变了过去职业教育主要由职业院校承担的传统方式,构建起由企业和职业院校共同培养职业人才的新模式,并形成具有两个机构教育、两类教师教学和两种经费来源的新合作机制。但是,现代学徒制在各地推广和应用的效果并不如意,其主要原因是忽视了现代学徒制的实施环境因素。本章论述和研究了现代学徒制与其实施环境的关系、现代学徒制实施的关键要素以及在本土化推广应用的边界条件——环境要求。

## 12.1 "现代学徒制"的职业教育观

一般认为"现代学徒制"是20世纪六七十年代以德国的"双元制"为基础产生的教育模式,这是国际上最早的国家职业教育改革实施计划。教育部在2014年推出了《开展现代学徒制试点工作的意见》(教职成〔2014〕9号),提出逐步建立起政府引导、行业参与、社会支持,企业和职业院校双主体育人的中国特色现代学徒制。随后在2015年,职业教育与成人教育司发出了《关于开展现代学徒制试点工作的通知》(教职成司函〔2015〕2号)。

"学徒制"一词始于13世纪前后。在此之前,无论是在中国还是西方,都出现了学徒制这一技能传授模式。传统的"学徒制"是一种在实际工作过程中以师傅的言传身教为主要形式的生活技能传授形式,主要培养"工匠型"技能人才。现代学徒制是工作场所和教育机构相互交替进行的系统性培训,是企业培训与学校教育相结合的职教模式,也是职业教育校企合作不断深化的一种新的形式。现代学徒制是一种递进的培养模式,主要培养学生的综合职业能力。其培养目标不是简单的生活技能和技术,而是培养学生具备以下特点:①具有个性的公民,手、脑、心联动地学习；②从事工作的职业能力；③具有工作实践的操作技术和动手能力；④具有独立工作与思考的能力，职业道德，热爱本职工作，与同事合作的能力。

随着职业教育改革的深化，对"现代学徒制"改革进行了重新认识，并从以下几方面体现其现代特征：从单纯重视生产性到生产和教育性并重；教育性质从狭隘的培训到广泛的职业教育和终身教育；制度规范从行业协议到国家机构统筹和资格认证；利益相关机制从简单的师徒关系到跨部门的合作机制、多方严格管理；教学组织体现教学场所多元、教学团队多元、分工明确、职责清晰、资源充分。

## 12.2 实施现代学徒制需培育"当代工匠"

传统的学徒制是培育传统意义上的工匠，传统工匠的特点是"传承性"或"继承性"，在师傅开创的路上，材料不变、工艺不变、款式不变，百年传承。全国的老字号品牌，个个都有一个与传承和工匠精神有关的"神话"。中国不缺乏工匠巨人，但缺乏创新工匠，也就是现代工匠。过去的百年品牌创始人，都是当时的工匠对那时的技术和工艺实现了创新和突破，他们这种新技术和新工艺被固化和传承，并得以流传至今。

但是时间会消磨一切的价值，随着时代的进步和演进，原有的技术被再次突破，原有的审美观被新的审美观迭代。传统的工匠不思进取，在技艺上保守传统，一脉单传，百年不变，最终成为传统枷锁。

培育当代的工匠不是回到传统，墨守成规，而是让传统"死掉"再复活。按现代的认知和生活的需求进行创新，形成新的品牌。改革的大潮为"创新人"提供了广阔的舞台，个性与创新成为时代最需要的软能力，这也成为现代工匠的标志。可以用以下几点特质来区别当代工匠和传统工匠：

当代工匠的第一个特质是：过硬的"技能"，也就是手艺精神，要求对技术及细节地雕琢，尊重制造的基本规律，有创品牌意识，突出质量，专注产品本身，产品是他的人格投射，是专业精神的物质呈现。

当代工匠的第二个特质是：现代性。这是区别传统型工匠与当代工匠的重要分水岭，现代性体现在与当代的一切新技术、新思维、新工艺和新的生活方式的相关性上，要求突破传统，打破常规，在原有的工艺和技能上创新，与当代有关才能存在于当代。

当代工匠的第三个特质是：颠覆能力。在制造中进行思考，通过制造表现出与众不同的思索和创意,能够对普通工艺、技术进行重构,重新定义物品的内涵,通过制造物品去体现自身,使产品达到极致,追求制造就是思考。

归结一点,现代学徒制,就是学校和企业参与准员工培养的全过程。它既有现代职业教育的衣钵,又有传统师傅带徒弟的影子,招生招工一体化、校企一体化共育当代工匠。其中最核心的便是工匠精神的灌输和培养,当代的工匠培养意识是开展现代学徒制的重要保证,不能只走形式,否则就会回到过去学徒培养的老路上。

## 12.3 "现代学徒制"实施环境的要求

"现代学徒制"的理念和培养模式从国外引入我国,在职业教育界得到广大教学工作者的积极响应和推广。2011年后,我国开展"现代学徒制"试点的省份前5名是广东、浙江、江苏、湖北和山东,试点的专业主要集中在制造大类和旅游大类及工商管理类等。近来,对现代学徒制的相关研究主要集中在关于学徒制的内涵、类型、国际比较、西方学徒制及对中国学徒制的启示方面,有理论研究,也有实践方面的研究,取得了一些较好的成果。但在应用和推广中也出现了一种倾向性问题,即忽视"现代学徒制"的实施环境和应具备的条件,其结果是造成这种新型的职业教育培养模式的理念在推广中出现简单、僵化、教条、同质划一等诸多弊病。比如,一些职业院校为了开展现代学徒制,片面地理解现代学徒制就是开展校企合作、工学结合、学生在企业实习和就业;就是工作场所技能的学习和学校专业教育的简单相加,在不具备相应实施的条件下,不分具体的企业对象和学习专业,一律冠以现代学徒制之名,片面追求工作知识和动手技能,使课程内容改革牵强附会、信息量减少、内容空洞,企业和学校的合作仍然处于游离状态,校企合作多停留于形式,甚至以实践课程代替理论知识。形式是做像了,但政府管理规范、统一协调的法律体系、评估与监管、教材开发、校企合作的形式、教师队伍建设、真实的实训环境及学习资源建设等硬件跟不上"现代学徒制"的要求,严重影响了"现代学徒制"在我国的实施和推广。

"现代学徒制"作为国外的一种先进职教理念在我国应用和推广,研究其实施的环境条件是非常必要的。多年来,我国在职业教育模式改革道路上一直在学习、探索和借鉴,先后引进了北美的 CBE 和 DACUM、德国的双元制(Dual System in Germany)、英国的 BTCE、世界劳工组织的 MES、澳大利亚的 TAFE 等先进的职业教育模式，取得了一些阶段成效，但在借鉴的基础上形成我国独特的职教理念和培养模式方面仍没有实质性的突破。一方面我们在学习国外先进职教模式时习惯于一阵风，各级教育管理部门整齐划一的部署，一会学习这个国家，一会又学习另一个国家，使各地方和学校无法选择一种适合自己学校的模式长期坚持并形成自己的特色；另一方面推广先进职教模式忽视了在本土化应用的边界条件研究，往往是理论研究得多，实施的环境条件研究得少，这也是我们这些年来不断引入国外先进职教经验而不能扎根于本土的根本原因。

任何国外先进的职教模式在我国的推广应用，都应考虑其生长环境，环境条件具备了，外来的职教理念才能良好成长。片面地理解和运动式地推广"现代学徒制"会使其水土不服，推广困难。因此，我们在推行"现代学徒制"模式时，有必要认真研究其实施环境和应具备的应用条件。

## 12.4 "现代学徒制"实施环境的构建

"现代学徒制"实施环境的构建，根据不同地域的经济和产业结构，不同的职业院校企合作的模式和发展水平，不同的学习对象而有差别，但实施的基本环境条件应包含以下方面。

### 12.4.1 学徒与学校和企业建立契约关系——保障环境

现代学徒制是对传统学徒制和学校教育制度的重新组合，既体现传统"学徒制"的培养优点，又体现其"现代性"。"现代性"的特征之一，就是学生与企业和学校要签订三方的契约，明确学生的身份是学生和学徒相互交替。对企业（雇主）来说，招生即招工，解决学生的员工身份问题。学徒与雇主签订培训合同，明确培训目标、内容、职责、期限和一定的报酬。对学校来说，学徒通过学校教育，学习专业或职业群知识，获得从业资格。通过三方的契约，使现代学徒制培养的环境表现为：两个教育机构共同负责培养，校企共同制订培养方案，实施工作本位和学校本位学习相互交替，各司其职，各负其责，分工合作，从而共同完成对学徒（员工）的培养；两种经费来源，企业职业培训费大部分由企业承担，部分由政府补贴，职业学校的费用由国家、地方政府和个人共同负担；两类教师教学，企业教师主要实施实践技能培训，职业学校教师负责文化素质和专业理论的教育。由于学徒的双重身份，在企业接受培训，是企业的学徒，在职业院校完成专业学习，是学校的学生。学校和企业是两种不同的教育环境和教育资源，对培养现代学徒的职业精神和职业能力是非常重要的。契约的签订有利于校企合作双方建立稳定、和谐的合作关系，建立起行业协会、企业等利益相关者积极参与职业教育的激励机制，促进校企合作的深度发展。

### 12.4.2 学徒制实施的法律体系和协调机制的建立——管理环境

在促进现代学徒制实施的法律和协调机制建立方面，政府应发挥其调控的功能，营造一个管理和监督的外部环境，制定特定的政策和采取一定的措施来推动法律体系和协调机制的构建和实施。由地方政府、行业协会和学校共同建立一套完善的管理法规，包括统一协调的法律体系和各方认可和参与的协调机制。法律体系包括职业教育法、劳动法和相关的经济法，以及对学校和企业合作有约束力的各种规章制度。通过这些法律和制度，保障学徒特有的法律地位和企业的收益；协调机制的建立可以保障有专门的机构参与协调工作，研究和制定评估现代学徒制的考量指标并实施评估，建立稳定、统一的职业名称，开发国家层面的职业资格标准。

法律法规保障是实施现代学徒制的重要基础。通过法律体系和协调机制的建立，学徒与雇主直接或间接通过教育机构形成契约关系，是企业的特殊员工，可能成为未来企业的技术工人。契约合同明确学徒制的要素（如职业、期限、需要掌握的技能、报酬等），完成学徒制后，学徒可以得到某职业资格认证，为就业提供支持和保障。

### 12.4.3 "双元制"的学徒培养模式——育人环境

国外许多职业院校的学生都具有双重身份。学生首先进入企业或公司成为员工，再由单位进入职业院校学习，整个学习期间学生具有双元身份，一元在企业，一元在学校，学生对自己的学习有的放矢，对毕业后从事什么职业和工作十分清楚，学习积极和主动，有利于工作场所学习教学的实施。

我国职业院校的生源绝大多数直接来自低一级的普通中学或少量的职业中专学生，入校后学生面对的是一个"虚拟专业"进行"学校本位"的学习，学到的知识和技能也不知将来用于何处，毕业后学生往往改行做了别的工作，学生到了企业后，用人单位要花经费和较长的时间来进行岗位培训。实施"双元制"校企合作的育人机制，学校与企业签订培养合同，实施定向、定岗培养，与用人单位共同制订人才培养计划，企业和学校共同施教，以合作企业的典型产品为学习载体，实施"工作导向"和"工—学"结合的学习模式，开展基于产品生产过程的理论和实践教学，使学生有更多的机会使用最新的设备和技术，掌握一线生产技能。"双元制"对现代学徒的培养采用学校学习和"工作场所"学习相结合的教育模式，专业学习主要由学校完成，由学校教师和企业教师共同施教，生产性实训安排在企业完成，针对企业的产品、设备、工艺或具体的岗位进行实践，重点学习目前应用有关的、急用的知识，掌握那些更为经济、有效、实用，但未必是最好的方法，使学生毕业后直接顶岗就业，缩短就业的"不应期"。"工作场所"学习主要由企业实施，校企共同参与。这是一种"柔性化"的教学管理模式，主要的教学方法是观察和模仿，在错误中学习，学习更加个别化，更具有真实性和实践性，更富有职业性和生活意义，校企共同实施课程管理、共同评价课程实施效果和评估高技能人才培养绩效。由于教学空间由校内延伸到校外，参与主体的多元化，在教学管理运行中，要求做到工学衔接合理，充分体现以他方为中心和一切为了学生更好地发展的教育理念，为现代学徒制培养高技能人才提供了管理上的支撑。

### 12.4.4 实施"岗位—任务"的学习——训练环境

通过完整工作任务的实施来学习知识和实践技能，这是现代学徒制培养的重要环境条件。针对不同的职业岗位，明确具体的工作任务，学徒通过完成一个个具体的产品或任务来学习和掌握工作过程的知识和技能，实现将学校学到的理论知识与工作的实践知识结合、职业技能与职业态度结合、职业道德和情感的结合。这三个"结合"的载体就是工作场所学习，每一个工作(产品)就是一项具体的行动化学习任务，使教学过程与工作任务完成过程结合，做到学生心理过程与行动过程的一体化，融"教、学、做"为一体，融技能、态度和情感为一体，真正体现美国教育家杜威先生所倡导的"学习就是生活，生活就是学习"。

现代学徒制的训练中心要求企业和学校共同建设和参与。工作场所的训练环境，可以在企业建立和实施，也可以在学校内建立按企业产品生产的实训基地，这是保证现代学徒制实施的必备条件。可以采用两种实施方式：一是由合作的企业设计建设方案，并向职业院校提供仪器、设备和工艺装备以及其他技术支持，建立校内"生产性"实习、实训场地，将企业部分产品在校内进行生产；二是企业根据自身条件和实际需要，在厂区车间内设立"生产与教学合一"的实习、实训基地，主要接纳合作职业院校学徒学生进行生产实习，以企业为主和以学院教师为辅，两者共同指导受训学徒的实训和生产。

### 12.4.5 学校教师和企业师傅参与教学——师资环境

职业院校多数教师是从学科系统教育里熏陶出来的，实施新学徒制教学对他们是一个新的挑战，他们将面临教学方式和教学内容的根本转变。现代学徒制的实施，使传统的学科教学转向工作场所的"生产与教学合一"，这对从事职业教育的教师乃至学校领导都是一次思想观念上的冲击，是与学科课程体系的一种决裂。新学徒制培养学生要求教师团队合作完成理论到实践的全过程教学，要承担工学结合教材的开发，完成理论知识、职业技能、职业能力、职业修养、职业情感等多元化的教学。

在学科系统的教学中，教师按照课时节次授课，学习进程由教师安排，一个教师可以独立完成一门课程的教学。基于工作场所的教学是按"资讯、计划、决策、实施、检查、评估"完整的工作过程进行，在教学中根据工作任务的完成顺序，将理论知识与技能、分析与决策、实施与评估、工作与环境融为一体，要实施这样的教学必须是一个教师团队共同完成课程的学习内容，要求学校教师必须有企业工作经历，和有教学经历的企业工程人员共同参与。

比如，在数控设备上完成一个典型产品的加工制造，按照产品生产的工艺过程，第一步是对产品的零件图进行信息采集，确定其加工工艺方案和选定必要的工装、刀具及加工设备，第二步是对产品进行编程与加工，第三步是对产品进行检验和评价。在整个产品加工实施中，涉及识图、数控设备的操作、工装夹具、金属切削加工工艺、数控编程、产品的检验等各种知识和技能的学习与应用，学校教师和企业教师可按照与工厂加工产品完全相同的方法给学生讲解，并按照产品的生产过程，安排相关的学习知识和技能。这些知识和技能的讲授，除了要求学校教师具有理论知识和丰富的实践知识外，组建一个由企业教师和学校教师组成的教师团队也是实施现代学徒制教学的根本保证。

企业教师是现代学徒制中"师傅"这一角色的主体，"师傅"可以从企业的优秀技术工人、班组长、车间主任和少数的工程师中遴选，要有计划地组织他们进行职业教育、教学理念的学习和教育教学方法及综合执教能力的培训，使其具备先进的职业教育教学理念，掌握先进的教育教学方法，努力提高现代"师傅"的执教能力。

### 12.4.6 保障现代学徒的个性化学习——资源环境

为了配合现代学徒制教学的实施，企业和职业院校必须加强学生个性化教学资源的建设。个性化教学资源包括数字化教学资源、多媒体课件、网络课程、虚拟工艺、虚拟生产线、网络资源、仿真等。此外，学校和企业还可搭建互动信息平台，将企业的生产过程、工作流程的实时信息传送到信息平台上，学生通过这个平台直接学习和了解工作过程的知识。

个性化学习资源的基本特征是教学数字化、网络化、智能化、虚拟化和多媒体化，信息化教学设计强调利用各种信息资源来支持"学"而非支持"教"；学生可以根据自己的兴趣和学习方式灵活选择学习资源，强调"协作学习"，资源共享，以"任务驱动"和"问题解决"作为学习和活动的主线，在具有真实背景的情境中确定学习策略。在个性化学习中，学生可以自定学习内容和学习方法，不要求统一的进度，能有效地激发学生的学习兴趣，能较好地解决因材施教的问题。个性化教学资源以学生为中心，学习自主化和个别化、活动合作化、环境虚拟化，配合工学结合的教材、企业背景的教师团队及生产性的实训环境，使工作场所学习的职教课程由必要变成可行，从而推动我国职业教育教学根本性的变革，凸显其职业和生活特性。

现代学徒制的理念和培养在我国还是一个新事物，它被企业和职业院校接受和实施需要一定的条件和时间，可以先从部分专业、部分专业课程开始实施，并视具体职业院校的资源条件、实践教学环境、师资力量及建设发展水平的现状设置有限目标，在局部成功的基础上总结和逐步推广，形成各自的特色并坚持下去，实现其在本土上的"软着陆"。

## 12.5 现代学徒制实施中可能出现的问题

任何新生事物的推广和实施中必然会遇到各种各样的困难。在现代学徒制在我国实施不久，很多企业和学校都在探索中，出现的问题主要有以下几种。

**1. 学校热情、企业不积极**

开展现代学徒制培养，绝大多数职业院校是支持并积极地实施，2014年教育部也在全国遴选了几十所职业院校进行现代学徒制培养试点，并给予财政和一些其他政策上的支持。但多数企业不是很积极地支持和参与，他们担心实施学徒制，学生进企业实习要影响企业的正常生产。实施学徒制，招生即招工，对于参与的企业有一大顾虑，担心学生毕业后不愿意继续留在企业就业，自己养大的孩子，到头来走掉了，"赔了夫人又折兵"，肯定心疼。"学校热，企业冷"，这是不少专家对开展现代学徒制的概括。

基于这种情况,现代学徒制的实施,应先试点后推广。没有能力和积极性不高的企业,以及规模小难以承担学徒制重任的企业,不宜选为试点企业。试点单位应依托国有大企业或行业的龙头企业,这些企业实力强、技术水平高、管理规范、社会责任心强,培养出的人才至少是国内高水平人才。大企业乃至行业龙头企业与职业院校合作,推出现代学徒制试点,可以为社会培养更多人才。同时,这些大企业比较容易开展深度的产教融合,是职业教育现代化的重要着力领域。

**2. 学徒制的行业人才培养标准缺乏**

目前,我国的校企合作实际上是学校在唱主角,而国外现代学徒制以企业为主来实施。现代学徒制的培养必须要以企业为主来实施,首先是要依托行业制定学徒制的培养标准。如果没有统一的标准,会导致同一行业不同试点项目培养的学徒技能知识结构有差异。当务之急是由政府、行业和职业院校共同制定行业人才培养标准。

**3. 学徒制的相关法律不健全**

法律法规保障是实施现代学徒制的重要基础。在现代学徒制试点中,特别是中职学校的试点,不少学生还未满16周岁。"招生即招工、入校即入厂"的培养方式,与"禁止用人单位招用未满16周岁的未成年人"的有关规定相冲突。虽然签订了多方协议,可以保障学徒的相关权利不被侵害,仍要尽快修改、完善职业教育法等,从法律上确立现代学徒制中企业的办学主体地位,赋予学徒独特的、具有"准员工"和"学生"双重地位的法律身份。同时,建立统一的国家职业资格标准与专业课程国家标准,确保学徒通过现代学徒制能够获得国家承认的职业资格,并在不同地区和不同企业均可得到认可。

**4. 政府层面的激励措施不够**

企业是一个经济实体,除了考虑社会效益外,利润和经济效益是其永恒的目标。如果政府能从资金、管理政策、税收减免等方面给予企业更多的激励,则企业参与学徒制培养的积极性将会大大提高。现在,教育部对选出的现代学徒制试点企业,都给予了资金的支持,这是一个很好的开端。相信随着现代学徒制在我国的推广,政府会进一步制定相关法律法规和措施来促使企业和职业院校加强合作,使我国的现代学徒制培养模式顺利开展。

# 第 13 章 国外职业教育"政产学"合作的范例

## ——英国的职业资格证书教育

**本章摘要：** 英国职业资格证书教育是政府、职业院校、产业界合作的成果，对英国和世界各国的职业教育和"政产学"合作产生了重大的影响。本章对英国职业证书教育产生的背景、职业技能的形成、政府职业院校及行业的分工组织与管理、质量监控体系等方面进行了分析。在学习与借鉴的基础上，指出我国在职业资格证书教育中存在的不足，并提出了改革建议。

## 13.1 英国实施的职业资格证书教育

**1. 英国职业资格证书教育产生的背景**

20 世纪 80 年代初，英国政府为了振兴经济，提高企业的竞争力，加强教育与经济和产业的结合，在总结英国职业教育特别是苏格兰和威尔士实施职业资格证书教育的经验基础上，进一步加强了职业培训工作，并于 1985 年颁发了《年轻人的教育和培训》白皮书，提出随着经济的发展，社会和企业对于就业、上岗、培训以及人员的使用都要有一套通用、统一的资格标准。英国职业资格证书教育在 20 世纪八九十年代进行了重大改革，包括 1986 年推行新的国家职业资格证书（NVQ）和普通职业资格证书（CNVQ），并逐步将 CNVQ 与普通教育接轨。设计和开发全英国范围的职业标准、建立国家资格框架、对关键技能的重要性进行认定、强化政府的职责及促进终身教育的发展。英国的职业证书教育提供了 17000 个职业资格，涵盖了广泛的商业和工业组织的工作内容。目前，正在调整初等学校课程，使其尽量与职业证书教育的框架相适应。

我国为了提高从业人员的技术水平，规范劳动力市场的准入，积极参与全球经济竞争并与国际经济接轨，于 1994 年开展职业技能认证工作。它是在原有的工人技术等级考核制度的基础上发展起来的，其目的是开发和利用人力资源，适应市场经济发展需要，推动职业资格的准入。现在，职业资格证书已作为一种国家证书制度得以确立。2004 年，全国已确立了 90 个技术工种必须持职业资格证书上岗就业，涉及农业、工业和第三产业。我国颁布的《中华人民共和国职业分类大典》，将我国社会职业划分为 8 个大类、66 个中类、413 个小类，1838 个职业，4700 多个工种。各级政府部门(行业主管部门)均设立了职业技能鉴定指导中心。

**2. 政府和产业界共同制定职业岗位技能的标准**

英国国家职业岗位的形成，首先是由政府的 NTO(国家培训机构)设计职业标准，在标准中定义职业能力，由产业指导委员会(成员包括企业、行业、雇员、专业团体)起草国家职业资格证书(NVQ)的技能标准，开发职业图，该图描述了关键职业的工作任务和要求。地方各级职业学院和培训机构参与培训职业资格，并严格按照国家职业标准进行考核和鉴定。职业图必须在企业内部征求意见，以保证标准能符合企业的要求。从职业图中进一步产生资格图，资格图展示了所需资格内容及其层次水平。然后开发了 NVQ 的结构和评估策略，一旦资格和课程局(QCA)批准了这一资格及其评估策略，颁证机构就能够申请颁发资格。NVQ 已确定了一至五级水平的内容，见表 13-1。其中，CNVQ 是针对较大的专业进行的职业教育，不仅培养技能，同时注重发展学生的思维和分析能力，而且理论知识与技能并重，讲授与自学相结合，在理论上比 NVQ 要求高一些，专业范围大一些。NVQ 有很多专业，而 CNVQ 在全英国只有十四个专业。英国的 NVQ 和 CNVQ 均系证书教育，学生通过学习可以取得某专业某一级的证书。这是单证制，与我国高等职业教育的双证制不同。但英国的职业证书却包含了知识和技能都要达到标准的含义。同一专业、同一级别的证书标准全国统一，由企业界专家提出建议，经批准后执行。英国的职业资格证书教育是在政府、产业界、职业院校和各级培训机构的通力合作下实现的，证书得到全国的承认，含金量很高，是英国"政产学"合作的典范。

表 13-1　英国国家职业资格与普通教育对应关系

| 证书等级 | 学历教育 | 普通职业资格 | 国家职业资格 |
| --- | --- | --- | --- |
| 5 | 硕士 | 无 | NVQ5 |
| 4 | 学士 | 无 | NVQ4 |
| 3<br>高级水平 | 大学入学水平<br>A/AS-LEVELS | CNVQ 高级 | NVQ3 |

第13章 国外职业教育"政产学"合作的范例——英国的职业资格证书教育

续表

| 证书等级 | 学历教育 | 普通职业资格 | 国家职业资格 |
|---|---|---|---|
| 2<br>中级水平 | GCSES A-C<br>(普通中等教育证书 A-C 级) | CNVQ 中级 | NVQ2 |
| 1<br>基础水平 | GCSES D-C<br>(普通中等教育证书 D-C 级) | CNVQ 初级 | NVQ1 |

我国国家职业岗位的产生由国家劳动部门会同相关的职教部门制定,并征求部分行业的意见修订而成,其制定的程序是自上而下,行业、企业和职业院校参与不多。因此,标准与企业的实际不能很好地吻合,只是一种政府的认可,而不是市场和企业的认可。而英国是首先制定职业图,由产业委员会将职业的总体目标分解,部门或公司、工作场所、个人或小组再分别将目标层层分解,从主要目标开始,以工作目标结束,最终形成国家职业资格。我国职业资格分为五级,与此相对应,职业资格证书也分为初级、中级、高级、技师和高级技师五个等级。

## 13.2 政府和行业共同组织与管理

**1. 职业资格证书教育的组织构架**

英国国家职业资格管理机构主要关系如图 13-1 所示。政府的职能是制定职业资格教育的政策,国家资格委员会指导产业界和企业开发职业标准并对证书机构进行规范,职业教育培训学校负责考证培训,认证机构负责发证,同时对培训机构进行监督,整个管理线条清晰,责任分明,有效保证了职业资格证书的发放。

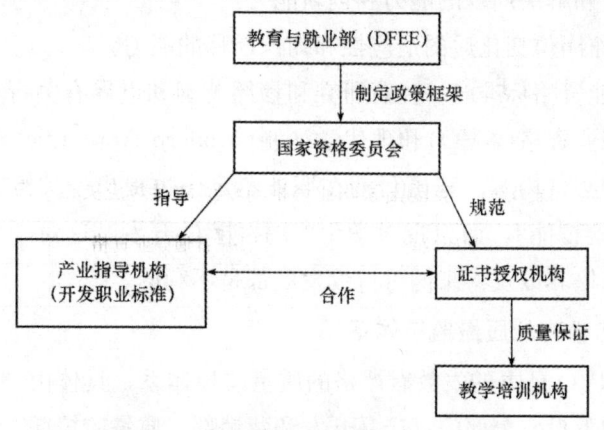

图 13-1 英国职业资格"政产学"合作图

## "政产学"三重关系在院校建设中的探索与实践

我国的职业资格管理体制主要是依据国家的政策法规体系、组织实施体系、技术服务体系及质量监督体系来保证，实行政府指导下的社会化管理体制。即在国家法律政策指导下，由政府劳动保障部门领导，各级职业技能鉴定指导中心组织指导，职业技能鉴定所（站）实施的评价和认定劳动者职业技能水平的工作体制。包括两大部分：一是技能鉴定的行政管理体系；二是技能鉴定的技术指导系统。行政管理系统主要包括各级政府劳动保障部门和行业主管部门的劳动工作机构。通过对比可以看出，我国职业资格证书管理主要通过各级政府和劳动部门的行政手段来实施，企业和行业基本不参与或者参与很少，没有形成政府产业界和职业院校的有效合作机制。这与英国通过产业委员会和认证机构来管理是完全不同的。

**2. 对职业关键技能的认识**

英国在传统上是崇尚学术而轻视技能的，职业技术主要通过学徒制学习。这种学徒制以实践和工作为基础，与主流的学术教育相分离。随着英国工业和经济的衰退，教育界不得不重新审视技术教育的作用，提出了现代技术工人应具备的关键技能(key skills)。关键技能共六条，分为两方面，前三条称为"硬技能"，即交往（书面和口头技能）、数的应用及 IT 技能，它是一个人职业能力的具体体现；后三条称为"软技能"，即解决问题、与他人一道工作、自学和进取的能力，它是指一个人能够"迁移"知识和技能并具有可持续发展的能力。目前，英国对这一关键技能及其框架已达成共识。

英国职业资格证书体系对接受培训人员的关键技能的要求，有三个值得注意的特点。

（1）注意全面素质的提高。基本技能不仅包括掌握算术、信息技术的能力以及职业岗位所需要的技能，而且包括工作的责任心和敬业精神、能够与他人合作的能力、自主学习和解决问题的能力和创新能力。

（2）注意工作岗位变化后的适应性和知识迁移的能力。

（3）制定职业资格标准时，注意研究和参照英国和世界有关行业第一流劳动者的情况。国家职业资格（NVQ）和现代学徒制（Modern Apprenticeship）已把关键技能作为应掌握的必备内容。我国目前在职业鉴定中也提出了关键能力的要素，但往往只重视了"硬技能"，而忽视对学生"软技能"的开发，这对学生全面素质的提高，创新能力的培养以及将来的可持续发展都是不利的。

**3. 职业资格教育的质量监控体系**

英国职教 NVQ 证书的发放有严格的质量监控体系，具体由国家 NVQ 发证机构管理。该机构下设 6 个部门：产品开发和营销部、质量监控部、考试服务和国家

## 第 13 章 国外职业教育"政产学"合作的范例——英国的职业资格证书教育

授权管理部、国际部及评审中心,各部门互相配合。评估分为校内评估和校外评估。校内评估由有经验的教师担任评估员,作为学院自我控制教学质量的手段。校外的评估由颁证机关执行,在两年内每半年聘请合格的评估人员到校评估一次,此外每隔3~4月到现场检查一次。评估的方法是:直接观察、模拟工作环境下的考核、技能测试、口头提问、书面测验和考试、书面作业、利用项目进行测试及事例研究等。评估的步骤和参加人员分别是:

(1)培训策略——学院领导及教师;
(2)教学计划——评估员、教师及学生;
(3)收集证据——评估员和学生;
(4)对证据做出判断——评估员、学生及内部核对人员;
(5)决定和反馈——评估员和学生。

每一种方法和步骤都有详细的规定,对评估员也有一定的要求和资格审查。评估方式是一种多次性的分散评估,这种评估体系保证了职业证书教育的质量,如一级证书的学习时间1~1.5年,校外的评估要进行2~3次,校内的评估次数更多。多次性的评估操作起来工作量很大,但对学生情况的了解非常详细,避免了一次鉴定的片面性。

我国对职业资格证书发放的监管机制主要包括五方面:对鉴定机构实行许可证制度;对技能鉴定考评人员实行资格证书制度;建立国家鉴定题库网络,实行统一命题;统一的考务管理制度;统一的证书合法程序制度。监督形式有两种:行政监督和技术监督。对比分析,我国对证书的宏观监控管理做得较好,有一套完善的管理办法,但微观及过程管理还做得不够,特别是对各级培训学校和培训机构的质量监控,只是做在表面上,缺乏有效地深入管理,致使许多培训机构的考试有虚假的成分。

虽然也建有外部评估员队伍,但只是在考试时去监考,平时基本不深入培训点检查和评审,对学生的培训过程不熟悉也不重视,而只看重考试结果,这与英国重视培训过程的管理方法有较大的区别。

## 13.3 英国职业教育对我国的启示

**1. 充分重视技能获得的过程**

在英国,学生进入职业资格培训学习阶段,立即就会建立个人学习档案,记录学生学习过程，学习档案非常完整，即使是外部评估教师也能清楚地了解到学生的学习情况，包括作业完成情况、教师评语、作业、技能训练完成情况及相应数据。学习结果的考核评估是考核学生解决实际问题的能力，主要采取"任务法"，用具有实用背景的任务全面评估学生学到了什么专业能力。一门课程要进行连续多次的评估，不以一次考核"定终身"。通过每次评估后的反馈，促进学生的发展。图13-2为英国学生考证培训的学习曲线。学生首先经过一定时间的理论学习，再经过一段时间的实操等技能培训，达到技能考核的要求后才能进行考证。因此，保证一定的学习和训练时间是非常必要的，这比我国现行的一次性的考工鉴定效果好，一次性考工鉴定难以检查学生的整体情况，学生往往把技能鉴定当成"应试"，以求一次通过，而不注重平时的学习过程和技能的真正掌握。建立学习档案还可以清楚地使用人单位了解学生做过什么，会什么，达到了什么水平。从这一点出发，求职时个人的学习档案甚至比证书本身更为重要。

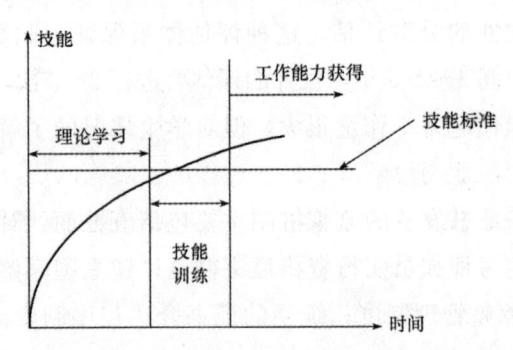

图13-2 职业资格培训和考证学习曲线

### 2. 积极发挥行业的参与和监管作用

在我国职业证书培训教育中，很多企业反映职业资格证书的结构与实际工作结合不紧密，许多工种的课程内容主要由颁证机构决定，不能完全满足行业和用人单位的需求。企业认为，职业资格证书培训教育应以行业的需求为导向，充分发挥行业协会在职业培训中的地位和作用。行业应成为职业资格培训的重要指导者、组织者及权威性的认定机构。职业证书教育的计划与大纲应产生于行业，因为唯有行业拥有最优秀的技术专家和培训专家，行业协会拥有自己的培训基地，能为行业现有员工与未来员工进行专门化训练。各行业、各部门原有的职业教育大多专业性较强，与生产实践结合得十分紧密，所以应重视发挥行业协会在职业培训中的主导作用。各行业协会在政府教育行政部的协调、领导下，分管本行业、本领域内的职业资格培训的具体事务，如制定本行业岗位培训的标准、组织编写

## 第13章 国外职业教育"政产学"合作的范例——英国的职业资格证书教育

有关教材、主持本行业岗位资格考试认定工作等等。行业性职业资格证书已经成为社会和企业共同关心的培训项目,资格认证与技能考核社会化,是职业教育社会化与行业化进程的标志。强化政府宏观调控力度,加大行业与企业的责任,创造职教发展的外部环境,是当前实施职业证书教育改革的方向。

**3. 逐步建立适合全国各类学校的统一证书**

目前,我国劳动部门、人事部门、政府各职能部门颁发的是国家职业资格证书,各相关的行业也有自己的行业证书和上岗证,证出多门。一个学校少则十多个专业,多则几十个专业,为此,需与不同的行业打交道,考取不同的行业证书,学生将要耗费大量的人力和物力。此外,各种证书缺乏通用性,不适应经济的发展和技术的进步。比如,技工学校属劳动部门领导,职业高中和中等专业学校属教育部门领导。技校毕业生面对的是单一技能型岗位考证,缺乏复合技能型的考核办法和职业证书。职业院校很多专业是面向第三产业的,不少是属于服务和管理类专业。这些专业大都属于行业管辖,至少目前尚未列入国家考核范围,当然也就无法获得国家职业资格证书。

中等专业学校和高职高专院校的每个专业一般面向一个职业岗位群,学生要求同时具有面向一个职业岗位的基本的、通用的、熟练的职业技能,而国家职业资格证书是职业岗位群中的一个具体的、窄口径的职业或工种,两者不能匹配,给职业学校组织教学活动和学生参加职业资格考试带来实际困难。因此,急需建立适合各类学校的全国统一的证书。

**4. 改革职教师资队伍的培养模式**

1998年以前,英国职业资格培训教师没有统一的标准要求,教与学都难以令人满意。1998年成立了继续教育国家培训组织(FENTO),专门负责制定国家职业教育教师的标准,要求从事职业培训的教师一般要具有硕士学位或具有4~5年的职业经历,然后才能参加FENTO培训,并经过严格考核合格后才能取得职业教育执业的资格。除了专业要求外,英国对职业教师还有以下要求:一是能满足学习者的需求,针对个体特点制订学习计划;二是能对学习者的情况进行定期评估,为学习者提供各方面的学习支持;三是能对学习过程进行监管,并能开发和应用各种教育技术。FENTO制定的标准每三年修订一次,修订时广泛征求教师、企业和学院等各方面的意见,标准一旦获国家批准后,就由FENTO监督执行。此外,FENTO还制定了对各级培训机构的考评标准,对培训机构进行监督和管理。

长期以来,我国职教师资主要通过普通教育来培养,许多职校教师是直接从普通高校招入的,缺少生产实践知识,没有经过专门的职业教育培训,他们不了

## "政产学"三重关系在院校建设中的探索与实践

解职业教育和职业培训与普通教育存在的差别，不了解职校学生的学习心理和个性特点，不了解职业教育的特殊性，因此很难胜任教育教学工作。我国的职业教育必须建立一种新的教师培养机制，就目前的情况看，应实行长期教师与临时教师相结合、专职教师与兼职教师相结合的教育模式，聘请企业专家、能工巧匠、社会名流、有威望的专业大师、工程技术人员壮大教师队伍。此外，应逐步建立职业教育师资准入制，凡想从事职教的教师必须通过认证考核，只有这样，职教师资的培养才能走上良性轨道。

# 第 14 章　基于工作过程的高职专业课程开发研究

**本章摘要**：本章分析了基于工作过程的职教课程理念及开发的方法，并通过对高职专业的一门具体的课程的开发过程，介绍了职业院校工作过程课程设计的一般思路与具体步骤，包括课程专业调研、课程标准制定、课程教学设计、实践性教学实施、课程的评价方法以及课程学习资源的开发等。

## 14.1　核心理念

### 14.1.1　工作过程课程开发的发展简况

以工作过程为基础的课程理论，或称为行动导向的课程体系的最早研究起源于 20 世纪 30 年代的美国，其原创代表人物为德裔美籍学者勒温(Lewin)，20 世纪 50 年代形成研究高潮。其领军人物科里(Corey)和弗谢，强调作为"行动者"的教师应成为"研究者"来参加教学研究并改进教学实践。20 世纪 70 年代，英国的斯腾豪斯(Stenhouse)，主张教师成为"行动研究者"，他提出了"课程行动研究"五项"过程原则"，出现了相关的教学研究活动——"校本课程开发"，使"行动课程研究"的实施具有可操作性。20 世纪 80 年代，埃利奥特(Elliott)和凯米斯在英国和澳大利亚从事"行动研究"，提出了著名的"计划—动—察—反思"程序。在 20 世纪 90 年代，德国不来梅大学技术与教育研究所(ITB)所长 Felix Rauner 教授开展了与德国大众汽车公司的合作，提出了基于工作过程的职业教育课程理念和设计方法，称为以工作过程为导向的整体化工作任务分析法(BAG)，并于 21 世纪初在德国职业教育中推广，强调学生是学习过程的中心，教师是学习过程的组织者与协调者，教师遵循"资讯、计划、决策、实施、检查、评估"这一完整的"行动"导向教学过程序列。

德国不来梅大学技术与教育研究所(ITB)于20世纪80年代初对基于工作过程的课程研究指出,现代课程研究的关键在于解读嵌合在实践工作中的知识。ITB提出的基于工作过程的知识有以下的定义:

(1)工作过程的知识把一个机构的工作过程和生产过程作为一个整体来理解。与泰勒式的狭窄岗位分工、各岗位只需最初级的认识就能独立完成任务完全相反,工作过程的知识包括了工作行动的准备、工作过程、任务的控制和评价;

(2)工作过程的知识是员工通过实践经验和工作本身,尤其是通过解决问题,在工作岗位上不断形成的。

(3)工作过程的知识可以直接用于完成工作,它是"活性",而非"惰性"的知识。

(4)工作过程的知识是理论知识与实践知识的综合,在工作岗位上遇到问题时解决书本实施与实际经验之间的矛盾是形成工作过程知识的典型途径,它不同于传统的"理论还是实践""科学知识还是实践技术"的二分法。

这是国外学者系统地提出基于工作过程的职业教育课程思想,并将其应用到课程的开发中。

大约在1982年"行动课程体系"概念被引入我国,1995年前后开始了对该概念的系统研究。先驱研究者刘良华博士对"行动研究"进行了深刻阐述,提出了"在行动中求知""重构知识观"等论点。欧盟Asia-Link项目"关于课程开发的课程设计"课题组编写了针对中国的《职业教育与培训学习领域课程开发手册》,姜大源教授提出"行动导向的教学"应建筑在一个相应的理论框架的基础之上,工作过程知识作为职业教育的核心知识,应该有一个与之匹配的课程体系。2003年,赵志群出版专著《职业教育与培训学习新概念》。

### 14.1.2 DCCD技术的内涵、特点及对高职课程研究的意义

职业教育课程开发理论也称为DCCD(Design of a Curriculum on Curriculum Development),即课程开发的课程设计,DCCD是一种专门针对职业技术教育课程开发和教学设计的指导性方法,在国外和国内的实践应用取得了较好的效果。DCCD最突出的特点和精华体现在其按照职业工作任务完成的过程要求,整合和序化知识结构上,重新设计课程方案,通过一个个典型、具体、具有真实的工作背景的工作任务的实施,以工作过程任务为中心来组织技术理论知识和技术实践知识,按照从实践到理论的顺序组织每一个知识点,学生通过完成工作任务的过程来学习相关知识,学与做融为一体,实现实践技能与理论知识的整合,培养高职学生的职业综合能力。打破传统学科系统化地对职业教育的课程开发

的束缚，创建全新的高职课程开发视野，将学生从封闭的书本知识中获得技能和知识的环境中解脱出来，按照与工作过程顺序一致的认知心理顺序学习，使学生的学习过程与工作过程、生活过程及社会活动结合起来，学生的综合能力和个性发展联系起来，使学生在学校学到的知识和技能就是以后工作和生活所需要的本领，缩短就业的"不应期"，真正实现杜威所倡导的"学习就是生活，生活就是学习"的理论。

2007年7月由北京联合大学、德国不来梅大学等多所大学在北京共同组织职业教育基于工作过程的课程设计与教师培训国际研讨会，将DCCD项目和德国先进的职教课程理论和经验本土化，并力图建立本土化理论体系、开发方法和实施方案。国内部分职业院校也先后开展了DCCD项目的学习和研究，如深圳职业技术学院、邢台职业技术学院、承德石油高专等将以工作过程的课程开发应用在精品课建设中并取得了不错的成绩。

重庆在高职开展DCCD项目起步较晚，目前主要在几所示范高职学院进行宣传和学习领会，将DCCD用于高职核心课程的开发与研究，结合重庆本地区实际和产业结构构建以工作过程知识作为职业教育课程核心知识的课程体系，目前还没有见到相应研究文献和报告。

## 14.2　理论基础

### 14.2.1　工作过程学习的职业课程结构观

**1. 工作过程学习职教课程结构观的产生**

职业教育课程的结构观认为，要有效地培养学生的综合职业能力，职业教育课程不仅要关注让学生获得哪些知识，而且要关注让学生以什么样的方法来获取这些知识。随着职业教育改革的深化，对职教课程改革进行了重新认识，并在横向和动态维度上都提出了新要求。在横向上，认为职业课程改革已远远不再局限于课程内容及其排列顺序，而是把课程拓展为包括课程资源和学习情境在内的整个教育系统；动态上，对职业课程的理解看重其发展和变化性，课程是一个动态的社会现象，每逢社会经济发展、产业结构调整和生产力发生重大变革之时，都会出现职业教育课程改革的热潮，并涌现出顺应社会、经济发展和人的发展需求的课程模式，这是历史发展的必然。

### 2. 工作过程知识及其学习特点

"工作过程"是一个广义概念，它包括公司或企业为满足市场需求而设计并实施的商业计划的"商业运作过程"；公司或企业中所涉及的工作任务的"生产过程"，如产品的设计、加工和质检过程；生产加工人员执行并完成工作任务的"劳动过程"，如生产过程中解决方案的制定以及组织各个不同成员在生产中所起到的不同作用。

简单而言，工作过程知识是隐性的工作经验和理论知识互相融合，以实践经验、技能和理论为基础，以培养职业能力为目标的，解决某个职业任务"做什么"、"怎么做"和"怎样做更好"的知识。工作过程知识绝大部分都是在工作过程中构建的，与情境相关，以实践为导向，有明确的指向，能够直接指导实际工作的完成。它有以下几个特征：是一种融合理论知识与经验知识的综合知识；工作过程知识在隐性与显性之间转换，并以螺旋上升形式提高；工作过程贯穿生产组织的全过程。工作体系课程结构是一个实践体系，在这种体系中，知识不是按自身逻辑相关进行排序，而是按照工作任务之间的相关性来组织，不同的工作任务按照某种组合方式构成完整的工作过程。

### 14.2.2 工作过程学习课程结构的特点

课程结构是影响学生职业能力形成的重要变量，基于工作场所学习的课程结构观认为，职业教育课程的结构与工作过程的结构有关。工作体系的课程结构有以下特点：

(1)它是一个实践体系，在这种体系中，知识不是按自身逻辑相关进行排序，而是融入工作场所的每一个环节中，按照工作任务之间的相关性进行排序和重构；

(2)工作场所学习知识体系是跨学科的，工作知识是按圆周结构排列，其中的圆心就是要完成的工作任务；而学科体系是跨任务的，其知识体系是按平行结构排列；

(3)学科体系知识结构是静态的，工作任务体系知识结构是指工作体系的内部、外部结构，其结构是随着工作任务的变化呈动态性。

工作任务的课程结构观与学科结构的课程观的不同属性，形成了学科教育课程结构与职业教育课程结构之间的本质差别。职教课程改革的主要任务是彻底打破原有的学科体系课程结构，使知识教学与具体工作场所的任务相联系，建立与职业工作岗位结构相适应的课程体系和教学内容体系，按照职业工作过程的知识结构和序化要求重新设计职教课程方案，通过一个个典型、具体、具有真实工作背景的工作任务来实施教学，学生从工作任务的完成过程中学习相关知识，学与做融为一体，实现实践技能与理论知识的整合，培养学生的职业综合能力。因此，基于工作过程的课程结构，应当是当前职教课程改革的主要模式之一。

### 14.2.3 工作场所学习职教课程与其实施环境的关系

工作场所学习课程的理念和开发从德国引入我国，在职业教育界得到广大职业院校教学工作者的积极响应和推广，取得了一些较好的效果。但在应用和推广中也出现了一种倾向性问题，忽视工作场所学习课程的实施环境和条件，其结果是造成这种理念在推广使用中出现简单、僵化、教条等诸多弊病。比如，一些职业院校为了适应课程改革，片面地理解工作场所学习课程，在不具备相应实施的条件下，不分具体的课程性质，一律采用工作场所学习和任务驱动课程教学法，一味追求工作知识和动手技能，使课程内容改革牵强附会、信息量减少、内容空洞，甚至以实践课程代替理论知识。形式是做像了，但教材开发、学习情景、教师队伍建设、真实的实训环境及学习资源建设等硬件跟不上课程改革的要求，严重影响了学生对知识和技术的全面掌握。

## 14.3 指导思想

工作导向的职业教育强调职业教育不仅培养技术适应能力，更重要的是培养综合的职业能力，这意味着职业教育的内容不能简单地适应技术的发展及职业工作任务一时的要求，必须关注工作、技术与教育之间的相互关系及相互作用。职业教育课程的结构观认为，要有效地培养学生的职业能力，职业教育课程不仅要关注让学生获得哪些职业知识，而且要关注让学生以什么结构来获得这些知识。课程结构是影响学生职业能力形成的重要变量。

### 14.3.1 两种不同体系的课程结构比较

课程作为沟通个体与社会的桥梁，其结构不可能来自课程本身，而只能来自与职业相关的工作任务。基于工作过程的课程结构观认为：职业教育课程的结构只能来自工作结构，工作体系课程结构是一个实践体系，在这种体系中，知识不是按自身逻辑相关进行排序，而是按照工作任务之间的相关性来组织。不同的工作任务按照某种组合方式构成完整的工作过程,在这一工作过程中知识不是按自身逻辑存在,而是融入工作的每一个环节。在学科体系中,知识的学习和理论实践是附着于学科而存在的,课程旨在把个体导向学科体系,培养学术型人才,工作导向的课程体系旨在把个体导向完成具体的工作任务,培养综合能力的职业应用型人才。工作结构的课程观与学科结构的课程观的不同属性(见表14-1),形成了学科教育课程结构与职业教育课程结构之间的本质差别,图14-1是两种课程体系的知识组成比较。基于工作过程的课程的理念和实施,应是当前职业教育课程改革的主要模式。

表 14-1 两种课程结构的比较

| 学科体系课程 | 工作体系课程 |
| --- | --- |
| 在具体的学科中传授"学科系统知识" | 在具体的职业工作情境中学习"如何工作" |
| 按知识自身的逻辑编写教材 | 按工作任务之间的相关性编写教材 |
| 培养学术型人才 | 培养职业型人才 |

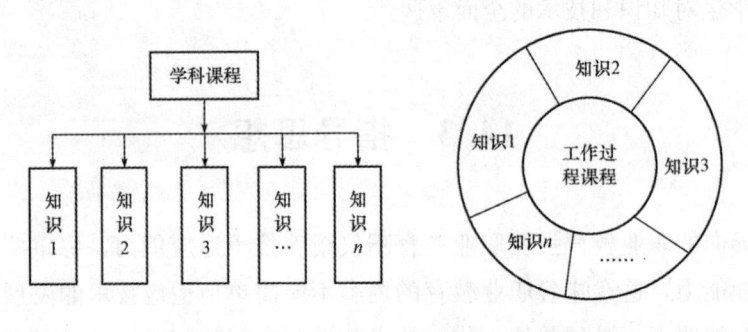

图 14-1 两种课程体系的知识结构比较

### 14.3.2 课程教学内容的开发和内容序化遵循职业性原则

职业教育课程改革的两个核心要素:一个是课程内容的选择;一个是课程内容的序化。职业教育课程选取的内容,应以工作过程中实际应用的经验和策略的知识为主、以适度够用的概念和原理的理解为辅,即以过程性知识为主、陈述性知识为辅。课程的序化是一个动态过程,是通过"观察—思考—行动—认知—创造"这一基本路径确立的。对课程知识序化的最重要的目的,是使学习的主体(学生)更容易地接受这一知识序列。职业课程内容的编排则呈现一种串行结构的形式。课程内容序化应立足于使学习的主体(学生)容易地接受课程内容的学习,即要求知识的构建与序化,要与学习者在工作过程中的行动情境相融合,学习过程中学生认知的心理顺序应与专业所对应的典型职业工作顺序一致。

根据课程改革的要素,专业核心课程开发体应体现科学性、情境性和人本性的原则。科学性原则强调的是,课程内容应置于专业学科建构的、以实际存在的客观知识——陈述性知识为目标;情境性原则强调的是,课程内容的学习必须置于实践情境建构的过程性知识即经验知识为目标。科学性原则与情境性原则处于同等地位,在功能上是互补的,且都是客观性原则。对职业教育来说,要以情境性原则为主、以科学性原则为辅。人本性原则要求个体对知识(无论是理论知识还是经验知识)的获取,必须亲历梳理、内化、实践、反思、获取的各个环节,并建构属于自己的经验和知识体系,这正是基于工作过程学习的理论依据。

专业核心课程开发要遵循职业性,从职业工作(或项目)出发来选择课程内容并安排教学顺序。基于工作过程的课程体系,强调的是获取自我建构的隐性知识——过程性知识,主要解决"怎么做"(经验)和"怎么做更好"(策略)的问题。专业核心课程内容应以过程性知识(实践知识)为主,围绕完成工作任务的要求组织相关的理论知识,这种知识结构是以任务(项目)为中心,对所需的知识进行圆周排列的"岗位—任务—知识"结构。基于工作任务的学习和实践方法,按照学生与生俱有的、自然形成的认知心理顺序进行学习,很好地解决了职业技术教育长期以来按照学科课程教学、理论与实践脱节、学习与生活分离的难题。以工作任务为中心来组织技术理论知识和技术实践知识,按照从实践到理论的顺序组织每一个知识点,学生通过完成工作任务的过程来学习相关知识,学与做融为一体,实现实践技能与理论知识的整合。

### 14.3.3 工作导向课程实施的教学模式

工作导向的教学遵循"资讯、计划、决策、实施、检查、评估"这一完整的"行动"过程序列,在教学中,让学生在自己"动手"的实践中,掌握职业技能、学习专业知识,从而建构属于自己的经验和知识体系。工作导向的学习强调"为了行动而学习"和"通过行动来学习"。

工作导向的教学强调:学生作为学习的行动主体,要以职业情境中的行动能力为目标,以基于职业情境的学习情景中的行动过程为途径,以师生及生生之间互动的合作行动为方式,以强调学习中学生自我建构的行动过程为学习过程，以专业能力、方法能力和社会能力整合后形成的行动能力为评价标准，使学习者在解决职业实际问题时具有独立地计划、实施和评估的能力。教师是学习过程的组织者与协调者，一个好的教师应该是学习情境的设计者、学习舞台的导演。

支持工作过程的教材开发和课程教学是一个团队，由学校教师与行业、企业的相关人员合作开发专业核心课程，内容是：共同研究确定人才培养目标和培养计划；共同开发学生工作岗位、典型工作任务和教学方法；利用学校和企业两种教育资源，创设适宜的学习培训环境和工作环境，创设学习情境和课程实施条件；合作建设教材等教学资源，共同制定学生顶岗实习管理制度，共同制定学生工作和学习成果考核评价办法；在企业环境的课程实施过程中，校企合作育人，共同管理和监控教学运行；校企互相兼职，共建共管课程教学、岗位培训和合作技术开发的专兼职队伍，学校与企业密切合作，互惠互利，谋求共同发展。

### 14.3.4 基于工作过程的职业教育课程目标

基于工作过程的高职核心课程的目标是实现对学生的综合职业能力开发。综合职业能力不是完成具体的工作任务能力，而是在真实的工作情境中解决综合性的专业问题的能力和技术思维方式，是人们从事一门或若干相近职业所必备的本领，是个体在职业工作、社会和私人情境中进行科学思考以及对个人和社会负责任行事的热情和能力。

职业能力从内容角度可分为专业能力、方法能力和社会能力，在职业活动中它们是相互交织在一起的；从性质角度可分为基本职业能力（专业和职业特有的能力）和关键能力（跨职业的能力）。关键能力是基本职业能力的纵向延伸，是超越某一具体职业技能和知识范畴的能力。

以就业为导向的职业教育要将学生培养成为社会需要的"岗位人才""职业人"和能生存能发展的"社会人"，甚至是经济全球化要求的"国际人"，必须树立能力本位的教育教学观。深刻理解能力本位教育思想实质，要区别职业技能（注重实用）、职业资格（注重资质）和职业能力（注重内化）的内涵差异。当职业岗位发生剧烈变化且已有的职业技能和职业资格面临失效时，从业者应该能够依靠自身内化的职业能力在变动的职业生涯中重新获得新的职业技能和职业资格。通过工作过程系统化的课程学习，学生在个人实践经验的基础上，完成从初学者到专家的职业能力发展。

# 第14章 基于工作过程的高职专业课程开发研究

## 14.4 课程构建

### 14.4.1 基于工作过程的课程开发流程

高职院校开设的专业涵盖传统机电、数控、模具、汽车、计算机技术、通信技术、电子信息技术、建筑与工程管理、医药、金融、物流、营销、管理等，其中制造类(机电、数控、模具、汽车)、IT信息技术、电子信息、计算机技术及营销物流等专业为各个学校普遍开设，并占用很大的比例。对这些专业的核心课程都可以实施基于工作过程教学和课程方案设计，虽然各专业、各门课程的内涵不同，但开发的思路是一致的，对推动职业教育的课程教学改革具有点到面的指导意义。结合重庆区域行业和企业的特点、职业学院专业构成特点，我们提出具体的开发思路：首先成立专家课程开发小组，主要由行业企业实践专家(工程技术人员，企业能工巧匠)、专业带头人和骨干教师(应是双师型的高、中级职务教师)组成，聘请职业教育课程专家进行指导，课程开发的评审机构由学校主管领导，由行业企业专家、学校资深教师(双师型的高级职务教师)和课程分析专家组成。图14-2是基于工作过程的高职专业核心课程开发的一个总体思路框图，开发主体、开发过程与开发成果是课程建设的关键要素。

### 14.4.2 分析各专业职业活动(典型工作任务)确定行动领域

行动是指具体的一项任务、动作或工作，领域就是多个任务或工作的集合。行动领域首先来自对职业活动调查和分析，包括行业和企业对该职业的需求分析、职业的具体工作任务(典型工作任务)分析及岗位操作规范分析等，要弄清楚一个岗位到底要做什么事、有哪些典型的工作任务。典型工作任务描述一项完整的工作行动，包括计划、实施和评估整个行动过程，它反映了职业工作的内容和形式以及该任务在整个职业中的意义、功能和作用。典型工作任务具有以下特征：

(1) 具有结构完整的工作过程(计划、实施以及工作成果的检查评价)；
(2) 能呈现出该职业领域的典型的工作内容和形式；
(3) 在整个企业的工作(或经营)大环境里具有重要的功能和意义；
(4) 完成任务的方式和结果有较大的开放性；

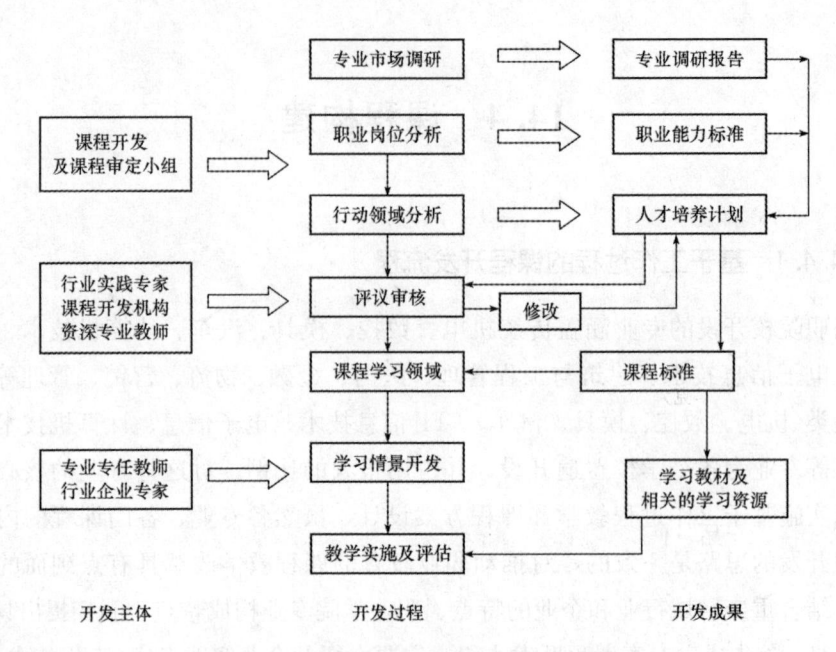

图 14-2 高职专业核心课程开发技术流程

(5)完成工作任务后可以获得相应的技能,多个典型工作任务的集合构成核心专业教育的一个学习领域课程。

### 14.4.3 从行动领域建构

学习领域是一个由学习目标表述的主题学习单元,每个学习领域课程由能力描述的学习目标、任务陈述的学习内容和总量给定的学习时间三部分构成。在归纳出的行动领域基础上,由专业教师对典型的职业活动进行分类,并按教学论要求对职业行动领域归并出学习领域,也就是将行动任务领域归纳为具体的一门门课程,确定专业的学习框架,使每一个职业活动对应相应的知识和技能,这些知识和技能与职业活动密切相关,并按圆周结构排列。学生通过这些具体的课程学习,学会典型的工作任务,以电机拆装与维修工作任务为例,其学习领域所涉及的典型工作任务的转换过程见图 14-3。

### 14.4.4 由学习领域开发学习情境

根据确定的学习领域,教师将与学习领域相关的知识遴选(重构)出来并进行结构编排和设计(序化),制定课程标准,编写教材(学习活动单元和学习任务)、设计教学和学习评估反馈表等。此外,还应根据职业活动学习领域的要求,开发与之相应的

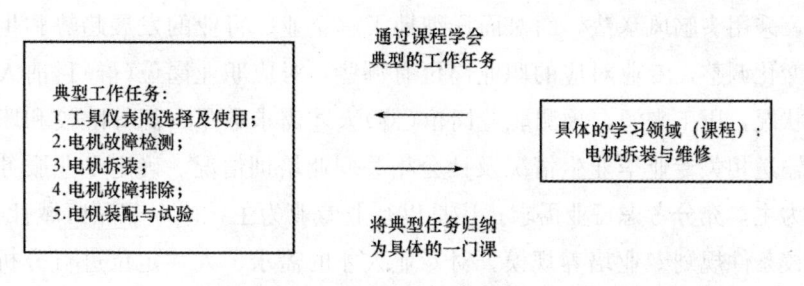

图 14-3　行动领域与学习领域的转换

学习情境。学习情境是学习领域的具体表现，是与本职业紧密相关的职业工作任务、生计和社会情境在教学过程中的具体反映，主要通过案例、模拟及角色扮演等学习情景来实现，可根据具体情况灵活应用。学习情境的具体体现是学习载体，学习载体必须选择典型的产品、任务、项目或具体的工作，要求按学生认知的心理过程由简单到复杂，由单一到综合进行教学，每个学习情境的教学应是一个完整的工作过程，并按照"资讯—决策—计划—实施—评估"六个环节来组织和设计教学。

#### 14.4.5　基于工作过程的课程教材开发

教材的开发必须注意以下几点：①工作任务的选择及教学内容的展开，必须按照工作过程的先后顺序建立一个系统，做到教学过程规律与工作过程规律的结合，做到学生心理过程与工作过程的一致，做到教学目标与教学情境的呼应和协调；②内容选择用典型产品或服务这一工作（任务）引领课程内容；③内容排序按照工作流程排列学习内容，按照企业要求能力单元要素所需的时间来确定学习单元学时，按工作任务步骤设计工作任务单，通过职业学习活动等教学途径，利用典型产品的制作或服务的提供方式，转化为具体实施工作的任务，让学生体验工作过程的完整性；④必要的教学辅导资料，包括学习指导书、多媒体教学课件、实训指导书、电子教学资料、习题资料及网络教学途径等。

## 14.5　课程开发的具体内容

#### 14.5.1　课程开发前的市场调研

课程开发小组要对企业（涉及毕业生就业的所有企业）和行业委员会进行广泛

的调研，采用头脑风暴法，面对面详细地了解企业、行业的发展趋势和生产经营结构的变化调整，专业对应的职业岗位有哪些，对应职业岗位（群）目前人才结构与需求状况，用工来源，预测职业岗位（群）人才需求数量；高等院校和职业院校向社会输送相关专业毕业生情况及社会相关职业培训情况。确定专业服务是以区域综合为主，充分考虑行业需求；还是以行业专业为主，同时兼顾区域社会需求；根据学校条件规划专业培养规模。对专业人才的需求、人才定位进行分析，有哪些具体的岗位，每个岗位完成什么具体的任务（职业活动），将各种职业活动进行分类、整合和归并得到专业对应的岗位群。具体调研的方法如下：

信息调查渠道：学校招生就业办公室、专业建设指导委员会、课程开发小组、相关企业、本专业毕业生跟踪信息、人才信息交流会、网络媒体、学生及其亲友、教职工与外聘教师、企业实习信息反馈等。调查重点应是区域行业企业负责人、相关专业技术人员和技能专家、专业对口的毕业生。

市场调查方式：采访面谈、问卷调查和网络调查、收集整理分析资料等。

准备工作：调研工作要成立由专业带头人负责的专业市场调研组（课程开发机构），做好相应的准备工作，选好调查对象和设计好调查方案。调查组成员要熟悉调查工作的各项要求，明确自己的工作分工。

调查对象：面向机械、汽车、电子信息、通信、计算机、造船、仪表、军工、化工、医药、物流、金融等各行各业，选技术先进的企业同时兼顾技术水平一般的企业。

调查方案：明确调查目的，规定调查的范围、地点、对象、项目、内容、方式、方法、步骤和质量要求，确定时间安排。面对企业的访谈调查要精心设计访谈引导问题和调查问卷，并征求企业专家的意见，反复修改完善。对用人企业人员和本专业毕业生的调查问卷应有不同的侧重内容。

调研结束后写出"核心课程开发调研分析报告"。

### 14.5.2 专业职业能力标准的构建

从事职业活动的劳动者应具有的职业能力包括专业能力、方法能力、社会能力以及创新能力。专业能力是指具备从事职业活动所需的知识和技能；方法能力是指劳动者以什么方式、方法从事职业活动；社会能力指指从事职业活动所需的行为能力；创新能力是指方法能力和社会能力的进一步发展，是劳动者产生新思维、新认识和创造新事物的能力。

职业能力标准要求全面研究分析职业岗位（群）的工作全过程和工作活动的所

有因素。整个分析过程按照从工作职责到工作任务再到职业能力的顺序进行。第一阶段是"工作职责和任务分析"：分析职业内的工作职责和每一项职责内的任务；第二阶段是"任务和能力目标分析"，分析从业者在其工作职责的每项任务中应达到的最终绩效目标（能够完成的工作）和能力目标（知识、技能、态度等任职要求）；第三阶段由课程开发小组对各种"岗位和能力目标"进行归类，去掉非典型的任务和能力目标，最终形成详细的"岗位任务—能力汇总表"。以数控技术应用专业为例，其工作岗位与对应的职业能力分析见表14-2。

表14-2 工作岗位与职业能力分析

| 工作岗位 | 职业能力 |
| --- | --- |
| 数控机床操作岗位 | 读图、手工绘图能力，计算机二维、三维绘图能力 |
|  | 数控机床操作、加工工艺编制能力 |
|  | 数控编程能力 |
| 数控加工工艺岗位 | 机械零件精度设计、检测能力 |
|  | 机床液压、气动系统的安装、调试及维护能力 |
|  | 机械机构、装置安装、调试与维护能力 |
|  | 数控机床操作能力 |
| 数控加工质量检测岗位 | 编制机械零件加工工艺能力 |
|  | 使用机床加工机械零件的能力 |
|  | 使用各种检测仪器、量具的能力 |
| 数控设备维护、维修岗位（安装、调试、维修及售后服务） | 机床低压电器维护与调试 |
|  | 数控机床机械部件装调能力 |
|  | 可编程控制与编程能力 |
|  | 数控设备验收、安装、调试能力 |
|  | 数控设备故障判断与维修的初步能力 |
|  | 数控设备现场管理能力 |

## 14.5.3 课程标准设计的具体内容

在归纳职业能力标准的基础上制定出专业的人才培养计划或方案，下一步就是开发专业核心课程标准。课程标准是对课程的总体设计和科学规划，是指导和建设工作导向教材编写的纲领性文件，也是编选教材、组织教学、实施课程评价的基本依据，是实现人才培养目标的关键环节。课程标准的制定主要包含以下方面的内容。

**1. 课程概述**

(1)说明课程标准制定的依据、课程性质与作用、在本专业的地位,本课程与前后课程的关系;

(2)介绍课程设计思路、课程内容设计及教学方法设计;

(3)课程内容的选取依据,课程内容选取的原则。

**2. 课程的目标**

(1)课程总的培养目标说明;

(2)课程的知识目标、专业能力目标、综合能力目标及情感态度与价值观的说明。

**3. 课程的实施**

(1)教学实施的建议,主要有教材编写、教学方法、教学评价、实训考核方案及课程资源开发与利用等方面的建议。

(2)课程的管理,说明课程教学团队的组成(学院专业教师和企业教师),教学团队的责任分工。

(3)课程实施的其他说明,教材适用对象及相关教学资源与参考资料的说明。

基于工作过程的课程标准要体现新的职业教育观念,以提高课程教学质量为目标,以创新课程设计和改革教学内容为重点,准确把握课程的职业定位,系统规范内容的序化,突出学生学习与真实工作环境的一致性。

### 14.5.4 基于工作过程的教材开发

**1. 课程内容的选取**

课程教材是高职教学内容和教学理念的重要载体。目前,高职教材所存在的最大问题是学问化、著作化,即主要以陈述性知识为主;且往往是教师通过查阅学术专著和文献资料的途径编写出来的,不适于工作过程系统化的课程。因此,教师在编写核心课程教材时须彻底改变编写习惯。

工作过程系统化课程的教材需要以工作任务为核心重新选择和组织专业知识体系,在以工作任务为核心的专业知识新体系中,从"初学者——专家"职业成长过程中所需要那些对实践至关重要的应用性知识,应是教材内容的首选。

应用性知识包括程序性知识和陈述性知识,程序性知识指的是处置性知识和策略性知识;陈述性知识可分为事实性和概念性知识以及理解性和论证性知识。教材应将程序性知识中的处置性知识(经验性知识)和陈述性知识中的事实性知识紧密联系在一起,并融合必要的理解性和论证性知识。

教材内容的结构序化,要追求工作过程的完整性,而不是学科结构的完整性。教材可以是学习领域导向结构化和项目形式结构化的体系。

**2. 教材编写格式**

教材编写可以按照以下顺序格式进行:①教学目标;②工作任务;③实践操作(相关实践知识);④问题探究(相关理论知识);⑤知识拓展(选学内容);⑥练习。

**3. 教材编写要把握两个原理和三个核心技术**

两个原理:用工作任务引领专业知识;用典型产品或服务引领工作任务。三个核心技术:工作任务描述;工作任务知识负载均匀化;理论与实践的整合。教材要体现先进性、通用性、实用性,典型产品或服务的选择要科学。

**4. 专业核心课程辅导材料开发**

纸质辅导材料开发;视听媒体教材开发;多媒体课件开发;网络信息学习资源开发等。

### 14.5.5 课程教学设计

基于工作过程的专业核心课程教学是以实践为主,理论讲授为辅的教学方法,在任务驱动的基础上,遵循工作过程的六个步骤即资讯、计划、决策、实施、检查、评估六个步骤组成(表14-3)。学生通过对每个小工作过程的学习,逐步掌握相对独立的小工作过程,最后把相关的知识链接起来,达到独立完成工作任务的目的。做到学习内容与企业实际工作任务同步,学习与就业同步(学习即工作)。实施六步教学法首先要制定能力目标和任务目标,提出任务;讲解完成任务的方法,老师示范教学,学生动手操作;以学生为中心,讲、练结合,教学的整个过程需要教师和学生积极配合和热情参与,师生双向互动;学习任务完成后要及时对工作进行评估和检查,形成反馈,并制定整改的方案和措施。在基于工作过程的教学中,教师的教学不再是传统的单向知识传授,教师的角色要从知识的传授者转变成为教学组织、问题咨询、参与者、教练及技术指导的角色,真正实现教学主体由教师向学生的转变,由教学行为向学习行为转变。学生通过真实的工作任务训练,体验实际生产过程,目的明确,针对性强,技能提高明显,在教学中形成职业能力。在整个工作过程中,教师只是引导者,可充分发挥学生的主观能动性,提高其解决问题的能力,培养创新意识。

表14-3 工作过程学习的六步法

| 六步教学法实施过程 ||
| --- | --- |
| 1. 资讯 | 由教师提出有关工作任务的讯息,同时学生通过翻阅资料分析任务,寻求完成工作任务的条件 |
| 2. 决策 | 通过寻求完成工作任务的条件以及现有的条件来确定不同的方案。教师参与其中,及时作出辅导 |
| 3. 计划 | 制定完成任务的具体计划方案(包括各种资源和环节条件) |
| 4. 实施 | 根据选定的方案和计划,正确选取仪表、工具和设备来完成工作任务,运用所学的知识和技能完成任务 |
| 5. 检查 | 对完成的工作任务,学生要自己检查、评估,发现问题,及时处理 |
| 6. 评估 | 首先由学生自己做出评估,然后教师和学生进行交流反馈,共同做出评估意见,并制定下一步实施的方案 |

### 14.5.6 教学媒体和教学资源的开发

**1. 信息化教学**

信息化教学具有教材多媒体化、资源共享化、教学个别化、学习自主化、活动合作化、管理自动化、环境虚拟化等显著特点。信息化教学设计主要以建构主义理论为指导,设计过程是非线性的,教学的重点是在意义丰富的情境中发展理解;信息化教学强调以学为中心,注重学生综合能力的提高;强调利用各种信息资源来支持"学"(而非支持"教");强调"协作学习",包括生生、师生、教师之间以及跨年级跨学科的基于资源的协作和共享;以"任务驱动"和"问题解决"作为学习和活动的主线,在相关具体意义的情境中确定和教授学习策略与技能。

信息化教学资源包括:多媒体课件、网络课程、多媒体素材、网络资源、仿真与虚拟现实等。

根据多媒体课件的内容与作用的不同,可分为课堂演示型、自主学习型、操练练习性、教学游戏型、模拟实验型、资料工具型等多种类型。

网络课程具备跨时空、对象广、资源丰富、多媒体、教学情境多样、学习方式多样、师生角色多样、信息更新发布迅速等特点,最突出的优点是开放性、交互性、共享性、协作性、自主性。

在工程技术应用的仿真类型有物理仿真(实物模拟仿真,费用很高)、半物理仿真(混合仿真,费用中等)和计算机仿真(数字仿真,费用不高)。计算机仿真系统与虚拟现实技术作为新型教学媒体,可以改善传统教学,创设探索性学习环境,在高职教学中，重点进行仿真实验和技能训练。

**2. 资源共享课程建设**

将优秀的教学资源和学习资源（如文字材料、教学视频、试听、互动交流）以互网络和媒体的方式实现共享，进行在线课程学习，这种学习课程称为资源共享课程，这是目前教育部和各地职业院校正在推行的一种先进职教课程学习方法，特别适合学生自主学习。资源共享课程主要由以下要素组成：

(1)课程简介介绍课程的性质、学习目的、课程大纲及典型的工作任务；

(2)课程的实施包括：

①课程设计思路；

②学习过程设计，由学习任务、学习目标、教学进程、学习内容、教学条件要求、教学方法与组织、教学流程及学习指南等组成；

③考核方式由考核内容、学生评价系统与考核标准等组成。

(3)课程学习单元划分

将学习课程划分为若干个具有真实意义的、独立的学习项目的组合，每个学习项目包含重点与难点、教学设计、评价与考核（包括认知理论、实际操作和评分标准）、教材内容、课程学习答疑及师生互动交流。

(4)课程学习资源

课程的学习资源主要包括各个项目的课程教学视频（课程负责人和主讲教师的讲课录像）、课堂互动视频、课程的关键知识点和技能点的学习视频、课程教材、课程标准、在线学习及评价系统、各种辅助学习资料、在线学习和答疑。

### 14.5.7　校内与校外实践教学环境开发

工作过程系统化的学习领域课程和项目课程的实施，给学校带来的变革是全面而深刻的。根据工学结合人才培养模式的改革需要，教师的"教"和学生的"学"发生深刻变化，随之，要建设校内（校企组合）或校外的真实生产性实训基地，教学过程与工作过程紧密融合。校企合作的实训环境可以由合作企业设计建设方案，并向职业院校提供仪器、设备和技术支持，建立校内"教学型"实习、实训基地，职业院校也可以通过改制让企业以主人的身份直接参与办学全过程，在学院建立生产工厂，让学生在校内工厂直接参与生产实践。

校内实践教学基地的设计应当以工作任务分析为基础，教学设备设施条件进行适应性配置，教学场所的布局要做根本性调整，按照空间结构与工作现场相吻合的原则设计实训室。教学场所的布局要调整为以实训室为主，以教室为辅，并且实训室不仅仅是技能训练的场所,要融"教、学、做"一体化,在做中学。有些专业在校内外难于创设结合真实工作过程的学习环境,其部分课程要结合校内仿真生产环境(仿真设施设备)或采用智能化媒体的具有高仿真度的虚拟实训情境。学校的教学管理制度也要发生适应性变化。

### 14.5.8 考核评价体系指标开发

**1. 评价原则**

基于工作过程课程学习的教学评价是指对学生学业的全面评价。突出阶段评价、目标评价、理论与实践一体化评价。关注评价主体的多元性,体现各课程在评价上的特殊性。

(1)强调工作过程与模块评价,结合课堂提问、案例分析、讲解与操作,综合思考与练习、专业能力考核等手段,加强实践性教学环节的考核,并注重对学生理解与分析能力的提高与培养。

(2)强调课程结束后综合评价,应用实例分析与理解、案例讲解与操作等手段,充分发挥学生的主动性和创造力,注重考核学生所拥有的综合职业能力及水平。

**2. 理论考核评价**

课程学习成绩评定改革的基本思路是注重对学习过程的考核,强调对学生学习过程的控制作用,用学生在学习的各个阶段的成绩来代替期末考试,调动老师的"教"和学生"学"的积极性,将"试题"转变为"试能",达到使学生真正掌握知识和技能的目的,评价过程包括:

先前能力认可⇨形成性鉴定⇨终结性鉴定⇨综合评价

课程学习成绩可以由四项内容组成:理论笔试(30%)+技能操作考试(40%)+综合考试(20%)+职业能力(10%)=总成绩(100%)。

理论考试题目类型所占比重

(1)基本题 40%;

(2)综合题 35%;

(3)计算题 15%;

(4)提高题 10%。

**3. 实训考核评价**

实训考核主要由综合能力、职业素养、技能掌握及敬业精神几个部分组成,各部分有不同的权重,考核的具体内容可参考表14-4。

**表 14-4　实训技能考核指标**

| 评级 | 优秀(85~100分) | 良好(70~85分) | 及格(60~70分) | 不及格(<60分) |
|---|---|---|---|---|
| 综合能力25 | 能全面完成综合实训任务，能灵活、正确、综合运用本专业的基础理论，分析问题和解决问题的能力强，在方案设计或实施等某些方面有一定见解(23~25分) | 能较好完成综合实训任务，能综合运用本专业所学知识，分析问题和解决问题的能力强(18~22分) | 能基本完成综合实训任务，所学专业的基础理论知识基本掌握，具备基本分析问题和解决问题的能力(15~18分) | 不能完成综合实训任务(1~15分) |
| 职业素养30 | 技术资料完整、质量较高，考虑全面，论据充分(26~30分) | 技术资料质量较好，结论正确，论据较充分(21~26分) | 技术资料质量合格，方案基本正确(18~21分) | 技术资料有严重错误或漏洞(1~18分) |
| 技能30 | 操作技能好，方案正确，动手能力强(26~30分) | 操作技能较好，方案正确，数据比较可靠(21~26分) | 有一定操作技能，方案基本正确(18~21分) | 操作技能差(1~18分) |
| 敬业精神15 | 在综合实训中，勇于承担任务，完成工作量大(12~15分) | 在综合实训中，工作努力，较好完成工作(9~12分) | 在综合实训中，完成了一定工作量(7~9分) | 在综合实训中，工作不努力，有抄袭(1~7分) |

附注：1. 考试成绩按百分计；2. 总成绩按百分制折算。

## 14.6　课程开发实例——数控应用技术专业"数控机床电气控制"课程的开发

根据前述基于工作过程专业核心课程开发的原则和方法，我们以数控应用技术专业的核心课程"数控机床电气控制"为例，介绍其按工作过程构建的具体思路和方法，图14-4是"数控机床电气控制"课程开发的流程图，根据市场岗位调研，得到岗位需求分析表以及对岗位需求的知识和技能分析，结合国家职业标准的要求，将工作过程的知识和技能归并、梳理、重构和序化，得出课程标准和行动领域，再转换成学习领域、学习情境、学习载体和学习模块，然后进行课程学习的软件和硬件开发，学习资源和学习环境的开发。下面是课程开发详细的过程：

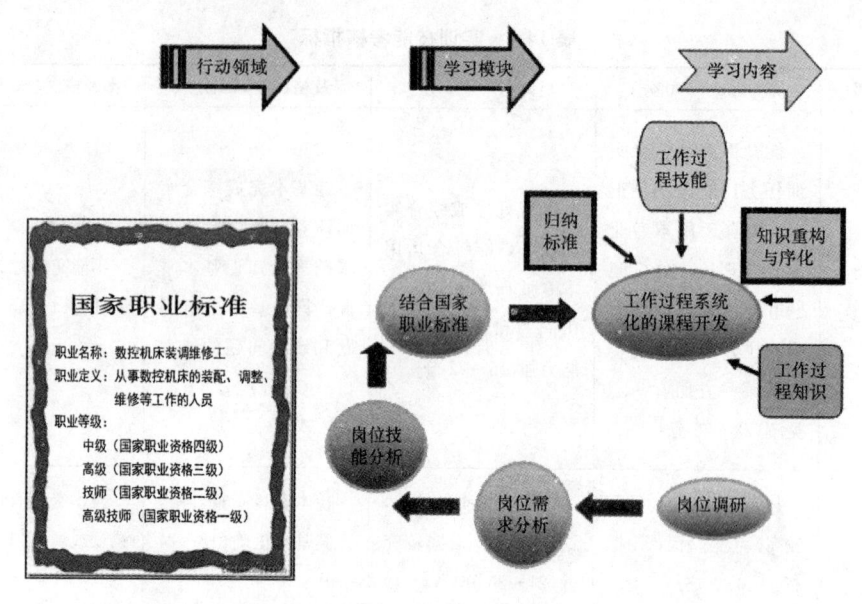

图 14-4 基于工程过程课程开发的流程

### 14.6.1 课程性质与定位

**1. 课程性质**

"数控机床电气控制"(CNC Machine tool electric control)是指数控机床内部涉及电气控制的主要内容，包括数控机床电源控制、主轴驱动电气控制、伺服驱动轴电气控制、刀架驱动控制、操作面板控制及数控机床系统的连接与调试等。"数控机床电气控制"是为数控设备维修专业开设的一门重要的职业技术课，它以数控机床电气控制任务为载体，通过对典型数控机床各个部分的电气控制的连接与调试的学习，达到完成整个数控机床系统的电气控制任务的目的。通过对本课程的学习，使学生掌握数控机床电气系统连接和调试的基本知识和基本技能，并通过工学结合的实践掌握必要的技能和工作能力，为将来成为数控技术专门人才打下基础。

"数控机床电气控制"是数控技术及应用专业与机电一体化专业培养工程技术人才必备的一门专业核心课程，该课程为后续课程数控机床的故障诊断和维修打下基础，是一门理论与实践结合很紧密的课程。

**2. 本课程岗位分析**

(1)数控技术专业岗位群定位在数控机床操作人员、数控加工编程人员、数控机床维修人员、数控加工现场施工人员，直接为企业培养这些岗位的从业人员。办学理念上改变传统的以学科体系为基础的教学思路，与企业、行业专家共同进行基于工作过程系统化课程的开发，明确以"培养高技能水平的能工巧匠"或"能工巧匠型的高职学生"为培养目标，以训练职业能力为本位，在质量评价上，注重学生是否具备适应职业岗位的核心职业能力，包括关键性的技术应用能力及创新、创业能力。

(2)在2010—2011年期间，我们分别对重庆的军工、汽车、摩托车、模具制造厂、机床生产厂等几十家具有代表性的大中小型企业的岗位需求进行了广泛的调研，调研结果显示，大量的数控设备已进入维护和维修的高峰期，急需数控机床电气装调和维修岗位的人员。此外，重庆是全国重要的汽车、摩托车生产基地，大量使用了自动生产线、自动装配线、组合机床、数控机床等先进设备，数控机床维修、数控机床现场施工等高技能人才的需求数量将与日俱增，尤其数控机床安装调试、数控机床维修人才的缺乏尤为严重。此外，提高在生产一线生产、安装、调试、售后服务和运行管理等相关岗位从业人员素质也十分迫切。

**3. 课程内容实施**

前后续课程内容实施本课程标准以前，学生应具有计算机基础、机床电器、数控机床结构、PLC知识、数控编程与操作等基本知识和技能。学生学习完本课程后，通过进一步的学习后续课程"数控机床故障诊断与维修"，能获得数控维修中级工等级证书。

**4. 本课程的定位、课程目标**

本课程在引导学生学习数控机床电气控制的知识和技能、培养学生学习积极性及学习兴趣等方面起着十分重要的作用。通过课程学习，学生能正确认识各种机床电器，对数控机床各个电气系统、主轴电气控制、伺服进给电气控制、刀架伺服电气、数控系统及整机的连接和调试有全面的认识和对技能的掌握，为机床的故障诊断和维修打下基础。

结合数控技术专业的人才培养目标，学生学习完该课程，能完成数控机床的连接和调试。通过进一步的学习，学生可以参加数控维修中级工的认证。根据数控设备应用与维护专业的人才培养方案，结合数控机床装调维修工国家职业标准，进行了岗位技能调研，并与企业专家一起进行岗位技能的分析，针对数控机床装调维修工职业岗位能力的要求，我们进行了工作过程系统化的"数控机床电气控制"课程开发。

**5. 课程开发思路**

数控技术应用专业，专业确定为两个培养方向，一个基于数控编程和加工技术应用方向；另一个偏重于数控设备的故障诊断与维修方向。本课程是作为数控设备的故障诊断与维修专业方向的一门主要专业课程而开设，本课程还是机电一体化、设备维修及机制专业的专业群课程。其前续课程为数控机床结构与调试，后续课程是数控机床故障诊断与维修。自开设本课程以来，主要讲授内容为数控机床常用的低压电器、典型机床电气控制、可编程控制器及其应用、数控机床驱动装置、典型的数控系统等章节知识,并配合典型的实验作为课程学习的实践与知识验证,如表14-5所示。

表14-5 数控机床电气控制课程结构

| 原有教材结构体系 |||||||
|---|---|---|---|---|---|---|
| 1. 数控机床电气控制概述 | 2. 数控机床电气控制基础 | 3. 数控机床常用的低压电器 | 4. 典型机床电气控制 | 5. 可编程控制器及其应用 | 6. 数控机床驱动装置 | 7. 典型的数控系统 |

上述课程结构基本上是传统的学科体系,各章节独立,自成体系,强调知识过程的系统性和逻辑性,学生学习本课程后,总感觉学了一大堆知识,对数控机床的电气控制仍没有一个完整的认识,仍然不会对数控机床电气进行正确的连接和参数调试,一般需要在企业岗位经过一段时间才能胜任工作。总结起来,还是没有遵循职业教育的属性,没有充分体现职业教育的特点:学习就是工作,学习就是生活。

原有的课程教学体系不能适应职业技术教育的要求,应改变和调整原有的课程结构,按职业教育的规律和原则(科学性、情境性和人本性原则)进行重构,并对课程的知识和技能等内容按照真实的工作过程进行重新序化,使其符合学生的认知心理顺序,符合职业岗位(任务)的学习要求。

### 14.6.2 课程开发的理念与实施方案

**1. 行业调研获得典型的工作任务**

2010年至2011年课程组对重庆机床厂、重庆第二机床厂、重庆庆铃汽车集团公司、重庆ABB变压器厂、重庆建设工业(集团)公司、重庆綦江齿轮厂、重庆大江至信模具厂、重庆华俘工业有限公司,澳大利亚NHP公司、HOLDEN公司等十几家企业就数控技术人才需求、人才定位、数控技术岗位群进行了调研,并通过问卷调查、分析,得出数控设备维修专业的主要岗位和典型的职业工作任务。成立学院数控设备维修专业校企教学指导委员会,与行业、企业专家共同制定出"数控机床电气控制"的课程标准(见附录3),将数控设备应用与维护专业对应的岗位及工作任务进行整理和归并,得到职业的岗位群并确定本课程学习的典型工作任务。数控设备应用与维护专业岗位群如下:

(1)数控机床操作人员。

(2)数控加工编程人员。

(3)数控机床电气安装与调试。

# 第14章 基于工作过程的高职专业课程开发研究

(4) 数控机床维修人员。

(5) 数控加工现场施工人员。

对应岗位群的典型工作任务如表 14-6 所示。

**表 14-6 专业典型工作任务**

| 数控设备应用与维护专业方向主要的典型工作任务 | |
|---|---|
| 1. 常用计算机办公软件的使用 | 34. 程序输入、程序监控、程序检测 |
| 2. 计算机网络的使用 | 35. 程序修正、程序优化、程序管理 |
| 3. 常用低压电器元件的使用与拆装 | 36. 设备电气文件的整理及归档 |
| 4. 低压电器元件的参数选择 | 37. 加工中心进给部件电气的调整 |
| 5. 识读电气设备原理图 | 38. 数控加工自动编程 |
| 6. 使用电子绘图软件绘制电气图 | 39. 监测和记录设备运行情况 |
| 7. 手工绘制设备的电气原理及接线图 | 40. 对有故障的设备进行关闭和隔离 |
| 8. 识读电气设备接线图 | 41. 拆除、检查、更换和组装电器元件 |
| 9. 电动机运行控制 | 42. 测试仪器系统和设备的维护 |
| 10. 频率计设计 | 43. 分析和报告测试结果 |
| 11. 万用表装配与调试 | 44. 校准电器元件和设备的参数 |
| 12. 阅读外文数控机床电气说明书 | 45. 找出数控机床电气故障的具体位置 |
| 13. 进口数控机床操作面板的使用 | 46. 修理/更换有故障的电器 |
| 14. 根据客户需要选择机械加工设备 | 47. 主轴电气系统维修 |
| 15. PLC 程序的编制与调试 | 48. 进给传动电气维修 |
| 16. PLC 接口电路的连接 | 49. 刀架系统电气维修 |
| 17. 数控机床电源电路调试 | 50. 数控系统检查维修 |
| 18. 数控机床主轴电气调试 | 51. 位置检测元件检查 |
| 19. 数控机床伺服进给电气调试 | 52. 普通机床的数控化改造与调试 |
| 20. 数控机床刀架电气调试 | 53. 普通机床的 PLC 控制改造与调试 |
| 21. 数控机床面板电气调试 | 54. 电源检查与维修 |
| 22. 数控机床电气系统的连接与调试 | 55. 伺服系统电气维修 |
| 23. 加工中心主轴部件电气的调整 | 56. 工作台驱动电气系统维修 |
| 24. 加工中心的辅助装置电气的调整 | 57. 对设备的运行进行监控 |
| 25. 数控机床面板操作 | 58. 设备电器备件管理、设备建库 |
| 26. 数控加工程序输入 | 59. 编制设备电气维护计划 |
| 27. 数控加工对刀调整 | 60. 制定交接班制度及安全生产制度 |
| 28. 操作数控机床加工零件 | 61. 人事管理及沟通协调 |
| 29. 监控数控设备的运行 | 62. 产品质量控制 |
| 30. 定期对数控设备电气保养 | 63. 生产作业计划编制 |
| 31. 根据客户需要选择数控加工设备 | 64. 生产组织、安排、协调 |
| 32. 数控设备电气系统验收 | 65. 国家电气标准和行业规范的执行与培训 |
| 33. 技术工人的电气知识和技能培训 | 66. 电气技术文件的编写 |

在此基础上，我们通过对大量的市场调研和行业的走访，将调研内容进行整理、归并和排序，全体教师与企业、行业专家、职教专家一起进行论证，确定了上述数控技术专业工作岗位、职责、任务、流程、对象、方法、所需知识、能力和职业素养，确定了数控设备应用与维护专业的人才培养目标：

培养为适应生产、建设、管理、服务第一线需要的德、智、体等方面全面发展的高素质技能型人才，要求毕业生掌握本专业领域方向的技术知识，具备相应实践技能以及较强的实际工作能力，掌握数控机床的工作原理和结构知识，掌握主要数控系统的特点，具有一定数控加工工艺知识，具备数控机床的操作、数控机床编程、CAD/CAM应用、数控机床的机械和电气的调试和数控机床维修能力。能够获得相应的中高级职业资格证书。

**2. 由典型工作任务到行动领域再到学习模块的转换**

行动是指具体的一项任务、动作或工作，领域就是多个任务或工作的集合。典型工作任务首先来自对职业活动的调查和分析，包括行业和企业对该职业的需求分析、职业的具体工作任务分析及岗位操作规范分析等，要弄清楚一个岗位到底要做什么事、有哪些典型的工作任务。学院成立了数控设备应用与维护专业建设委员会，学校的专业教师到企业或请企业的工程师、工艺师、技师、技术人员、车间管理人员等相关人员到学校开座谈会，与会人员对职业岗位的活动进行准确、详细的描述，充分发表意见，座谈可采用头脑风暴法。经过调查，对所用典型工作任务进行研讨、梳理，将不同岗位的职业活动进行分类、归并，抽取共性的内容，归纳出几种典型的职业活动过程，从而得到职业领域或行动领域。

参照国家职业标准"数控机床装调工"电气装调的要求，归类整合出 66 个职业行动领域。其中与数控机床电气维修工和数控机床电气调试密切相关的岗位典型任务、行动领域及学习领域分析见表 14-7。

从职业行动领域分析表可以看出，数控设备应用与维护和数控机床装调工的一项重要职业岗位是对数控机床电气进行连接能和调试控制，在我们归类整合出的 6 个职业行动领域中，具体体现为：数控机床电源电路调试；数控机床主轴电气调试；数控机床伺服进给电气调试；数控机床刀架电气调试；数控机床面板电气调试；数控机床电气系统的连接与调试。学会了对数控机床各个部分的独立连接和调试也就基本达到了本专业的培养目标之一的要求。为此，我们课程建设小组与行业专家和企业课程开发人员共同研讨，将这部分内容归并为一个学习课程："数控机床电气控制"，并将这门课程作为本专业的核心课程进行建设。

职业行动领域分析表：岗位→典型工作任务→行动领域→学习模块总体设计

框架见表14-7。

表14-7 典型工作任务到行动领域和学习领域的转换

| 职业岗位 | 国家职业标准 | 典型工作任务 | 行动领域 | 学习领域（学习课程） |
|---|---|---|---|---|
| 数控机床电气维修工 | 数控机床装调维修工应具备的电气装调知识 (1)电气原理及参数知识。(2)数控机床电气连接知识。(3)数控机床电气调试知识 | A | 行动领域A | 学习领域A |
| | | …… | …… | …… |
| | | …… | …… | …… |
| | | …… | …… | …… |
| | | 数控机床主轴部件的调整<br>数控机床进给部件的调整<br>数控机床辅助装置的调整<br>数控铣床/加工中心主轴部件的调整<br>数控铣床/加工中心进给部件的调整<br>数控铣床/加工中心的辅助装置的调整 | 数控车床机械部件调整与安装 | 数控机床机械部件（构造）的装调 |
| | | PLC程序的编制与调试<br>PLC接口电路的连接<br>普通机床的PLC控制改造与调试 | PLC可编程控制器应用 | 可编程控制器应用 |
| 数控机床电气调试人员…… | | 1. 数控机床电源电气控制与调试<br>2. 数控机床主轴电气控制与调试<br>3. 数控机床伺服电气控制与调试<br>4. 数控机床刀架电气控制与调试<br>5. 数控机床控制面板电气控制<br>6. 数控机床电气系统的连接和安装 | 数控机床电气连接、参数调试、运行调试 | 数控机床电气控制 |
| | | 主轴系统故障诊断与维修<br>进给系统故障诊断与维修<br>数控系统故障诊断与维修<br>位置检测元件故障诊断与维修<br>电源模块故障诊断与维修 | 数控机床维修 | 数控机床故障诊断与维修 |
| …… | …… | …… | …… | …… |
| …… | …… | …… | 行动领域N | 学习领域N |

## "政产学"三重关系在院校建设中的探索与实践

经过学院专业建设委员会、行业专家、企业一线骨干与数控技术专业部分教师一起研讨、确认职业行动领域与岗位群的生产实际的符合程度，得到了专业标准、课程标准建议、专业课程开发评价专家意见表。

根据职业行动领域典型工作任务提出的行动能力，经过数控技术专业建设委员会、数控技术专业其他教师第二次对学生基本情况、培养能力所需的知识和技能等的分析，按照工作任务的逻辑关系设计出本课程的六个学习模块（表14-8）。

表14-8 基于工作过程课程的学习模块

| 行动体系(基于工作过程的教材结构)学习模块 ||||||
|---|---|---|---|---|---|
| 学习模块1：数控机床电源电气控制 | 学习模块2：数控机床主轴电气控制 | 学习模块3：数控机床伺服进给电气控制 | 学习模块4：数控机床刀架电气控制 | 学习模块5：数控机床操作面板电气控制 | 学习模块6：数控机床电气连接与调试控制 |

按基于真实工作任务的知识领域对原学科课程体系进行解构，知识结构以任务为主线，形成圆周结构，所需讲授的内容始终围绕工作任务进行。按数控机床电气控制课程的工作任务的要求设计出六个学习模块，并按学习模块要求重构课程内容，如图14-5所示。形成"资讯→计划→决策→实施→检查→评估"的六步教学法。

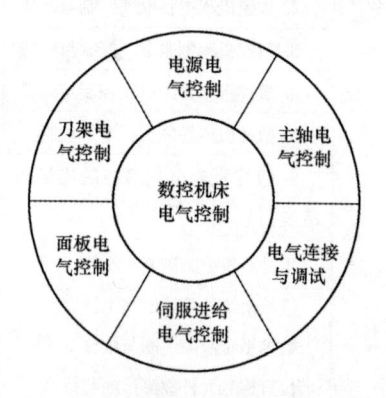

图14-5 基于工作过程的圆周结构知识体系

通过上述对基于工作过程"数控机床电气控制"课程的重构与序化，新课程体系的主要优点如下：

(1)行动体系的教材是基于生产过程为基础的知识重构,是对学科体系知识构成的一种解构,打乱其排序,并按生产过程的要求重排知识的顺序,所用的知识是围绕一个具体的完整的工作、任务、项目、产品等载体来组织学习内容。工作任务是由简单到复杂,循序渐进。

(2)行动导向课程将知识、技能、实践与具体的工作任务有机结合,学生通过基于产品生产过程的学习,直接学会了生产过程的知识和技能,而不是理论上的生产知识,学生的实习和实践就是制作一个具体的产品或项目,使毕业生能够与工作岗位零距离的接轨,充分体现了职业教育的特点:工作就是学习,学习就是生活。

(3)学科体系的知识结构是以陈述性知识为主,教材内容组织按概念、理解、事实性和论证性规律编排,注重前后逻辑和单向思维,学习是为了储存知识。行动体系的知识是以过程性知识为主,教材内容组织按与生产过程有关的经验层面(技能)和策略层面(方法)编排,学习知识的目的在于应用。

**3. 课程学习领域方案设计**

基于认识论和方法论,以工作过程的顺序确立来培养学生所需要的知识和技能,按照工作任务的逻辑关系设计学习领域方案。数控技术专业教师和课程开发专家一起,以数控机床维修的工作过程来确立维修的能力和知识点,形成以工作任务为导向的职业能力体系。学习领域整体方案设计思路由学习领域方案设计、学习模块设计及教学设计等组成。

按照职业工作过程的知识结构和序化要求重新设计课程方案,通过一个个典型、具体、具有真实性的工作背景的工作任务来实施,以工作过程任务为中心来组织技术理论知识和技术实践知识,按照从实践到理论的顺序组织每一个知识点,学生通过完成工作任务的过程来学习相关知识,学与做融为一体,实现实践技能与理论知识的整合,培养高职学生的职业综合能力。

(1)由职业活动分析确定行动领域。

行业和企业对职业的需求、职业的具体工作任务及岗位操作规范等进行分析,弄清楚一个岗位到底要做什么事,有哪些典型的工作任务。

(2)从行动领域建构学习模块。

在归纳出的行动领域基础上,由专业教师将典型的职业活动进行分类,并按教学论要求对职业行动领域归并出学习模块,也就是将行动任务领域归纳为具体的一门门课程,确定专业的学习框架,使每一个职业活动对应相应的知识和技能,这些知识和技能与职业活动密切相关。学生通过对这些具体的课程学习,学会典型的工作任务，图14-6是数控机床电气控制与调试学习领域所涉及的典型工作任务的转换过程。

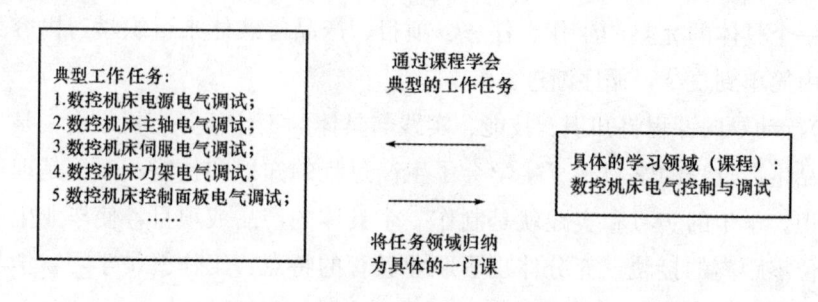

**图14-6 典型工作任务对应的学习领域**

以专业的职业能力（工作任务）为核心，分三级学习目标开展教学设计。一级目标确定学习领域；二级目标完成学习领域方案和学习模块的划分；三级学习目标完成学习模块设计和教学设计。具体实施过程如图14-7所示。

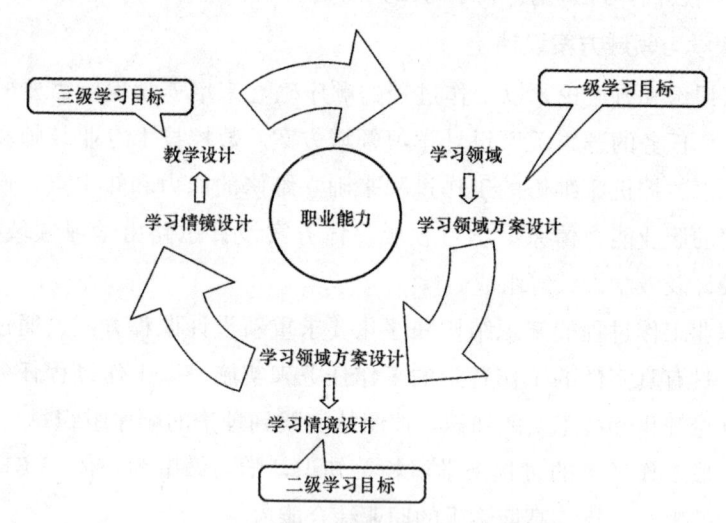

**图14-7 课程开发的三级学习目标**

(3)由学习领域开发学习模块。

学习模块是学习领域的具体表现，是与本职业紧密相关的职业工作任务、生计和社会模块在教学过程中的具体反映，主要通过案例、模拟及角色扮演等学习模块来实现，可根据具体情况灵活应用。根据职业活动学习领域的要求开发与之相应的学习模块，教师将与学习领域相关的知识遴选（重构）出来并进行结构编排和设计（序化），制定课程标准，编写教材（学习活动单元和学习任务）、设计教学和学习评估反馈表等。学习模块的具体体现是学习载体，学习载体选择必须是典型的产品、任务、项目或具体的工作,要求按学生认知的心理过程由简单到复杂,由单一到综合,每个学习模块的教学应是一个完整的工作过程,并按照"资讯→计划→决策→实施→检查→评估"六个环节来组织和设计教学。

### 14.6.3 教学内容的针对性与适用性

本课程的学习内容以学院数控设备应用与维护专业的人才培养方案确定的数控机床电气控制课程的学习领域为依据,根据国家中高级数控机床装调试维修工的职业能力标准,同时参照数控机床电气控制所涉及的典型工作任务确定学习内容。本课程选取典型数控机床的电气系统为载体,通过对数控机床电气系统各个任务的学习,达到典型工作任务所要求的知识和能力。

**1. 学习内容选择的依据**

学习内容是针对工作过程性知识进行选择,主要解决"怎么做"和"怎么做得更好"的问题,以工作过程为坐标系,实施"工作本位"的学习,"工—学"结合是培养职业型人才的一条主要途径。获取与职业工作过程紧密相关的知识才是最有用的知识,"数控机床电气控制"课程内容的选取和内容的序化,要有利于学生通过课程学习尽可能地获取与工作过程有关的经验和策略。能力为本位的培养目标,是课程内容定位的方向。

**2. 课程内容选择的原则**

课程内容的选择遵循三个原则:
(1)科学性原则。
(2)情境性原则。
(3)人本性原则。

科学性原则强调的是将课程内容置于科学体系之中,它是以获得理论知识为目标;情境性原则强调的是将课程内容置于行动体系之中,它是以获得经验知识为目标,在课程学习内容的选取上以情境性原则为主,科学性原则为辅;人本性原则是实现教育根本目标的保证,无论是科学性原则获得理论知识,还是情境性原则获得经验知识,都只有经过人本性原则的内化,才能转化为个体的能力。

以主轴学习模块为例,首先经过行业和企业调研、课程组论证,确定数控机床主轴电气控制的主要学习内容,然后根据知识和技能的要求确定学习知识点和技能点,最后依据上述三个原则,将科学性、情境性、人本性溶于教学和实践中。具体内容如表14-9所示。

表 14-9　学习模块与相应的知识和技能要求

| 学习模块 | 单元学习任务 | 知识要求 | 技能要求 | 学时分配 |
| --- | --- | --- | --- | --- |
| 学习模块2 数控主轴电气控制 | 1. 主轴变频系统的连接 | 变频器介绍、结构、接线端子功能，与电源、数控装置及电动机的连接 | 数控机床主轴变频器的连接 | 20 |
| | 2. 主轴变频器调速控制 | 变频器调速参数的设置、主轴的启停、速度控制、PLC控制 | 变频器调速参数的设置 | |
| | 3. 主轴定向控制 | 主轴定向控制的实现，PLC梯形图的设计 | 主轴定向控制的调试 | |
| | 4. 主轴编码器控制 | 主轴编码器及其应用(螺纹加工) | 主轴编码器安装与调试 | |

(1)教学工具与媒体条件(学习情境设计)：数控机床实训基地(数控车床、数控铣床、加工中心)，学习环境真实安全，各种设施设备齐全；专用工具、多媒体教学设备、教学课件、软件、视频教学资料、网络教学资源、任务工作、技术文件齐全。

(2)学生已有基础(学习以人为本)：学生先期能力的认知，熟悉职场健康安全、职场工具的使用等知识，熟悉数控机床构造、电工电子技术、计算机基础、PLC可编程控制器及数控机床编程与操作等技能。

(3)教师执教能力要求(学习的科学性原则)：教师具有数控机床实际操作能力，能进行数控机床电气控制电路和电器元件的调试演示，能够正确、及时处理学生因误操作产生的相关故障，能根据教学法设计教学情境，组织小组进行学习与讨论，能根据设计的教学情境实施教学，完成讲解、示范、指导、反馈和评价等环节的教学过程。

**3. 课程内容选择的思路**

无论是数控设备生产厂，还是数控设备的使用企业，其数控设备的种类有上百种，选择哪些类型的数控设备作为数控机床电气控制课程的教学对象，值得我们深思。课程选择的基本思路：一是要与本地区及周边区域的职业教育现状相适应；二是要结合地区企业产品使用的实际情况。课程开发团队要认真研究企业的设备台账，统计分析企业中数控车床、数控铣床及加工中心的生产率和使用率，归纳这些数控设备使用的典型电气控制部件，由此确定哪几种数控电气设备作为课程的学习平台，通常选择最常用、最常见、最实用、覆盖面广的机床厂家的产品作为课程学习的载体。本例选用了重庆第二机床厂生产的 CK6132 数控车床和 XK713 数控铣床为学习载体，选定 FANUC 和 SIMENS 数控系统和 PLC 可编程器作为数控机床电气的典型系统，这样的课程内容既服务于地方经济，满足企业的需要，也便于教学活动的开展。

**4. 学习载体的选取**

载体选择得恰当与否，直接关系到教与学的组织和实施，学习载体一定要具有典型性和实用性。本课程可采用的方案：①可用数控机床的类型作为载体；②以数控机床的电气部件作为载体；③还可以用组件＋产品作为载体。我们结合企业的实际工作过程，与校外专家、企业行业专家一起做了十几次研讨论证，其目的就是优化方案，使我们的课程设计方案既能满足重庆地区企业职业任务工作的需求，又符合教学载体选择的一致性要求，更要有可操作性和执行性，我们以列表的方式对三种方案反复的进行比较分析，最终选择了最佳的一个方案：以数控机床的电气部件＋机床产品为学习载体。

机床产品选用重庆第二机床厂生产的数控车和数控铣床，电气部件就是组成这些数控设备的各个电气部件。通过论证和优化，较好地解决了学习载体选择的问题。由数控机床电气部件构成的学习情境(学习模块)组成了学习数控机床电气控制的完整任务，具体的学习内容见图 14-8。

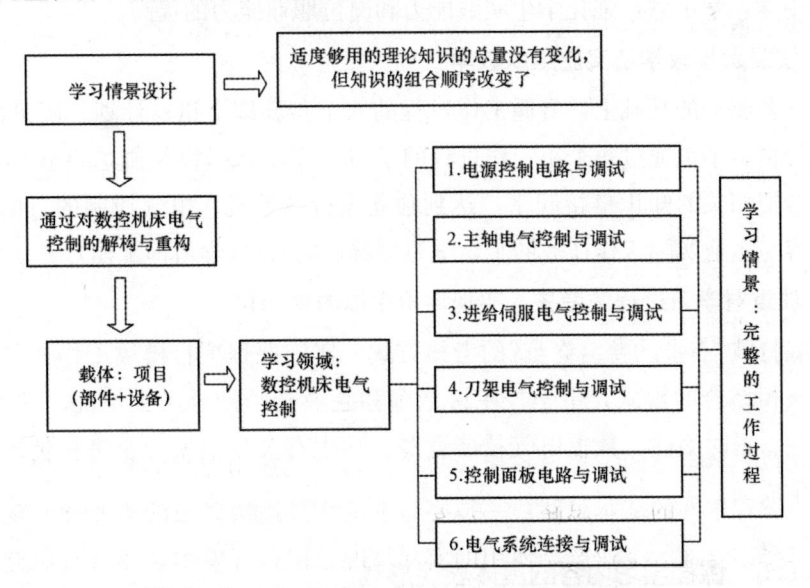

图 14-8 数控机床电气控制课程的学习情景划分

### 14.6.4 教学内容的设计与组织

**1. 每一个学习模块都是一个典型的工作任务**

课程内容由六个学习模块和若干个学习任务组成，每一个学习模块都是一个典型的工作任务，在完成工作任务的过程中，学生掌握了数控机床电气控制的理论知识和操作技能要求。

**2. 学习模块按照"工作任务由简单到复杂"这一主线来划分**

课程按数控机床电气控制的难易程度来划分，每一个学习模块按照"工作任务由简单到复杂"这一主线来进行。逐步提高学生的综合能力。如在学习模块3中设计了两个工作任务，工作任务由简单的步进电机伺服进给电气控制任务1开始，到较复杂的交流电机伺服进给电气控制任务2。通过课程六个模块的学习和技能训练，学生逐步掌握数控机床电气控制的理论知识和操作技能要求，基本达到国家数控机床装调工职业资格。

**3. 充分利用学校和企业的两种资源**

学校专职教师与企业兼职教师教学相结合，在数控加工与编程中采用现代多媒体教学与企业现场实践教学相结合，注重学做结合，边讲边学，"教"与"学"互动，做中学，学中做，强化学生实践能力和岗位职业能力的提高。

**4. 按照六步教学法实施组织教学**

在任务驱动的基础上，遵循工作过程的六个步骤即资讯、计划、决策、实施、检查、评估。学生通过每个小工作过程的学习，逐步掌握相对独立的小工作过程，最后综合把相关的知识链接起来，达到独立进行数控机床电气控制的目的。做到学习内容与企业实际工作任务同步，学习与就业的同步（学习即工作）。

**5. 注重对学习过程的考核，实现评价主体的多元化**

彻底打破"一张试卷定终身"的考核方式，实施课程项目模块工作任务单独自测与考核相结合的模式，由学校主讲老师和企业老师结合考勤情况、学习态度、学生作业、平时测验、数控电气技能竞赛、学生有关顶岗实习及考核情况，综合评定学生成绩。

### 14.6.5 课程学习内容的具体表现形式

**1. 学习内容**

本课程的前续课程是"电工电子技术基础""微机原理与接口技术""PLC可编程

控制器原理及应用""数控机床机械结构与调试",后续课程是"数控机床故障诊断与维修""岗位实训与毕业实习"。在前面课程的基础上,通过对本课程的学习,为"数控机床故障诊断与维修"课程的学习和岗位实习打下基础,其对应的学习内容如下:

模块一、数控机床电源电气控制

主要学习内容:

(1)数控机床电源电气电路构成;

(2)各种基本电器介绍、伺服变压器;

(3)电源变压器;

(4)开关电源。

模块二、数控机床主轴电气控制

主要学习内容:

(1)变频器介绍、结构、接线端子功能;

(2)电源、数控装置及电动机的连接变频器调速参数的设置;

(3)主轴的启停、速度控制、PLC控制主轴定向控制的实现;

(4)PLC梯形图主轴编码器及其应用(螺纹加工)。

模块三、数控机床进给电气控制

主要学习内容:

任务1:步进电动机进给电气控制

(1)步进电机工作原理;

(2)与控制系统、驱动器的连接;

(3)步进电机工作参数的设置、位置和速度控制数控系统、驱动器。

任务2:交流电动机进给电气控制

(1)交流电动机的简单原理;

(2)变频器结构、各个接线端子意义;

(3)变频器参数的设置、速度控制过程;

(4)变频调速参数设置与调试位置控制过程;

(5)位置检测、参数设置与调试;

(6)编码器、光栅尺、感应同步器。

模块四、数控机床刀架电气控制

主要学习内容:

(1)转位刀架的换刀过程;

(2)与数控装置的连接手动换刀信号传递；

(3)刀具的识别，PLC梯形图自动换刀信号的控制过程；

(4)PLC梯形图设计。

模块五、数控机床面板电气控制

主要学习内容：

(1)数控机床面板电气控制实现的方法；

(2)数控机床操作面板电气控制；

(3)数控机床控制面板电气控制；

(4)自动控制、主轴正反转电气与实现；

(5)回参考点等控制键的实现。

模块六、数控机床电气系统连接与调试

主要学习内容：

(1)数控机床电气系统的组成与连接；

(2)数控机床电气系统的参数设置；

(3)数控机床电气系统的运行调试；

(4)数控机床电气系统的维护。

课程的学习领域、学习模块及学时分配及安排见图14-9。

| 学习领域 | 学习载体的选择 | 学习情境 | 载体：项目(部件+设备) |
|---|---|---|---|
| 学习领域 | 数控机床电气控制 | 1.数控机床电源控制与调试 | 10学时 |
| | | 2.数控机床主轴电气控制与调试 | 18学时 |
| | | 3.数控机床进给伺服电气控制 | 23学时 |
| | | 4.数控机床刀架电气控制 | 12学时 |
| | | 5.数控机床面板控制电气控制 | 11学时 |
| | | 6.数控机床系统连接与调试 | 11学时 |

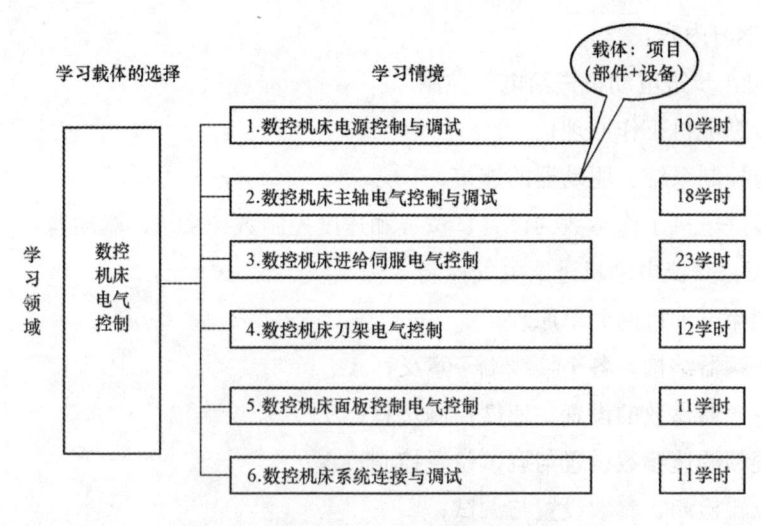

图14-9 学习领域、学习情景及学时分配

## 2. 教学内容的具体表现形式

教学内容的具体表现形式：

(1)"数控机床电气控制"学习能力标准；

(2)"数控机床电气控制"学习实施计划；

(3)"数控机床电气控制"学习鉴定计划和鉴定工具；

(4)"数控机床电气控制"学习评估工具；

(5)"数控机床电气控制"学习风格调查问卷；

(6)"数控机床电气控制"学习教学材料；

(7)"数控机床电气控制"学习指南；

(8)"数控机床电气控制"教学课件；

(9)"数控机床电气控制"学习题库；

(10)"数控机床电气控制"学习教学录像；

(11)"数控机床电气控制"网上学习资源。

下面以数控机床主轴电气控制学习实施计划为例，展示学习内容的具体表现（表14-10）。

**表 14-10 学习实施计划模板**

| | | |
|---|---|---|
| 任务学习过程计划 | 学习模块描述：<br>认识数控车床的主轴控制电路组成与连接、主轴电动机构造、变频器的性能与结构、参数与调试，主轴速度控制与定位，主轴的 PLC 控制实现 | |
| | 具体任务的设置：<br>1. 主轴变频系统的连接(变频器介绍、结构、接线端子功能，与电源、数控装置及电动机的连接)<br>2. 主轴变频器调速控制(变频器调速参数的设置、主轴的启停、速度控制、PLC 控制)<br>3. 主轴定向控制(主轴定向控制的实现，PLC 梯形图)<br>4. 主轴编码器控制(主轴编码器及其应用(螺纹加工)) | |
| | 培养能力的目标：<br>1. 能够正确完成数控车床主轴电气控制电路的连接；<br>2. 能正确设置主轴变频器的工作参数并进行简单的调试；<br>3. 学会主轴定向控制的安装与调试<br>4. 主轴编码器安装与调试 | |
| | 专业技术内容：<br>资料查阅、电工电子技术、PLC 控制器应用、微机原理与接口技术、数控机床结构 | 教学论与方法论建议：<br>基于工作任务的教学设计，讨论教学与现场教学结合 |
| | 学习小组的行动阶段： | 方法、媒介和环境： |

续表

| | | | |
|---|---|---|---|
| 任务学习过程计划 | 任务引入 | 1. 通过数控机床的主轴控制电路的组成引入学习<br>2. 数控机床主轴变频调速的功能和参数<br>3. 根据学习和掌握 CK6130 数控车床电源主电路和控制电路的要求，按学生已有的知识和能力水平，制定学习方法，并分析满足学生学习要求的可能性及限制因素 | 讨论、交流<br>数控车床主轴控制电路说明书、学习指导书、实验指导书、习题集及电子教学课件，安全的工作环境，创造平等参与的学习条件 |
| | 任务分析 | 按照 CK6130 数控车床电源主电路和控制电路的图要求，制定教学方法及学习策略，实训方案。采用课题的分析和引入、相关知识学习、任务实施、实训环节的"学—练"结合的教学过程 | 现场教学，讨论、交流<br>机床电源说明书，学习指导书，实验指导书、习题集及电子教学课件<br>安全的工作环境，创造平等参与的学习条件 |
| | 实施工作计划 | 对学生以往知识和先前能力进行鉴定，制订完成时间计划<br>1. 正确地读识数控机床电源电路图；<br>2. 分析数控机床电源电路组成电器的功能和主要参数；<br>3. 正确连接数控机床控制电源电路回路和调试；<br>4. 正确绘制数控机床电源控制的原理图 | 1. 讨论、小组讨论、讲—练结合<br>2. 安全的工作环境<br>3. 公平参与的原则<br>4. 机床电源说明书，学习指导书，实验指导书、习题集及电子教学课件<br>5. 教学课件 |
| | 检查任务完成 | 按照工作要求，进行自检、互检、终检 | 技能展示、小组讨论、习题集、学习指导书互相检查安全的工作环境 |
| | 对任务进行评估 | 对工作任务的完成情况进行评估与反馈 | 工作任务单、观察清单、问题清单 |

其他的各种教学内容表现形式见图 14-10。

### 14.6.6 教学方法与教学手段设计

**1. 教学模式的设计与创新**

数控机床电气控制课程教学改革的一个重要的立足点，就是要使学习过程与

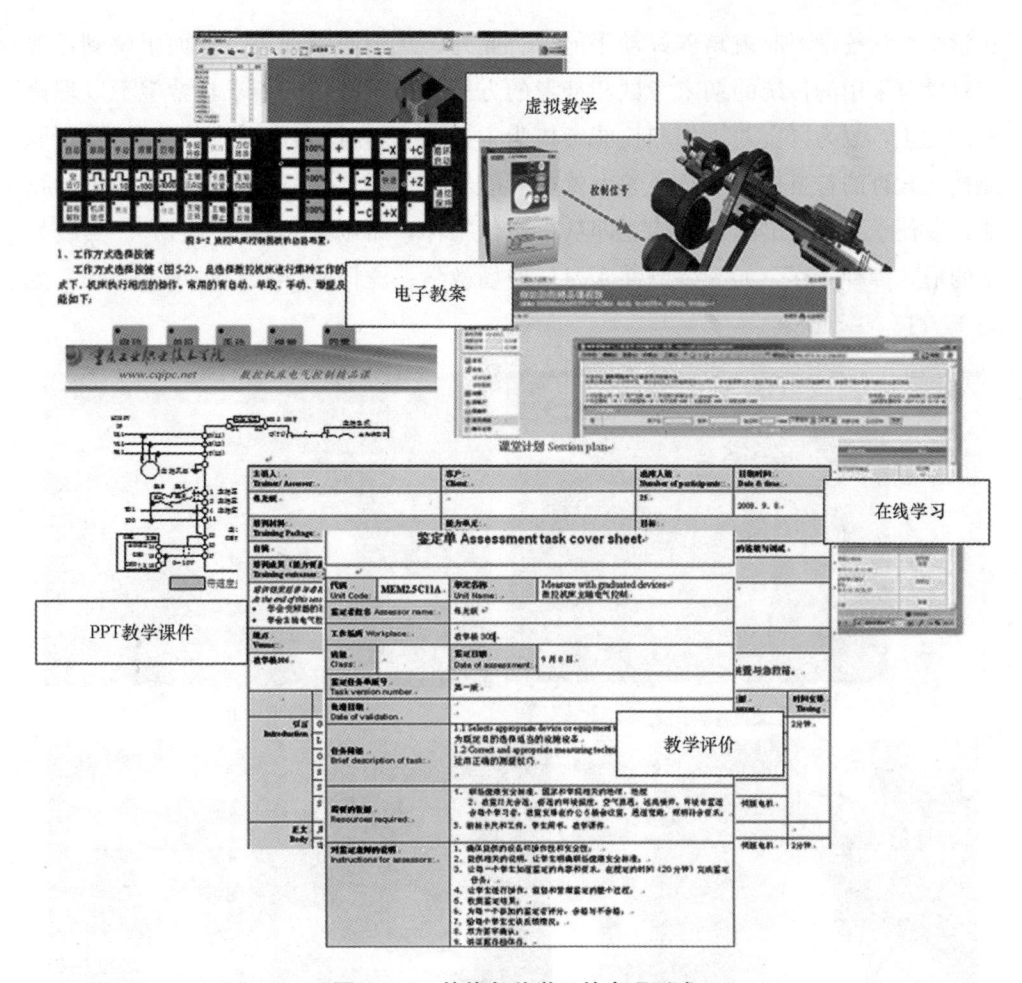

第14章 基于工作过程的高职专业课程开发研究

图 14-10 其他各种学习的表现形式

整个工作过程高度一致，学习项目都以任务为驱动，遵循工作过程的六个步骤，即资讯、计划、决策、实施、检查、评估，做到学习内容与企业实际工作任务同步，学习与就业同步（学习即工作）。课程的教学实施应始终围绕职业教育的特点，就是要让学生学会与工作任务有关的职业知识和技能。教学改革的出发点也应是围绕学生将来的就业岗位任务积极探索可行的教学方法和教学策略。下面是我们在近几年教改探索出的行之有效的方法：

以实践为主，理论讲授为辅的教学方法。

学习"数控机床电气控制"课程的知识和技能，最终要落实到学生的动手能力和技能的培养上。从企业调研了解到，对高职学生而言，课程的理论可以少讲，一些验证性的实验尽量不做，应选用一些具有实用背景的技能性实验让学生练习，

## "政产学"三重关系在院校建设中的探索与实践

让学生在学校学习时就培养好动手能力。此外，从企业管理人员方面了解到，他们对学校采用的传统的期末考试和补考的方式提出了改革的要求，希望不以理论考试为主，改为以实践操作和技能考核为主（我们已在探索此项改革的方法）。职业技术教育的首要任务是教会学生就业后能尽快掌握工作所需要的基本知识和技能，以便学生在走出学校后能立即从事岗位工作，缩短就业的"不应期"。实践教学的形式多种多样，如有生产性实习、现场教学、虚拟教学以及讲练结合等，见图14-11。

虚拟教学 　　　　　　　　　　　　生产性实习

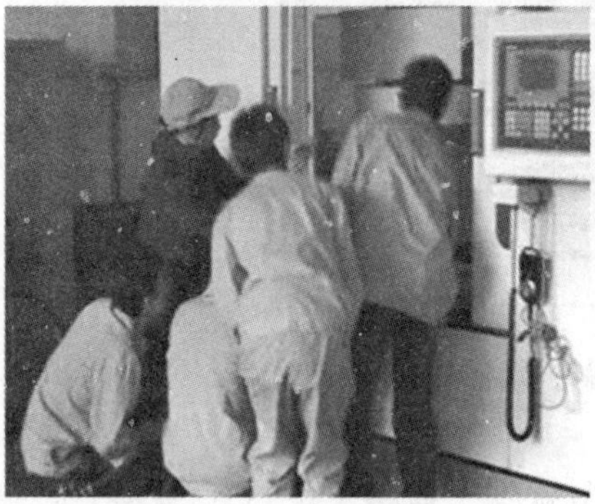

现场教学 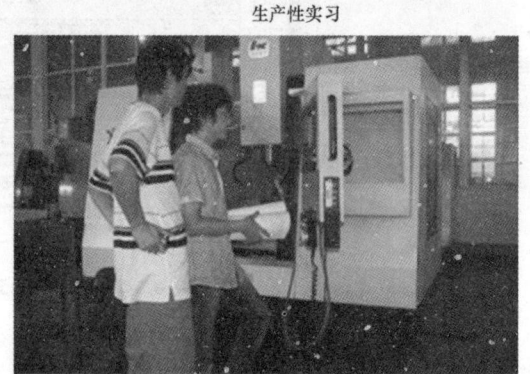　　　　　　　　　　　　讲练结合

图 14-11　实践教学方式

职业教育的特点不仅是向学生传授知识和技能，更重要的是培养学生的能力。职业教育应以培养学生的能力为主要目标，同样在职业教育各类课程的教学中，也应注重对学生能力的培养。"数控机床电气控制"课程中许多知识和技能属于操作性范畴，不能仅靠讲授学习，而应在做中学习。能力是训练出来的，不是讲授出来的。我们过去在讲授"数控机床电气控制"课程时，教学设计习惯按照统一不变的模式进行，先讲知识、概念，然后举例说明，验证知识。整个教学过程是围绕知识的讲解作努力，以教师讲授为中心。比如，像低压电器、数控机床电气线

路连接和故障分析与排除、PLC 技术应用、典型数控系统的连接与调试及伺服驱动控制的参数调试等课程是属于知识点与技能点并举，实践性很强，如仍然在课堂上对理论知识进行分析、讲授，而不到现场教学，就像在黑板上开机器，结果老师费尽力气讲，而学生还是听不明白。这些内容如果是采用现场教学，学生大多能较快地理解和掌握。

自 2010 年以来，我院加强了实训设备建设，在教学计划中增加了实践课的比例，在此基础上，我们逐渐将"数控机床电气控制"课程的教学方法改为以实践教学为主，课堂讲授为辅的方式，教学地点主要安排在距实习、实训场地比较近的教室进行，以任务和项目训练的方法来帮助学生学习。

在教学设计中：
(1)首先要制定能力目标和任务目标，提出任务要求；
(2)讲解完成任务的方法，老师示范，教学生动手做；
(3)以学生为中心，讲、练结合，教学过程需要教师和学生积极配合，师生双向互动；
(4)教师的教学不再是传统单向知识的传授，教师的角色要从知识的传授者转变成为教学组织者、问题咨询者、参与者、教练角色与技术指导角色，真正实现教学主体由教师向学生的转变，由教学行为向学习行为转变。

实施效果：
(1)学生通过真实的工作任务，体验了真实的工作过程，目的明确，针对性强，技能提高明显。
(2)在整个工作过程中，教师只是引导者，可充分发挥学生的主观能动性，提高其创新意识。

**2. 教学内容按职业活动构建**

"数控机床电气控制"课程教学内容改革的一个重要方向，是在教学中围绕职业岗位和职业领域所需要的职业活动来组织教材和进行教学，打破传统的三部分知识结构(即基础知识、技术知识和专业知识)和学科知识教学的"平行结构"的内容体系。按照"职业活动领域——学习领域——学习内容"的构架来组织教学知识。这种知识构架以职业活动、项目和任务为中心来构建，称为"圆周结构"，凡是与工作任务有关的知识都按圆周排列，都纳入教学中，无关的知识尽量不讲，使教学讲授的内容构建从"平行结构"向"圆周结构"转变。按照这种思路，"数控机床电气控制"课程讲授的重点应围绕数控机床的电气控制这一任务来开展和组织教学内容，而不能按学科体系面面都讲。典型 CNC 系统、机床电气与控制电路、伺服控制系统、数控机床维护技术、PLC控制技术、检测装置等知识和技能就是围绕学生掌握数控机床电气控制所必需的学习内容而展开的，而一些相关的理论性强的内容，如自动控制技术、电机拖动控制及微机原理等内容可以不讲。通过对课程内容结构的调整，学生在学习中不再只是教学的受体而是学习的主体，学习是一种重要的个体行动。因此，构建以"岗位—任务"式的教学内容结构，是学好数控机床电气控制的关键。

**3. 强化教育技术和实训的教学手段**

教学手段的改革主要通过采用现代化教学工具和加强实践动手能力来实施。

利用多媒体课件和教学光盘进行"数控机床电气控制"课程的教学，可以使教学生动、形象，提高学生学习兴趣。过去学生在学习"数控机床电气控制"课程时，普遍感觉这门课枯燥、空洞、难学。为了解决学生学习抽象的问题，可以将学院实验、实训基地向学生开放，学生可以随时到实训场地进行训练和操作（图14-12）。此外，采用多媒体和教学光盘组织教学，同时将教师授课的电子教案提供给学生复习用，使教学直观、形象，大大激发了学生的学习热情，使他们感觉易懂、易学，而且实用，渐渐对"数控机床电气控制"产生浓厚的兴趣，学好这门课也就不是难事了。

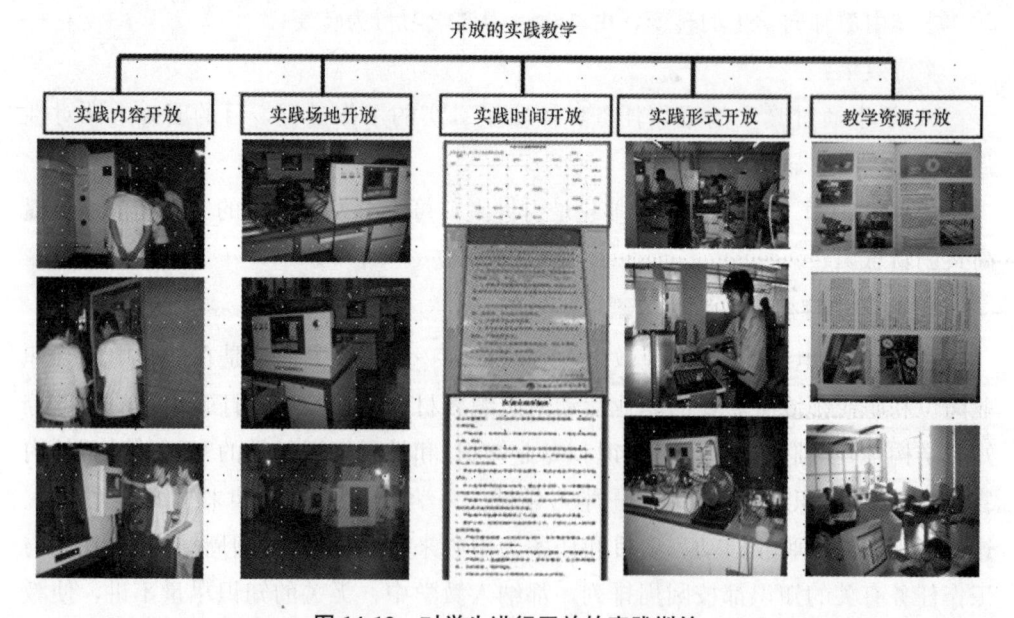

图14-12　对学生进行开放的实践训练

## 第14章 基于工作过程的高职专业课程开发研究

**4. 课程成绩评定重视学习过程**

课程成绩评定改革的基本思路是注重学习的过程，就是要强调对学生学习过程的控制作用，用学习的过程成绩来代替期末考试，调动老师和学生积极性，将"试题"转变为"试能"，达到使学生真正掌握知识和技能的目的。我们主要采取"任务法"对学生学习"数控机床电气控制"课程后进行成绩评定，用具有实用背景的任务全面评估学生学到了什么知识和技能。课程成绩可以由四项内容组成：理论笔试(30%)+技能操作考试(40%)+综合考试(20%)+职业能力(10%)=总成绩(100%)。

(1) 笔试。主要考核学生对本课程基本理论知识的掌握情况，试卷可以采用从试题库中随机抽取的办法，这样真正做到"教考分离"；

(2) 实训操作。主要考核学生关于数控机床电气控制的基本操作技能，采用现场考核，可以分成几次完成，每次都有考核记分；

(3) 综合实训。让每个学生独立完成典型数控系统的连接、调试和设置一些简单但重要的参数，机床电路的连接和调试等综合运用知识和技能的操作，本项目要现场进行；

(4) 职业能力。主要考核学生学习态度、敬业精神和从业能力，职业能力的考核贯穿于整个课程学习中。按照任务进程分段进行考核，实现对每个教学单元的目标控制和过程管理，具体考核方式根据任务性质变化，灵活使用闭卷笔试、开卷笔试、口试、实验考核、实操技能考核等形式；考核标准参照国家职业技能标准，贴近生产实际。具体考核方式根据任务性质变化，灵活使用闭卷笔试、开卷笔试、口试、实验考核、实操技能考核等形式。

**5. 个性化的教学资源建设**

为了配合工作导向课程体系教学的实施，院校加强了个性化教学资源的建设，包括多媒体课件、网络课程、多媒体素材、网络资源、仿真与虚拟现实等。信息化教学设计强调利用各种信息资源来支持"学"而非支持"教"；学生可以根据自己的兴趣和学习方式灵活选择学习资源，强调"协作学习"，资源共享；以"任务驱动"和"问题解决"作为学习和活动的主线，在具体意义的情境中确定和教授学习策略与技能。在个性化学习中，学生可以自定学习内容和学习方法，不要求统一的进度，能较好地解决因材施教的问题，激发学生的学习兴趣。个性化教学资源以学生为中心，学习自主化和个别化、活动合作化、环境虚拟化，配合工学结合的教材、企业背景的教师团队及生产性的实训环境，使工作导向的数控机床电气控制课程教学由必要变成可行。

## "政产学"三重关系在院校建设中的探索与实践

### 6. 基于"岗位—工作任务"的六步教学

通过具体的工作任务，使学生更加明确工作过程中对应的工作能力。通过各项工作任务的完成，使学生具备了电气设备控制与检修所对应的工作能力。六步教学法实施过程见表 14-11。

**表 14-11　六步教学法的具体内容**

| | 六步教学法实施过程 |
|---|---|
| 资讯 | 由教师提出有关工作任务的信息，同时学生通过翻阅资料分析任务，寻求完成工作任务的条件 |
| 决策 | 通过寻求完成工作任务的条件以及现有的条件来确定不同的方案。教师参与其中，及时做出辅导 |
| 计划 | 制订完成任务的具体计划方案（包括各种资源和环节条件） |
| 实施 | 根据选定的方案和计划，正确选取仪表、工具和设备来完成工作任务，运用所学的知识和技能完成任务 |
| 检查 | 对完成的工作任务，学生要自己检查、评估，发现问题，及时处理 |
| 评估 | 首先由学生自己做出评估，然后教师和学生进行交流反馈，共同做出评估意见，并制定下一步实施的方案 |

按照六步教学法的原理，对数控机床电气控制课程教学设计如表 14-12 所示。

**表 14-12　六步教学法的实施步骤**

| 工作过程（教学过程） | 工作任务 | 相关的理论和实践知识 |
|---|---|---|
| 资讯 | 数控机床电气连接与调试任务信息收集，一台典型数控机床的各种资料，控制要求，数控机床正常工作电气参数调试的信息资料等 | 电子识图与绘图、电气工程标准、电器元件的识别与参数、实训 |
| 决策 | 选择数控铣床或数控车床，从六条线路（学习模块：电源、主轴、伺服驱动、刀架、面板、系统等）学习数控机床的电气控制与调试 | 电工、电子技术及实训，计算机基础，PLC 控制实训，微机原理 |
| 计划 | 为每个学习模块制订实施计划：教学目标、任务的引入（资讯）、任务的分析（计划、决策）、基于工作过程的相关知识、任务的实施、任务的评估及任务的实训巩固练习等环节组成 | 计划、管理的基础知识，技术与经济的关系，项目实训计划 |

续表

| 工作过程<br>（教学过程） | 工作任务 | 相关的理论<br>和实践知识 |
| --- | --- | --- |
| 实施 | 调试准备（领取工具、电器元件），实施数控机床电气连接和参数调试连接前的检查，工具、仪表的使用与维护。数控机床电气调试的步骤，运行参数设置，实施过程的监控，元件的日常维护，安全操作与劳动保护知识，文明生产和环境保护知识 | 电工、电子操作基础知识，数控机床电气连接与调试的工艺及规范，职业道德，安全操作规程 |
| 检查 | 连接调试的检查：连接的质量和准确性、参数调试的正确性，出现问题的原因，解决的方法及预防措施 | 电子产品制作工艺，装配工艺基础知识，质量管理，检验知识 |
| 评估 | 首先由学生对自己工作过程做出评估，然后教师和学生进行交流，共同做出评估意见，并按反馈意见进行修改，达到合格 | 评估与反馈，重新制订改进计划 |

**7. 多种教学方法的运用**

数控机床电气控制课程教学方法设计的基本思路是以工作过程为向导，灵活应用多种教学方法，切实提高学生能力。每一个工作就是一项具体的行动化学习任务，做到教学过程与工作过程的结合，做到学生心理过程与行动过程的一体，融"教、学、做"为一体，融技能、态度和情感为一体。在实践中我们主要采用以下几种教学方法。

(1)项目教学法。

项目教学是一种将具体的项目或任务交给学生自己完成的教学方法，学生在收集信息、设计方案、实施方案、完成任务中学习和掌握知识，形成技能。实践性强的专业和课程都适合这种教学方法。我们根据数控机床电气控制课程的需要，设计了10个小工作项目，每个小工作项目涵盖了学习模块的相关知识，而小工作项目都以任务驱动。

(2)工作过程导向的学习教学。

对于每一个工作过程，在项目驱动的基础上，遵循工作过程的六个步骤进行，即学习过程分为任务分析(咨询)、方案制定(计划)、实施任务措施(决策)、实施操作步骤(实施)、完成情况评估(检查)、反馈教学信息(评估)。对每一项教学任务，都从"任务引入""任务分析""任务实施""任务评估"几方面加以阐述，确保学生学以致用。将整个工作过程的六个步骤涵盖在学习过程中。

(3)讨论式教学。

在课题上,当学生掌握一定的维修知识后,在教学中设置如机床不能会参考点和机床回参考点不正确等容易出现的故障,但有容易出错的问题,将学生分组进行讨论(图14-13),使学生在相互讨论中加深对数控机床维修知识的理解,提高对实际问题的分析判断能力,增强对数控设备维修的能力和口头表达能力。

图14-13 小组讨论式学习

(4)模拟教学法。

主要通过在模拟的情境或环境中让学生学习和掌握专业知识、技能和能力,我们主要采用三种模拟教学:一种是在模拟工厂进行,模拟全真的企业数控机床电气调试作业环境,并以企业数控机床电气调试的实际工作任务来设计和组织课程内容,注重工学结合,通过以工作过程为导向的教学活动来培养学生的职业行动能力;第二种是计算机仿真模拟(图14-14),在教学中采用动画、视频、演示等多种形式的多媒体教学手段,充分调动学生的眼、耳、手,教学不枯燥、教学效果直观;第三是虚拟教学模拟,利用各种辅助教学软件,仿真软件模拟数控机床电气控制原理,电气连接与参数调试,充分利用网络资源进行学习。

### 14.6.7 课程的实践教学设计

**1. 实践教学设计思路**

"数控机床电气控制"课程是一门实践性很强的技术课程。实践教学是本课程

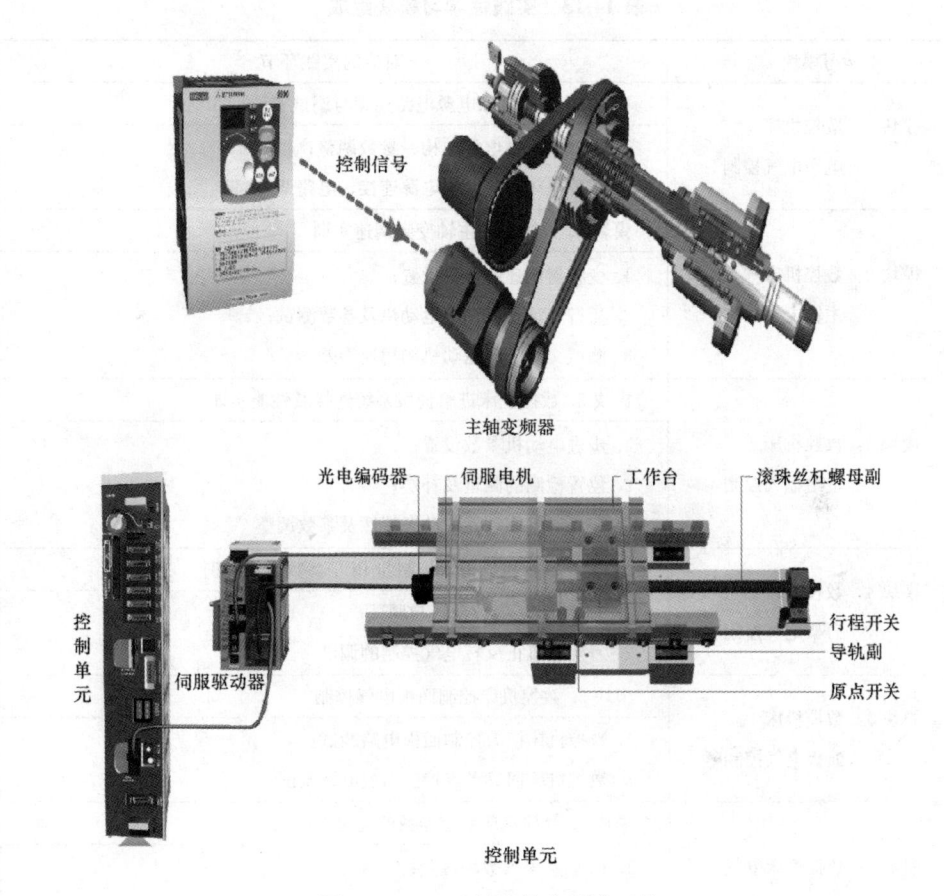

第14章 基于工作过程的高职专业课程开发研究

图14-14 HTS数控仿真教学系统

的重点组成部分，其课程设计的好坏，效果如何直接关系到学生动手技能水平的高低。因此在进行实践课程教学设计时，以学生小组为单元，根据每个小组的具体情况提出实践教学的基本要求，对于提前完成基本要求的小组可以进一步增加其他的实践动手能力培养，或根据学生自己的愿望开展一些实践项目。在实践制作中，按照厂家制作电气配电板的要求，对制作数控机床电路板进行教学，并按照电气接线图安装器件和连接导线，通电前检查器件安装、线路连接和参数整定情况；此外在实践教学中采用模块化教学，将数控机床电气控制分为数控机床电气电路分析、数控机床伺服驱动控制、数控系统的连接、可编程控制器及应用等基本功能模块(表14-13)。通过实践教学环节，使学生既对数控机床电气控制形成一个整体概念，又对各个组成部分有深入的认识。按照典型工作任务和课程的学习模块，我们设计以下实践教学环节：

表 14-13　实践性学习模块组成

| 学习模块 | 对应的实践环节 |
|---|---|
| 模块 1：数控机床电源电气控制 | 模块 1. 数控机床电源电路连接与调试实训<br>1. 接触器、继电器结构、参数调整；<br>2. 数控机床各单元的电源连接、电路调整 |
| 模块 2：数控机床主轴电气控制 | 模块 2. 数控机床主轴变频调速实训<br>1. 变频器调速参数的设置；<br>2. 运行交流变频调速电动机及参数测试；<br>3. 测试交流变频电动机的稳速误差 |
| 模块 3：数控机床进给电气控制 | 模块 3. 数控机床进给伺服系统连接及性能实训<br>1. 步进电动机参数设置；<br>2. 位置检测的测量及补偿；<br>3. 交流伺服驱动器的动态特性及参数调整 |
| 模块 4：数控机床刀架电气控制 | 模块 4. 数控机床刀架控制与 PLC 参数设置实训<br>1. 刀架 PMC 参数设置与调试；<br>2. 刀架电机正反转电气控制的调试 |
| 模块 5：数控机床面板电气控制 | 模块 5. 数控机床控制面板电气控制<br>1. 数控机床换刀控制面板电路调试；<br>2. 数控机床回参考点控制面板电路调试 |
| 模块 6：数控机床电气系统连接与调试 | 模块 6. 数控机床系统参数的设置与调试<br>1. PLC 系统参数的设置；<br>2. 坐标轴参数的设置；<br>3. 数控系统参数的设置与调试 |

**2. 专业实训环境的建设**

(1)原有实训基础条件。以重庆工业职业技术学院为例，说明数控技术专业实训资源的建设。2010 年以前，重庆工业职业技术学院数控技术专业有 12 个实验、实训室(与其他机械类专业共用)，是数控实训基地、国家职业技能鉴定所、劳动部制图员远程职业资格培训点、Cimatron 授权认证培训中心、劳动部数控铣工艺员培训点等。有普通机械加工设备，数控车床、数控铣床、加工中心、华中数控系统、三坐标测量机等数控设备。

(2)新建实训环境。自 2015 年以来，学院现已投资 600 余万元用于数控技术专业所需硬件及软件设施的建设，校内数控实训基地约 7 000 m$^2$，具有真实的生产环境，齐备的训练手段，是国家劳动和社会保障部授权的职业技能鉴定站，具备数控机床操作和数控电加工机床操作的初、中、高级职业技能的鉴定能力,保证了"双证制"教育的实施,此外还配有各种检测装置等,如表 14-14 所示。

表 14-14 数控技术应用专业已建设的实验设备:

| 实训设备名称 | 型号 | 数量 | 用途 |
| --- | --- | --- | --- |
| 数控车床 | CAK6136 | 30 台 | 电气控制认知实训 |
| 全功能数控车床 | CKS6136 | 8 台 | 连接与参数调试 |
| 数控铣床 | XK713 | 20 台 | 连接与参数调试 |
| 数控电火花线切割机 | ST120 | 8 台 | 特种数控机床电气调试 |
| 数控电火花成型机 | CJ—340 | 4 台 | 特种数控机床电气调试 |
| 数控加工中心 | V—80 | 8 台 | 连接与调试 |
| 数控系统综合实验台 | FANUC 0i | 6 台 | 电气控制实验 |
| 数控系统综合 | SIMENS840 | 8 台 | 电气控制实验 |
| 数控电气连接与调试台 | HCNC—21 | 6 台 | 连接与参数调试 |
| 数控机床和铣床控制系统 | FANUC 0i | 20 台 | 维修与技能培养、技能大赛考场 |
| 5 轴加工中心 | SIMENS840 | 2 台 | 高速加工、复杂编程培训 |
| 机器人 | FANUC 0i | 2 台 | 自动化控制培训 |

**3. 数控维修实践教学设备与环境**

(1)校内实训设备。

①HBD—21S 华中数控系统综合实训设备 6 台、数控机床电气检测用仪器和仪表若干,用于培养学生掌握数控机床电气的实训方法、数控系统电气设计、安装、调试、维修等实际动手能力。HED—21S 数控系统综合实验台集成了 HNC—21TF 数控装置、西门子变频器及三相异步电机、松下交流伺服及交流伺服电机、雷塞步进电机驱动器及步进电机是体积小巧、结构紧凑,可放在实验桌上供学生实验和教师教学使用,是用于培养学生掌握数控系统的编程方法、数控系统电气设计、安装、调试、维修等实际动手能力的一套实验装置。

②FANUC 0i 数控实验台(2 套)、SIMENS840 数控实训台(2 套),用于数控机床电气连接和调试实训,系统参数设置与调试以及数控机床部件的电气实验。

数控电气调试和检测仪器有:BRADS—4040 便携式在线测试仪、CB2000 短路追踪仪、W4040 系列电路维修测试仪、IST6500 全功能 RAM 分析测试仪、激光干涉仪 ML10 GOLD、LA5580 逻辑分析仪、IST5700D 型逻辑在线测试仪、GLP—1A 逻辑测试脉冲发生器、SJ—1 型脉冲信号发生笔、万用电表、剥线钳、螺丝刀等工具。用于数控机床维修作业。

③数控机床检测装置、数控机床典型结构若干套。

数控机床典型结构：滚珠丝杠副、电动回转刀架、消隙齿轮副、滚动导轨副、塑料导轨副。

④数控机床结构拆装实训室。

8台数控车床用于学生熟悉机床结构，设备安装、调试，了解机械与电气连接关系。

⑤数控电气实训室。

数控电气实训室有下列设备用于数控机床电气控制课程实训：

6台华中世纪星系统车床用于完成数控机床学习模块的4个工作任务的实施；

8台华中世纪星系统铣床/加工中心用于完成数控铣床电气控制模块的5个工作任务的实施；

20台数控车床和数控铣床系统用于学生数控原理、数控机床维修调试和连接实训；

2台5坐标加工中心用于高速加工和复杂编程实训；

20台PLC可编程器用于学生机电一体化控制实训；

2台机器人设备用于学生机电一体化控制与编程实训。

(2)校外实习基地的建设与利用。

①专业认知实习。本课程是数控技术专业学生的一门专业课程，在学生学习完该课程，对数控机床电气控制有了足够的知识和技能的基础上，安排学生在假期到企业中进行专业认知实习，可以让学生以数控技术专业学生的身份实际体会数控机床维修的过程，也能进一步了解职业规范，以及作为数控技术专业学生应该掌握的专业知识；而学校则按照能力标准的要求，充分利用校外实习基地资源进行岗位实践与鉴定，为学生提供顶岗实习机会，同时也为行业选择职员提供充分的机会。

②校企合作、顶岗实习。充分利用校外实习基地资源，为学生提供多渠道的顶岗实习机会。

通过校企合作，学院先后与重庆建设工业集团公司、重庆机床集团公司(重庆机床厂)力帆集团、重庆长安工业集团公司、重庆嘉陵摩托车有限公司、四川汽车制造有限公司、重庆宗申有限公司等单位签订了校企合作协议，建立起校企互利双赢的产学结合新机制。

企业直接向学校捐赠设备，在学院建立企业员工培训基地。如重庆长安工业集团公司、重庆嘉陵摩托车有限公司等向学院捐赠了价值30万元的教学设备，有力地支持了数控高技能人才培养模式的实施。学校与以下企业签订了顶岗实习协议(表14-15)。

表14-15 校外合作企业的名单

| 序号 | 企业名称 | 序号 | 企业名称 |
| --- | --- | --- | --- |
| 1 | 重庆长安工业集团公司 | 7 | 重庆綦江齿轮厂 |
| 2 | 重庆建设工业集团公司 | 8 | 深圳市天瞳光学有限公司 |
| 3 | 重庆第二机床厂 | 9 | 灿坤能源科技园 |
| 4 | 重庆机床厂 | 10 | 重庆杰信机电一体化公司 |
| 5 | 建设工业集团公司雅马哈公司 | 11 | 中国兵器工业第五九研究所 |
| 6 | 重庆吉利刀具有限公司 | 12 | 长安集团机电一体化中心 |

### 14.6.8 网络学习资源的开发

**1. 创建个性化网络学习资源**

信息化教学资源包括多媒体课件、网络课程、多媒体素材、网络资源、仿真与虚拟现实等。根据多媒体课件的内容与作用的不同,可分为课堂演示型、自主学习型、操练练习型、教学游戏型、模拟实验型、资料工具型等多种类型。

网络课程具备跨时空、对象广、资源丰富、多媒体、教学情境多样、学习方式多样、师生角色多样、信息更新发布迅速等特点,最突出的优点是开放性、交互性、共享性、协作性、自主性。

**2. 已有的网络学习条件**

目前,学院已建成10余个多媒体教室,校园网于2001年建成并投入运转。经过建设,光纤骨干网已基本覆盖校园网教学、办公区域,使我院校园网具有一定的规模,在设备上也比较齐全,为本课程的网络教学提供了较强的硬件支持。

信息技术中心现有服务器4台(包括IBM小型机2台,操作系统为Windows XP Server;PC专用服务器2台,操作系统为Windows 2007 Server),网络设备比较齐全,目前校园网出口为50M,下一步准备扩展为100M。为配合网络教学,信息技术中心配备了数码摄像机、高清晰度扫描仪、光盘刻录机及多台高配置电脑等设备,用于软件的编制及更新。经试运行,效果良好,目前在教学中发挥着重要作用。

数控仿真教学平台系统依托了上海数控仿真教学平台系统,它将网络教学与实际教学相结合，为教学全过程提供了一套完整的教学方案。数控仿真教学平台系统功能涵盖了数控技术教学所有功能：基础教学、仿真教学、实训模拟、系统管理、题库管理、试卷管理、考试管理、在线考试、权限、用户信息、数据导入等系统功能。为用户提供可操作的模块流程以及强大的集成化的、完整的流程。同时，系统实现提供了诸多安全功能，保障系统能够安全稳定地运行。

本课程网站，可提供比较丰富的教学资源，包括课程标准、课程计划、电子教案、电子课件、视频课程等方式，方便学生自主学习。

### 3. 本课程已经上网资源

到目前为止，本课程已经上网资料见表14-16。

表 14-16 课程的上网资料明细

| 资料名称 | 资料明细 | |
|---|---|---|
| 教学文件 | 理论教学 | 课程标准；内容选取；内容组织；<br>表现形式；教学设计；教学方法；<br>课程资源 |
| | 实训教学 | 教学手段；实践教学理念；实训条件 |
| 申报信息 | 申报表 | |
| | 课程设置（课程定位、课程目标、课程标准、课程设计） | |
| | 教学内容（内容的选取、教学内容的组织） | |
| | 方法与手段（教学设计、教学方法、教学手段） | |
| | 教学团队（课程负责人、主讲教师、实训师资） | |
| | 实践条件（实践教学理念、校内实践、校外实践） | |
| | 教学资源（电子教案、教学课件、特色教材、教学实验指导书、课程习题集等） | |
| | 教学效果（校内外专家评价、学生评价、行业和社会评价） | |
| | 特色创新（课程创新、教学创新、个性化学习资源） | |
| | 政策支持 | |
| 录像资料 | 课程总体介绍 | |
| | 课程教学 | |
| | 实训条件 | |
| 教学特色 | 课程特色；课程创新 | |
| 教学效果 | 专家评价；学生评教；行业评价；督导评价 | |

### 4. 结束语

基于工作导向的高职专业核心课程理念和实施系统的开发在我国职教课程领域还是一个新事物，它被众多的职业院校接受和应用需要一定的条件和时间，可以先从部分专业课程开始实践,根据各个院校具体的资源条件、实践教学环境及区域经济发展的现状设置有限目标,在局部成功的基础上总结和逐步推广,最终实现在高职院校的推广应用。

# 附录1　专业课程开发调研分析报告

关于××××专业人才需求与专业教学改革调研报告

一、××××专业人才需求与调研基本思路与调查方法

调查目的、调查时间、地点、途径、内容、范围、对象以及所采用的调查方法等，参加调研的单位和人员，调查工作基本情况。

二、××××专业人才需求调研

1.××××相关行业现状与发展趋势

2.××××相关行业的人力资源基本情况

从业人员人数、年龄结构、学历分布结构、技术等级结构、工资收入等，高职院校毕业生存在的主要问题，发展对人才需求趋势（数量需求和人才规格要求），对学历及职业资格证书的要求。

3.××××专业对应的职业岗位分析

4.××××专业对应的职业资格证书分析

三、××××专业现状调研

1.××××专业点分布情况（相应区域内设置该专业的各类学校情况）

2.××××专业招生与就业情况（近三年该专业招生数及毕业生就业岗位分布情况）

3.××××专业教学情况及存在的主要问题

课程设置、教材使用、实训条件、考证情况、师资情况、专业教学改革、职业培训

四、××××专业教学改革建议

1.××××专业人才培养目标建议

根据以上调研结果，确定专业人才培养目标

2.××××专业课程设置与调整的建议

根据人才规格要求及毕业生存在的问题，对课程模式、课程结构及具体课程设置与调整的建议。

3.××××专业教学改革建议

教学内容、教学方法、培养途径、实践教学、教学组织与管理。

4. ××××专业师资与教学条件配置建议。

对教师的能力要求、职业资格、师德师风的建议；

对校内实训场地、设备、环境及校外实习条件的建议。

# 附录2 ××××课程标准

课程名称：

适用专业：

课程编码：

1. 前　言

1.1　课程性质和任务

主要介绍本门课程的性质、地位、作用及与其他课程的关系等。

1.2　课程基本理念

课程基本理念：高职教育专业课程的一系列重要理念以及就业导向、能力本位，以学生为主体、多元智力的学生观、建构主义的学习观和教学观等。

1.3　课程标准的设计思路

主要包括课程设计的总体思路，工作任务的结构模式、课程内容确定的依据（如任务完成的需要、学生的认知特点、相应职业资格标准）、活动设计目的、课时安排说明、学习程度用语说明等。

要将组成课程的每一教学单元的知识、技能和态度尽量按照相应的专项能力在实际职业工作中出现的频度、内容的难度和掌握的程度进行排序。排序的原则是：将专项能力中频度高者所对应的教学单元转化为教学中的重点内容，低的转化为一般要求；将难度高的专项能力所对应的教学单元定为教学中的难点；将专项能力所对应的教学单元中对知识技能掌握的程度要求按教学惯例进行统一规范，采取诸如理解、熟悉、掌握、运用等行为动词加以描述。

2. 课程目标

第一段课程目标总体描述。课程对学生在知识与技能、过程与方法、情感态度与价值观等方面的基本要求，学生学习该门课程后应达到的预期结果。

第二段具体说明学生应达到的职业能力目标。建议采用"能或会＋程度副词＋操作动词＋操作对象"的格式，尽可能不使用"知道""了解""熟悉"之类的动词。

3. 课程内容和要求(内容标准)

按照专业课程目标和涵盖的工作任务要求，确定课程内容和要求，说明学生应获得的知识、技能与态度。表述建议采用"能或会＋动作要求＋操作动词＋操作对象"的格式，具有可操作性。

指明实施课程内容所要设计的活动类型,先对活动类型做出概要性描述,后举例予以说明。

4. 课程实施建议

4.1 教学建议。体现课程在教学方法上的特殊性,列出配套的教学仪器设备与媒体。

4.2 学生评价、考核要求建议。

4.3 教材编写建议。教材体现任务驱动、实践导向设计思想。

4.4 课程资源开发与利用建议。

学习资料资源、信息技术资源、实训条件资源、教师资源、工学结合、社区资源等。

4.5 与课程相关的其他说明。

# 附录3  课程标准的典型范例

## "数控机床电气控制"课程标准

| 课程代码：01132026 | 课程类别：专业核心课程 |
|---|---|
| 适用专业：数控技术 ||

## 一、课程概述

### 1. 课程标准制定依据

本课程标准依据《数控机床装调维修工国家职业资格标准》、《数控技术专业人才培养方案》及本课程在人才培养方案中的作用和地位来制定。

### 2. 课程的性质与地位

"数控机床电气控制"(CNC Machine Tool Electric Control)是指数控机床内部涉及电气控制的内容，包括数控机床电源电器控制、主轴和进给伺服运动电气控制，刀架电气控制、面板电气控制、I/O接口电气控制以及数控机床电气系统的控制和调试等。"数控机床电气控制"课程以数控设备应用技术为背景，理论与实际并重，是数控技术专业、数控设备应用与维护专业及相关的机电一体化等专业培养工程技术人才必备的一门核心专业课程，该课程为后续课程"数控机床的故障诊断和维修"打下基础，是一门理论与实践结合很紧密的课程。

通过本课程的学习，使学生掌握数控机床电气系统的基本知识和基本的动手操作方法，并得到必要的实践技能的训练，为后续专业课程学习和学生的顶岗实习作前期准备。本课程与其他课程的关系见附表3-1。

附表3-1  本课程与其他课程的关系

| 序号 | 前期课程名称 | 为本课程支撑的主要能力 |
|---|---|---|
| 1 | 电工电子应用技术 | 电工电气操作能力、机床电气能力 |
| 2 | 数控机床机械部件的装调 | 数控机床结构及调试、数控机床工作原理 |
| 3 | 可编程控制器在数控机床中的应用 | PLC在数控系统和机床之间的工作原理与控制 |

续表

| 序号 | 后续课程名称 | 需要本课程支撑的主要能力 |
|---|---|---|
| 1 | 数控机床联调 | 数控机床电气控制基础 |
| 2 | 数控机床的故障诊断和维修 | 数控机床的电源电气控制、主轴和进给伺服运动电气控制、刀架和控制面板电气控制及电气系统的连接与调试 |

## 二、课程设计思路

### 1. 课程内容设计

本专业人才培养目标提出的能力要求是：掌握数控机床的工作原理和结构知识，掌握主要数控系统的特点、CNC接口技术、PLC应用技术、电气参数设置和机电联调知识。具备数控机床的操作、手工编程和数控机床的机械和电气的调试和维护维修能力。

根据专业人才培养目标和本课程在专业目标的地位，课程按照在完整的工作过程中学习，以获得所需的知识和能力的思路设计。工作过程知识是根据职业岗位职责、工作任务、工作规范、工具、手段与对象结合，并指向目标的职业行动过程所需要的知识，工作过程知识实现了理论知识与实践知识的结合，注重对知识的应用和能力的培养。按工作过程知识构建课程的学习内容，即按职业活动、岗位项目和具体的工作任务来组建学习内容，以具体的工作任务为圆心，凡是与工作过程任务有关的知识按圆周进行排列，纳入学习内容中，无关的知识尽量不讲，使课程的学习、内容构建从原来的学科体系的"平行结构"向工作任务体系的"圆周结构"转变。为使学生能很好学习和掌握本课程的知识和技能，应结合职业教育特点和地区数控设备构成和应用情况，选用典型的数控机床作为学习载体，按照数控机床电气控制的要求将数控机床的电气控制课程的学习领域分解为七个学习模块（附表3-2）。每个学习模块选择一个到三个独立的工作任务，学生学习完这七个学习模块，就能基本掌握对数控机床电气连接与调试，达到教学的要求。在工作任务学习模块中，基础知识以"必需和够用"为度，重点突出数控机床的电气控制应用方面的知识，力求简单实用。

附表3-2 课程各学习模块的具体内容和学时

| 序号 | 学习模块 | 主要学习内容 | 参考课时 |
| --- | --- | --- | --- |
| 1 | 数控机床电气控制概述 | 1. 数控机床电气控制对象、组成、分类<br>2. 发展趋势 | 4 |
| 2 | 数控机床电源电气控制 | 1. 数控车床电源电气控制<br>2. 数控铣床电源电气控制 | 8 |
| 3 | 数控主轴电气控制 | 1. 主轴变频系统的连接<br>2. 主轴变频器调速控制<br>3. 主轴定向控制<br>4. 主轴编码器控制 | 16 |
| 4 | 数控机床进给电气控制 | 1. 步进电动机进给电气控制<br>2. 交流电动机进给电气控制 | 16 |
| 5 | 数控机床刀架电气控制 | 1. 自动转位刀架与数控系统连接<br>2. 手动换刀的控制<br>3. 自动换刀的控制 | 8 |
| 6 | 数控机床面板控制 | 1. 控制面板与数控装置连接<br>2. 面板控制键动作的控制<br>3. 面板控制的I/O接口控制 | 12 |
| 7 | 数控机床电气控制系统连接与调试 | 1. 数控机床各部分的电气连接<br>2. 主要部件与数控装置的电气连接与调试 | 16 |
| | 机动课时 | | 2 |
| | 考核课时 | | 2 |
| | 总计 | | 84 |

## 2. 教学过程设计

遵循以学生为学习的主体,教师为辅的原则来进行教学设计,主要包括以下方面:

(1)理解知识。要求掌握和理解数控机床电气控制的原理,伺服驱动控制的理论基础,数控系统的组成和可编程控制器的应用等知识,通过数控综合实训设备和各种机床电器设备为典型例子来讲授,并善于把抽象的理论具体化、形象化,再以先进的多媒体教学课件、动画技术做辅助,使学生在轻松和愉快的氛围下就理解和接受所学的内容。

(2)实训操作。通过学生亲自动手,组装数控系统、I/O接口电路、设置机床参数、步进电机调试、变频调速系统的调试、PLC在机床中的控制等实训项目,进一步加深对数控机床电气原理和电路组成的理解。

(3)综合实训。课程中分组安排学生对典型的数控系统进行连接和调试,设计多个具有实用背景的任务让学生完成。各组可以自行设计控制电路,提出不同的方案,用不同的方法实现。通过实用任务的训练,培养学生的实际动手能力和职业能力。

(4)总结提炼。教师对每一典型工作任务的实施进行总结和提炼,提出反馈建议,让学生自己发现问题和提出解决的措施,帮助同学们不断提高工作能力。

**3. 教学方法设计**

(1)现场教学。将实际的工作环境融入课堂中,使学生的学习更直观,更易于理解。现场教学包含两个方面:一是直接到实训现场上课,让学生针对数控机床电气的实际问题进行学习,提出解决办法;二是有些数控机床的生产厂家是不让学生看的,老师到现场与技术人员一道分析和解决问题,并将工作任务录像,回校制作成多媒体的课件,再结合实际进行教学。现场教学方法使学生亲临实景,容易掌握知识要点、提升工作的技能和职业素养。

(2)任务式教学。数控机床电气控制是一门较为综合的技术课程,关键是运用好专业理论来解决实际的问题。老师上课时可给出一个小的项目,描述出现场的具体情况,提出要解决的问题,让学生在一定的条件下,借助其他人(包括教师和学习伙伴)的帮助,利用必要的学习资源,通过完成任务的方式来获得知识与技能。这种方式是以学生为中心,强调学生对知识的主动探索、主动发现、激发学生对所学知识的兴趣。其优点:①有利于培养学生的能力,包括发现问题的能力、制订计划的能力和解决问题的能力;②教师的角色发生了变化,突出了解决问题的重要性,学生的注意力不再集中在教师身上,教师成了学生的学习合作者和教练;③给学生们更多掌握和使用技术的机会,让学生在"做中学",提高学习的兴趣和学习的主动性,体现出学生的首创精神;④鼓励学生进行团队合作,提出问题,共同解决问题,并且可以促进竞争意识的形成;⑤使学生能根据自身行动的反馈信息来形成对客观事物的认识和解决实际问题的方案,实现自我反馈;⑥以网络为平台,为师生提供多种信息通道并实现协商学习、探究学习和个性化学习。

(3)讨论式教学。在数控机床常用电器的学习中,可采用讨论式教学方法。首先分成几个小组,一个小组一套机床电器,让学生动手拆装各种电器,在讨论和相互交流中认识各种机床电器,每个小组自己小结,说出各个电器的结构、作用、主要参数及选用的原则,最后教师进行评议。这种学习模式使学生在学习中不再只是教学的接受体,而是学习的主体,学习是一种重要的个体行动。

（4）实训模块教学模式。"数控机床电气控制"要求拥有较强的实践和动手能力，为配合理论教学，课程设置了各个模块的实训内容：

模块1 数控机床电源电路连接与调试实训；

模块2 数控机床主轴变频调速电气连接与调试实训；

模块3 数控机床伺服驱动系统电气连接及调试实训；

模块4 数控机床刀架控制与PLC参数设置实训；

模块5 数控机床控制面板电气连接与调试实训；

模块6 数控机床电气控制系统的连接与调试实训。

### 4. 课程内容选取

根据国家中高级数控机床装调试维修工的职业能力标准，数控技术专业人才培养方案，同时参照"数控机床电气控制"所涉及的典型工作任务，按照"岗位－任务－学习内容"的工作过程来选择课程的学习内容。本课程选取典型数控机床的电气控制系统为载体，将数控机床电气系统的总体任务和目标分解为具体的学习模块，通过对各个模块任务的学习，达到典型工作任务所要求的知识和能力。

（1）课程内容选择的依据。

以能力为本位的培养目标，是课程内容选择和定位的方向。学习内容的选择指向——工作过程性知识，主要解决"怎么做"和"怎么做得更好"的问题，以工作过程为坐标系，选取与职业工作过程紧密相关的知识，实施"工作本位"，"工－学"结合的学习模式。数控机床电气控制课程内容的选取和内容的序化，要有利于学生通过课程学习，尽可能地获取与工作过程有关的经验和策略。

（2）课程内容选择的原则。

课程内容的选择遵循三个原则：

①科学性原则；

②情境性原则；

③人本性原则。

科学性原则强调的是将课程内容置于科学体系之中，它以获得理论知识为目标；情境性原则强调的是课程内容置于行动体系之中，它是以获得经验知识和职业能力为目标，我们在课程学习内容的选取上以情境性原则为主，科学性原则为辅；人本性原则是实现教育根本目标的保证，无论是科学性原则获得理论知识，还是情境性原则获得经验知识，都只有经过人本性原则的内化，才能转化为个体的能力。人本性原则就是要调动学生学和教师教的积极性，在教学中，发挥主观能动性。

## 三、课程目标

**1. 总目标**

通过本课程学习,学生能够理解和掌握数控机床电气控制组成、基本环节、数控机床的驱动、数控装置的结构与原理、PLC可编程控制器的应用数控系统的连接及相关知识,并初步具备运用所掌握的知识对数控机床电气进行调试,以及对典型的数控系统进行连接和调试的能力。通过基于工作任务的学习活动和工学结合的实践模式,培养学生良好的职业道德、专业技能水平、可持续发展能力,初步形成一定的学习能力和课程实践能力。培养学生诚实、守信、负责、善于沟通和合作的团队意识,提高学生的职业能力,并通过理论、实训、实习相融合的教学方式,边讲边学、边学边做、做中学、学中做,把学生培养成为具有良好职业道德的高技能型人才。

**2. 分目标**

(1)知识目标。

①了解数控机床电气控制、数控系统组成的基本知识;

②具备数控机床电气控制电路的读识、分析能力;

③掌握数控机床的电源供给控制电路原理;

④掌握数控机床的主轴电气控制、主轴变频器的使用与调试;

⑤掌握数控机床的进给电气控制、伺服驱动的使用与调试;

⑥熟悉数控机床位置与速度控制的方法;

⑦掌握数控系统的连接、调试等能力;

⑧熟悉数控机床的刀架电气控制与PLC控制;

⑨熟悉数控机床的面板电气电路与PLC控制;

⑩掌握数控机床电气系统的连接与调试。

(2)学生专业能力目标。

①掌握数控机床电气控制和安装调试的一般方法;

②完成对数控机床电源电路的安装与调试;

③掌握数控机床主轴电气连接,工作参数设置与调试;

④能完成数控机床伺服进给电气连接、工作参数的设置与调试;

⑤掌握数控机床刀架电气连接和运行调试;

⑥完成对数控机床面板电气调试和参数的正确设置;

⑦掌握数控机床电气系统的连接与调试;

⑧具备对数控机床电气控制进行总结、整理、归纳的书面表达及口头表达能力。

(3) 方法能力和社会能力目标。

①培养学生发现问题和解决问题的能力；

②具有良好的学习态度；

③具有良好的交往与沟通表达能力；

④具有团队合作精神；

⑤具有正确的价值观与评定事物的能力。

(4) 情感态度与价值观。

培养学生对专业课程学习的兴趣和对专业知识的探求精神；培养学生辩证思维的能力；培养学生热爱科学、实事求是的学风和创新意识、创新精神。使学生增强职业道德意识，增加对职业的热爱，培养学生的敬业精神。

## 四、课程教学内容与学时安排

### 1. 教学内容

课程学习模块的内容安排见附表 3-3。

附表 3-3 各个学习模块内容

| 学习模块 | 学习任务 | 知识要求 | 技能要求 | 备注 |
| --- | --- | --- | --- | --- |
| 学习模块 1 | 数控机床电气控制概述 | 数控机床电气组成、分类、控制对象、发展趋势 | 数控机床各个电气部件名称、作用 | |
| 学习模块 2 数控机床电源电气控制 | 任务一：数控车床电源电气控制；<br>任务二：数控铣床电源电气控制 | 数控机床强电电路构成、各种基本电器介绍、伺服变压器；<br>机床电源电路的构成、电源变压器、开关电源 | 接触器、继电器结构、参数、与机床各单元的连接；<br>电源电路的组装、与机床各单元的连接 | |
| 学习模块 3 数控机床主轴电气控制 | 任务一：变频器结构及工作原理；<br>任务二：主轴变频调速控制；<br>任务三：数控机床主轴的其他电气控制 | 变频器介绍、结构、接线端子功能，与电源、数控装置及电动机的连接；<br>变频调速参数的设置、主轴的启停、速度控制、PLC 控制主轴定向控制的实现，PLC 梯形图；<br>主轴编码器及其应用 | 数控机床主轴变频器的连接；<br>变频器调速参数的设置；<br>主轴定向控制的调试；<br>主轴编码器安装与调试 | |

附录3 课程标准的典型范例

续表

| 学习模块 | 学习任务 | 知识要求 | 技能要求 | 备注 |
|---|---|---|---|---|
| 学习模块4 数控机床进给电气控制 | 任务一：步进电动机进给电气控制； 任务二：交流电动机进给电气控制 | 步进电机工作原理，与控制系统、驱动器的连接； 步进电机工作参数的设置、位置和速度控制 | 步进电机的结构、系统的连接； 步进电机运行参数的设置 | |
| | | 数控系统、驱动器、交流电机的连接； 驱动器结构、简单原理、各个接线端子参数； 速度控制过程、参数设置与调试； 位置控制过程、位置检测、参数设置与调试 | 交流伺服进给驱动系统的连接； 交流变频器的参数设置； 速度控制的参数设置； 位置控制参数设置、检测装置的安装与调试 | |
| 学习模块5 数控机床刀架电气控制 | 任务一：自动转位刀架的电气控制； 任务二：数控机床刀架的I/O控制 | 转位刀架的换刀过程、与数控装置的连接； 手动换刀信号传递、刀具的识别、PLC梯形图、I/O接口控制； 自动换刀信号的控制过程；PLC梯形图 | 能连接刀架与数控装置； 设置和调试刀具参数； 设置和调试刀具参数，PLC梯形图 | |
| 学习模块6 数控机床面板控制 | 任务一：控制面板的电气结构及其功能； 任务二：控制面板与数控装置连接； 任务三：面板控制键动作的实现 | 控制面板的结构与功能布置介绍，与CNC、PLC、机床强电柜连接； 主控制面板与子控制面板； 手动控制、自动控制、主轴正反转、回参考点等控制键的实现，信号通道。I/O地址的设计与实现 | 连接控制面板与数控装置、机床电柜 主轴正、反转，启停控制过程的调试；简单PLC梯形图的编写 | |
| 学习模块7 数控机床电气系统连接 | 任务一：数控机床电气系统的总体组成； 任务二：HNC系统数控机床电气系统连接与调试； 任务三：FANUC0i系统数控机床电气系统连接与调试 | 数控机床电气系统各部分功能及组成； 数控装置组成，各I/O接口构成、功能； 电源、主轴伺服、进给伺服、自动刀架等与数控装置的连接与调试； 刀架、面板及通信接口的连接与调试 | 系统的组成、各接口名称、主要参数 数控装置与外部的连接。HNC系统数控机床电气系统连接与调试； FANUC0i系统数控机床电气系统连接与调试 | |

## 2. 实训项目

模块 1. 数控机床电源电路连接与调试实训

（1）接触器、继电器的结构、参数调整；

（2）数控机床各单元的电源连接电路调整。

模块 2. 数控机床主轴变频调速控制实训

（1）变频器调速参数的设置；

（2）空载下试运行电动机；

（3）测试交流变频电动机的稳速误差。

模块 3. 数控机床进给伺服驱动系统连接及性能实训

（1）步进电动机参数设置；

（2）位置检测的测量及补偿。

模块 4. 数控机床刀架控制与 PLC 参数设置实训

（1）刀架 PMC 参数设置与调试；

（2）刀架电机正、反转电气控制的调试。

模块 5. 数控机床控制面板电气控制

（1）数控机床换刀控制面板电路调试；

（2）数控机床回参考点控制面板电路调试。

模块 6. 数控机床电气系统参数的设置与调试。

（1）PMC 系统参数的设置；

（2）坐标轴参数的设置；

（3）数控系统参数的设置与调试。

## 五、实施建议

### 1. 教材编写建议

教材编写应充分体现项目教学中任务驱动课程设计思想，以任务为载体实施教学，项目和任务选取要科学，并符合该门课程的工作逻辑，能形成工作任务系列，让学生在完成任务的过程中逐步提高职业能力，同时要考虑可操作性和可行性。教材内容要反映新技术、新工艺，文字表述要符合自学的要求。

（1）教材开发以生产制造业典型数控设备工作任务分析为基础，课程内容均来自工作任务模块的转换，建立以工作体系为基础的课程内容体系；

（2）教材内容以具体化的工作项目或任务为载体进行编写，每个项目或任务都包括实践知识、理论知识、职业态度和情感等内容，是相对完整的一个工作系统。

(3)在教材内容的"项目"或"任务"设置上，充分考虑学生的个性发展，保留学生的自主选择空间，兼顾学生的职业发展。

(4)教材应突出实用性、直观性和鲜活性的特点，由简单到复杂，便于学生自学。每个模块后应安排一定数量的复习与思考题。

(5)教材中的活动设计要具有鲜明的专业技术可操作性。

**2. 教学方法建议**

在教学组织形式、教学方法与教学手段上要体现课程的特殊性，要强调校企合作教学、工学结合。

(1)应加强对学生实际职业能力的培养，强化案例教学或项目教学，注重以工作任务为导向型案例或项目激发学生学习热情，使学生在案例分析或项目活动中了解数控机床电气控制的工作领域与工作过程。

(2)实践课程教学设计，以学生小组为单元，根据每个小组的具体情况提出实践教学的基本要求，对于提前完成基本要求的小组可以进一步增加其他的实践动手能力培养环节，或根据学生自己的愿望开展一些实践项目。通过实践教学环节，使学生既对数控机床电气控制形成一个整体概念，又对各个组成部分有较深入的认识。

(3)在教学过程中，要创设工作模块，同时应加大实践、实操的容量，紧密结合职业技能证书的考证，加强考证的实操项目的训练，提高学生的岗位适应能力。

(4)应注重专业案例的积累与开发，以多媒体、录像与光盘、网络教学资源、案例分析、在线答疑等方法来提高学生解决问题与分析实际应用问题的专业技能。

(5)在教学过程中，要重视本专业领域新技术、新工艺、新设备发展趋势，贴近生产现场，为学生提供职业生涯发展的空间，努力培养学生参与社会实践的创新精神和职业能力。

(6)教学过程中教师应积极引导学生提升职业素养，提高职业道德。

**3. 教学评价建议**

(1)评价原则。

教学评价是指对学生学业进行评价。突出阶段评价、目标评价、理论与实践一体化评价。关注评价主体的多元性，体现各课程在评价上的特殊性。

①强调工作过程与模块评价，结合课堂提问、案例分析、讲解与操作，综合思考与练习、专业能力考核等手段，加强实践性教学环节的考核，并注重理解与分析能力的提高与培养。

②强调课程结束后综合评价，应用实例分析与理解、案例讲解与操作等手段，充分发挥学生的主动性和创造力，注重考核学生所拥有的综合职业能力及水平。

## (2) 评价建议。

"数控机床电气控制"课程学习成绩评定改革的基本思路是：注重学习的过程，强调对学生学习过程的控制作用，用学习的过程成绩来代替期末考试，调动老师教和学生学的积极性，将"试题"转变为"试能"，达到使学生真正掌握知识和技能的目的，评价过程包括：先前能力认可⇨形成性鉴定⇨终结性鉴定⇨综合评价。

课程学习成绩可以由四项内容组成：理论笔试(30%)＋技能操作考试(40%)＋综合考试(20%)＋职业能力(10%)＝总成绩(100%)。

理论考试题目类型所占比重：基本题占40%，综合题占35%，计算题占15%，提高题占10%。

### 4. 实训考核方案

实训考核主要由综合能力、职业素养、技能掌握及敬业精神四个部分组成，各部分有不同的权重，考核的具体内容如附表3-4所示。

附表3-4 实训考核评价的实施

| 评级 | 优秀(85~100分) | 良好(70~85分) | 及格(60~70分) | 不及格(<60分) |
| --- | --- | --- | --- | --- |
| 综合能力 25 | 能全面完成综合实训任务，能灵活、正确、综合运用本专业的基础理论，分析问题和解决问题的能力强，在方案设计或实施等某些方面有一定见解(23~25分) | 能较好完成综合实训任务，能综合运用本专业所学知识，分析问题和解决问题的能力强(18~22分) | 能基本完成综合实训任务，所学专业的基础理论知识基本掌握，具备基本分析问题和解决问题的能力(15~18分) | 不能完成综合实训任务(1~15分) |
| 职业素养 30 | 技术资料完整、质量较高，考虑全面，论据充分(26~30分) | 技术资料质量较好，结论正确、论据较充分(21~26分) | 技术资料质量合格，方案基本正确(18~21分) | 技术资料有严重错误或漏洞(1~18分) |
| 技能 30 | 操作技能好、方案正确、动手能力强(26~30分) | 操作技能较好、方案正确、数据比较可靠(21~26分) | 有一定操作技能、方案基本正确(18~21分) | 操作技能差(1~18分) |
| 敬业精神 15 | 在综合实训中，勇于承担任务，完成工作量大(12~15分) | 在综合实训中，工作努力，能较好完成工作(9~12分) | 在综合实训中，完成了一定工作量(7~9分) | 在综合实训中，工作不努力，有抄袭现象(1~7分) |

附注：1. 考试成绩按百分计；2. 总成绩按百分制折算。

**5. 课程资源开发与利用**

包括相关教辅材料、实训指导手册、信息技术应用、工学结合案例、网络学习资源、在线学习、仿真软件、图片库、素材库、视频与音频资料等。

根据课程目标、学生实际以及本课程的理论性和实践性等特点，本课程的教学应该建设以文字教材、CAI课件、实验指导书、学习指导书、网络学习等多种媒体教学资源为一体的配套教材，全套教材各司其职，以文字教材为中心，多媒体教学课件、仿真软件为辅助，共同完成教学任务，达成教学目标。

(1)注重实验实训指导书和实验实训标准的开发和应用。

(2)常用课程资源的开发和利用。充分利用挂图、幻灯片、投影片、录像带、视听光盘、多媒体软件、电子教案等资源创设形象生动的工作模块，激发学生的学习，促进学生对知识的理解和掌握。建议加强对常用课程资源的开发，建立多媒体课程资源的数据库，努力实现跨学校多媒体资源的共享，以提高资源利用效率。

(3)校企合作开发实验实训课程资源。充分利用典型企业的资源，加强校企合作，建立校内、校外实训基地，满足学生的实习实训需求，在此过程中进行实验实训课程资源的开发，同时为学生提供就业机会，开创就业渠道。

(4)建立开放式实验实训中心，使之具备职业技能考核、实验实训、现场教学的功能，将教学与培训教材合一、教学与实训合一，满足高职学生综合职业能力培养的需求。

## 六、其他说明

(1)在教学过程中，要求配备一定数量的兼职教师，以满足工学结合教学的需要；

(2)强化校企合作，确保工学结合教学的顺利进行；

## 七、课程管理

**1. 课程教学团队**

课程教学团队组主要由教研室主任、课程负责人、2~3名主讲教师及1~2名实训教师组成。

**2. 责任**

(1)数控技术专业建设指导委员会把握课程发展方向；

(2)教研室主任与课程负责人负责课程的整体建设、内容的调整、课程的持续发展;

(3)专任教师负责课程的授课,专任教师与实训指导教师共同负责课程的实训指导;

(4)课程负责人负责监督课程的实施。

### 3. 修订说明

(1)本课程适用于三年制高职数控技术,也适合于其他的相关专业群,课时的多少可以根据不同专业的要求进行调整;

(2)为适应生产发展的需要,该课程标准使用2~3年后修订。

课程教材:自编"数控机床电气控制"校本教材及相关的学习辅助资料。

(3)相关参考资料目录(附表3-5)。

附表3-5  课程教学参考书

| 序号 | 目录 | 主编 | 出版社 |
| --- | --- | --- | --- |
| 1 | "数控机床电气控制" | 廖兆荣 | 高等教育出版社 |
| 2 | 《数控机床故障诊断与维修》 | 郑晓年 | 华中科技大出版社出版 |
| 3 | 《数控机床故障诊断与维修500例》 | 龚仲华 | 机械工业出版社 |
| 4 | 《数控机床调试维修与实践》 | 申晓东 | 劳动社会保障出版社 |
| 5 | 实训指导书 | 自编 | |

# 附录4 "数控机床电气控制"课程教学设计范例

适用专业数控技术专业

## 一、整体教学设计

**1. 以实践为主、理论讲授为辅的教学方法**

(1)首先要制定能力目标和任务目标,提出任务要求;

(2)讲解完成任务的方法,老师示范教学,学生动手操作;

(3)以学生为中心,讲练结合,教学的整个过程需要教师和学生积极配合,师生双向互动;

(4)教师的教学不再是传统的单向知识传授,教师的角色要从知识的传授者转变成为教学组织者、问题咨询者、参与者、教练及技术指导角色,真正实现教学主体由教师向学生的转变。

实施效果:

(1)学生通过真实的工作任务训练,体验实际生产过程,目的明确、针对性强,技能提高明显,在学习中形成职业能力。

(2)在整个工作过程中,教师只是引导者,可充分发挥学生的主观能动性,提高学生解决问题的能力,培养学生的创新意识。

**2. 教学内容按职业活动构建**

"数控机床电气控制"课程的学习应围绕数控机床的电气控制这一任务来开展和组织教学内容,而不能按学科体系面面都讲。数控机床电源电气控制、数控机床主轴电气控制、数控机床进给电气控制、数控机床刀架电气控制、数控机床控制面板电气、数控机床电气连接与调试等知识和技能就是围绕学生掌握数控机床电气控制所必需的学习内容而展开的。通过课程内容结构的调整,学生在学习中是学习的主体,学习是一种重要的个体行动。因此,构建"岗位—任务"式的教学内容结构,是学好数控机床电气控制的关键。

**3. 课程成绩评定重视学习过程**

课程成绩评定改革的基本思路是注重学习的过程,就是要强调对学生学习过程的控制作用,用学习的过程成绩来代替期末考试,调动老师的教和学生学的积极性,将"试题"转变为"试能",达到使学生真正掌握知识和技能的目的。我们主要采取"任务法"对学生学习"数控机床电气控制"课程后进行成绩评定,用具有实用背景的任务全面评估学生学到了什么知识和技能。

### 4. 个性化的教学资源建设

为了配合工作导向课程体系教学的实施,院校加强了个性化教学资源的建设,包括:多媒体课件、网络课程、多媒体素材、网络资源、仿真与虚拟现实等。信息化教学设计强调利用各种信息资源来支持"学"而非支持"教";学生可以根据自己的兴趣和学习方式灵活选择学习资源,强调"协作学习",资源共享;以"任务驱动"和"问题解决"作为学习和活动的主线,在相关具体意义的情境中确定和教授学习策略与技能。

## 二、课程单元教学设计

教学单元由七个学习模块组成,每个模块由学习任务、知识要求和技能要求组成,每个单元就是一个完整的教学和工作任务,学生学完这七个单元,基本能掌握数控机床的电气控制要求,实现教学目的和要求。各单元任务和知识技能要求见附表4-1。

附表4-1 学习模块与学习任务的划分

| 学习模块 | 单元学习任务 | 知识要求 | 技能要求 | 学时分配 |
| --- | --- | --- | --- | --- |
| 学习模块1 数控机床电气控制概述 | 数控机床电气控制概述 | 数控机床电气组成、分类、控制对象、发展趋势 | 分清数控机床各个电气部件 | 4 |
| 学习模块2 数控机床电源电气控制 | 任务一:数控车床电源电气控制 | 数控车床强电电路构成、各种基本电器介绍、伺服变压器、电源变压器、开关电源 | 掌握接触器、继电器结构、参数;数控车床各单元的连接 | 4 |
| | 任务二:数控铣床电源电气控制 | 数控铣床强电电路构成、常用的低压电器(空开、接触器、继电器、伺服变压器、开关电源等);中间继电器控制电路、交流接触器控制电路 | 电源电路的组装、数控铣床各单元的连接。继电器控制电路、交流接触器控制电路的识别 | 4 |

## 附录4 "数控机床电气控制"课程教学设计范例

续表

| 学习模块 | 单元学习任务 | 知识要求 | 技能要求 | 学时分配 |
|---|---|---|---|---|
| 学习模块3 数控主轴电气控制 | 任务一:变频器结构及工作原理 | 变频器介绍、结构、接线端子功能,与电源、数控装置及电动机的连接 | 数控机床主轴变频器的连接 | 16 |
| | 任务二:主轴变频调速控制 | 变频器调速参数的设置、主轴的启停、速度控制、PLC控制 | 变频器调速参数的设置 | |
| | 任务三:数控机床主轴的其他电气控制 | 主轴定向控制的实现、PLC梯形图,主轴编码器及其应用(螺纹加工) | 主轴定向控制的调试;主轴编码器安装与调试 | |
| 学习模块4 数控机床进给电气控制 | 任务一:步进电动机进给电气控制 | 步进电机工作原理,与控制系统、驱动器的连接;步进电机工作参数的设置、位置和速度控制 | 步进电机的结构、系统的连接;步进电机运行参数的设置 | 8 |
| | 任务二:交流电动机进给电气控制 | 数控系统、驱动器、交流电机的连接;驱动器结构、简单原理、各个接线端子、参数;速度控制过程、参数设置与调试;位置控制过程,位置检测、参数设置与调试 | 交流伺服进给驱动系统的连接 | 8 |
| | | | 交流变频器的参数设置,速度控制参数设置,位置控制参数设置、检测装置的安装与调试 | |
| 学习模块5 数控机床刀架电气控制 | 任务一:自动转位刀架的电气控制 | 转位刀架的换刀过程、与数控装置的连接,自动换刀系统工作原理,CNC的连接及控制参数的调试;换刀信号传递、刀具的识别、PLC梯形图 | 能连接刀架与数控装置;设置和调试换刀参数 | 8 |
| | 任务二:数控机床刀架的I/O控制 | 自动换刀信号的控制过程、PLC梯形图,自动换刀刀架系统中的I/O接口及参数调试,换刀控制的PLC的编程与调试 | PLC梯形图调试与编写,自动换刀与CNC的连接及控制参数的调试 | |

189

## "政产学"三重关系在院校建设中的探索与实践

续表

| 学习模块 | 单元学习任务 | 知识要求 | 技能要求 | 学时分配 |
|---|---|---|---|---|
| 学习模块 6 数控机床控制面板电气 | 任务一：控制面板的电气结构及其功能 | 控制面板功能布置介绍、结构特点 | 识别控制面板的功能，各键的具体意义 | 12 |
| | 任务二：控制面板与数控装置连接 | 数控机床控制面板与 CNC、PLC、机床强电柜连接 | 连接控制面板与数控装置、机床电柜 | |
| | 任务三：控制面板的 I/O 接口及 PLC 控制 | 手动控制、自动控制、主轴正反转、回参考点等控制键的实现，信号通道、I/O 地址分配和参数设置 | 主轴正、反转，启停的 PLC 控制及调试，参数的设置 | |
| 学习模块 7 数控机床电气系统连接 | 任务一：数控机床电气系统的总体组成 | 数控装置组成、各接口构成、功能 | 系统的组成、各接口名称、主要参数 | 16 |
| | 任务二：HNC 系统数控机床电气系统连接与调试 | 华中 CNC 系统的电源、主轴伺服、进给伺服、自动刀架、控制面板机通信接口等与数控装置的连接与调试 | 华中 CNC 数控装置与外部的连接、各个 I/O 接口的连接、参数的正确设置 | |
| | 任务三：FANUC 0i 系统数控机床电气系统连接与调试 | FANUC 0i 系统的电源、主轴伺服、进给伺服、自动刀架、控制面板机通信接口等与数控装置的连接与调试 | FANUC 0i 数控装置与外部的连接、各个 I/O 接口的连接、参数的正确设置 | |

### 三、单元教学方案设计举例

以"模块六：数控机床控制面板电气"为例说明单元教学方案的设计(见附表 4-2)。

## 附录4 "数控机床电气控制"课程教学设计范例

**附表 4-2 单元教学方案设计**

| 教学任务 | 模块六：数控机床控制面板电气控制<br>任务一：控制面板的电气结构及其功能 |
|---|---|
| 教学参考学时(2学时) | 教学1学时，实训1学时 |

**学习目标**
1. 认识数控机床控制面板结构的功能和组成特点；
2. 学习控制面板电气布局和分类

**教学主要内容**
1. 数控机床操作面板的分类、功能和构成；
2. 工作方式选择按键、机床操作按键；
3. 标准机床控制面板、子机床控制面板；
4. 机床控制面板的连接

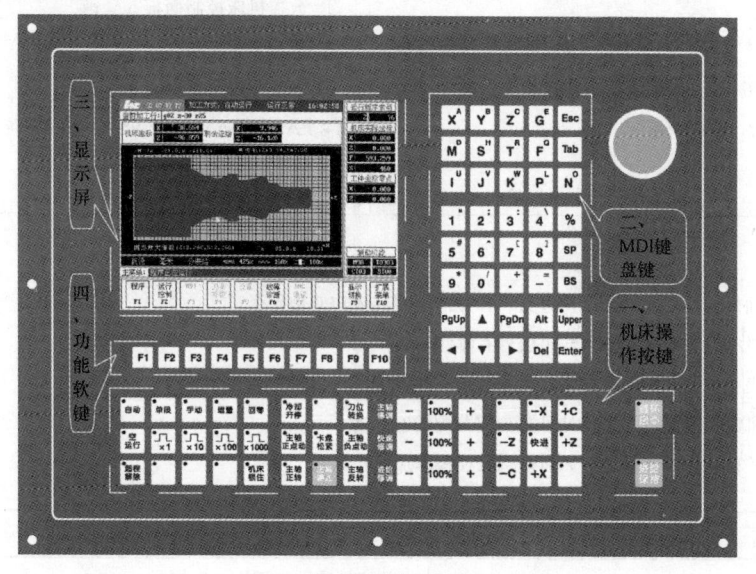

学习任务参考图

| 授课知识要点 | 教学方法与教学手段 |
|---|---|
| 1. 数控机床的控制面板功能、MDI 控制面板的分类；<br>2. 控制面板上各个功能键的作用；<br>3. 控制面板的连接和 CNC 系统的连接以及地址设定 | 工作导向的教学方法，在现场介绍数控机床控制面板的结构特点、功能及组成，观察面板接口与 CNC 连接通道，将课堂教学、实训与数控机床电气面板的安装、制作与调试融为一体 |

续表

| 考核标准与评价(对知识与能力进行定性或定量的评定) ||
|---|---|
| 注重学习过程的考核：先前能力认可→形成性鉴定→终结性鉴定→综合评价。<br>课程学习成绩可以由四项内容组成：面板电气结构控制(30%)+安装技能操作(40%)+综合运用调试(20%)+职业能力(10%)=总成绩(100%) ||
| 学生知识与能力要求 | 教师知识与能力要求 |
| 电子识图、电工电子技术基础、计算机接口技术、PLC控制与编程知识、低压电器元件的安装与调试能力 | 数控机床电气控制、电力电子技术、计算机原理与接口技术、PLC技术与编程，教育教学能力、课堂设计管理能力、指导学生操作机床加工零件的能力 |
| 课程教学实施条件 | 教学准备与实施 |
| 教学PPT教学课件、PLC编程器、I/O接口板、计算机、投影仪、教学教材、数控机床、教学录像、数控实训台，实训现场 | 1. 数控机床控制面板6套；<br>2. 数控车床4台；<br>3. 华中数控实训台6台；<br>4. FANUC 0i \ SIMENS840数控系统；<br>5. 电工实训工具6套 |
| 课后练习 ||
| 1. 控制面板按其功能可分为几大类，各类按键的具体功能是什么？<br>2. 数控机床控制面板的输入输出信号有哪些？<br>3. 数控机床控制面板的设计主要有哪些步骤和内容？<br>4. 数控机床控制面板的I/O地址是如何分配的？<br>5. 在数控机床控制面板上，如何进行数控操作加工？ ||

| 教学任务 | 模块六：数控机床控制面板电气控制<br>任务二：数控机床控制面板与数控装置连接 |
|---|---|
| 教学参考学时(4学时) | 教学2学时，实训2学时 |
| 学习目标<br>1. 认识数控机床控制面板电气结构的功能和组成特点；<br>2. 学习控制面板电气控制的原理和实现方法；<br>3. 机床控制面板与系统连接，机床控制面板的I/O地址分配的设计 ||

续表

```
         ┌──────────┐
         │ 标准键盘 │
         └────┬─────┘
              │
┌─────────────────────────────────────────┐
│  主面板                    ┌───┐  子面板 │
│                       CM65 │   │ 进给倍率│
│FANUC        ┌─────────┐    └───┘         │
│I/O Link ←→ │  串行   │                   │
│         JD1B│接口数据 │    ┌───┐ 主轴倍率│
│(JD1A)       │         │CM66│   │         │
│             └─────────┘    └───┘         │
│                                          │
│                       CM67  急停按钮    │
│接点信号  CA65              程序保护开关 │
│←──→                TR1,TR2               │
│(到强电柜)          ESP,CON               │
│                    COFF                  │
│                              系统开关    │
│         TR3,TR4                ON/OFF    │
│         TR5,TR4    TR7,TR8              │
│                                          │
│         CM68        CM69                 │
└──────────┬───────────┬──────────────────┘
           │           │
      ┌────┴───┐  ┌────┴───┐
      │扩展按钮│  │扩展按钮│
      │状态灯指示│ │状态灯指示│
      └────────┘  └────────┘
```

学习任务参考图

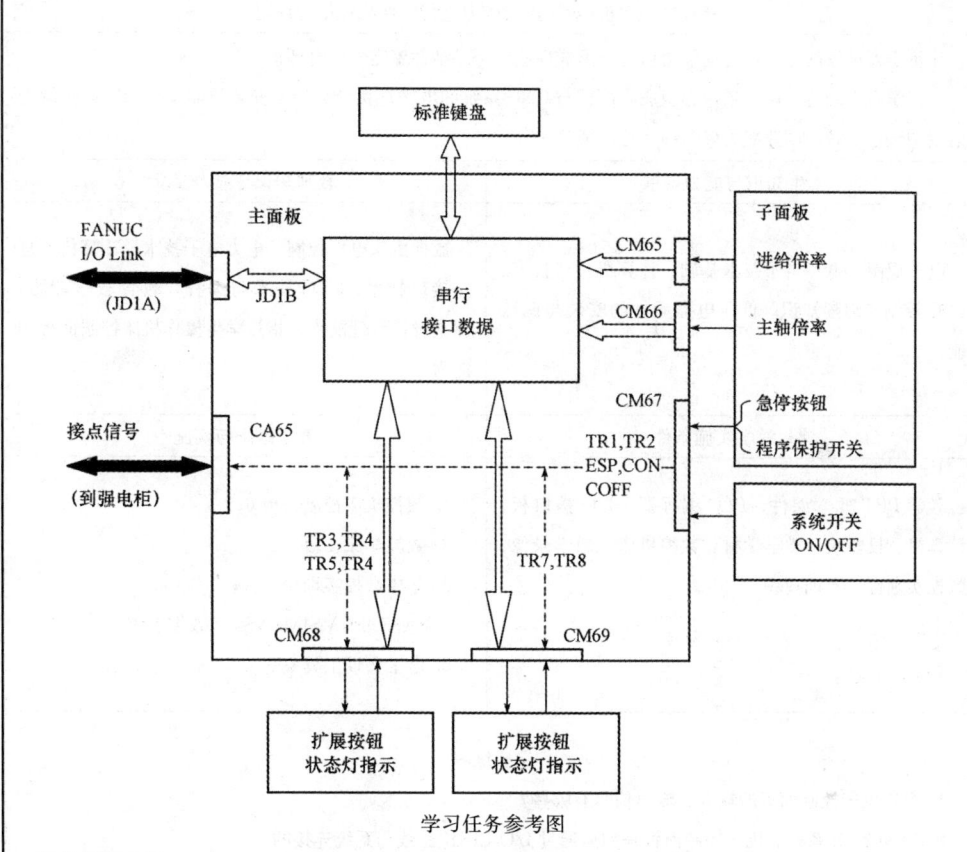

**教学主要内容**

1. 面板功能布置介绍、与 CNC、PLC、机床强电柜连接；
2. 手动控制、自动控制、主轴正反转、回参考点等控制键的信号通道实现；
3. MDI 控制面板、标准机床控制面板、子机床控制面板的特点与作用；
4. 数控机床控制面板的连接与地址分配、机床控制面板的地址设定

| 授课知识要点 | 教学方法与教学手段 |
|---|---|
| 1. 数控机床的控制面板功能、MDI 控制面板、标准机床控制面板、子机床控制面板；<br>2. 连接控制面板与数控装置及机床电柜；<br>3. 控制面板的连接与参数设置、调试 | 工作导向的教学方法，将课堂教学、实训与面板的安装、制作与调试融为一体，学完该模块后，学生能安装、连接和调试数控机床的控制面板的电气控制系统。实训课在现场进行教学 |

续表

| 考核标准与评价(对知识与能力进行定性或定量的评定) ||
|---|---|
| 注重学习过程的考核：先前能力认可→形成性鉴定→终结性鉴定→综合评价。<br>课程学习成绩可以由四项内容组成：面板与 CNC 系统的电气连接(30%)＋安装技能操作(40%)＋综合运用调试(20%)＋职业能力(10%)＝总成绩(100%) ||
| 学生知识与能力要求 | 教师知识与能力要求 |
| 电子识图、电工电子技术基础、计算机接口技术、PLC 控制与编程知识，低压电器元件的安装与调试能力 | 数控机床电气控制、电力电子技术、计算机原理与接口技术、PLC 技术与编程，教育教学能力、课堂设计管理能力、指导学生操作机床控制面板的能力 |
| 课程教学实施条件 | 教学准备与实施 |
| 教学 PPT 教学课件、PLC 编程器、I/O 接口板、计算机、投影仪、教学学材、数控机床、教学录像、数控实训台、实训现场 | 1. 数控机床控制面板 6；<br>2. 数控车床 4 台；<br>3. 华中数控实训台 6 台；<br>4. FANUC0i \ SIMENS840 数控系统；<br>5. 电工实训工具 6 套 |
| 课后练习 ||
| 1. 数控机床控制面板的输入、输出信号有哪些？<br>2. FANUC 0i 系列的机床控制面板是如何通过 I/O LINK 总线与系统连接的？<br>3. 机床控制面板的设计主要有哪些步骤和内容？<br>4. 机床控制面板上的控制信号是如何输入 CNC 系统中的？举例说明。 ||

| 教学任务 | 模块六：数控机床控制面板电气控制<br>任务三：控制面板的 I/O 接口及 PLC 控制 |
|---|---|
| 教学参考学时(6 学时) | 教学 4 学时，实训 2 学时 |
| 学习目标<br>1. 熟悉数控机床控制面板的 I/O 地址设定；<br>2. 掌握面板控制的 PMC 信号定义，面板控制功能的实现；<br>3. 熟悉控制面板电气控制系统的设计及软、硬件结构；<br>4. 熟悉面板电气控制的梯形图 ||

## 附录4 "数控机床电气控制"课程教学设计范例

续表

教学主要内容：
1. 数控机床控制面板I/O信息通道，CNC系统、PLC及机床端的地址设定；
2. 数控机床控制面板功能的实现，PMC信号定义、面板功能控制的PMC梯形图；
3. 数控机床控制面板与系统的连接，参数设置、调试

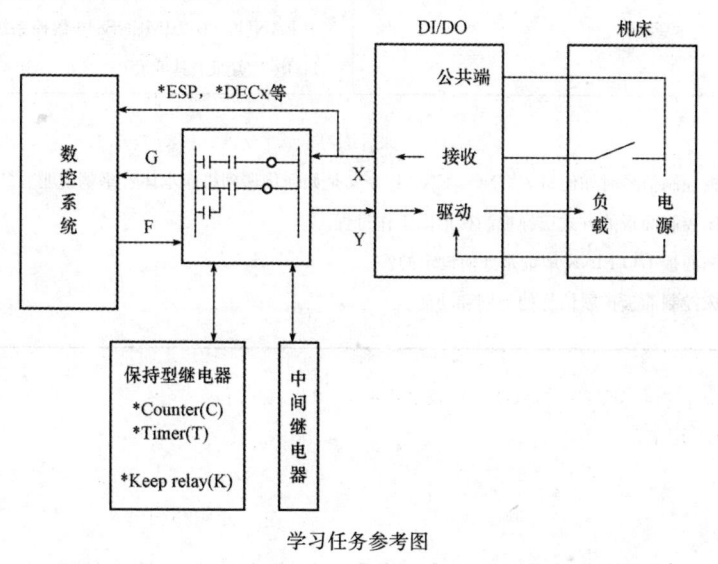

学习任务参考图

| 授课知识要点 | 教学方法与教学手段 |
|---|---|
| 1. 面板控制的PMC接口，信号控制、地址分配；<br>2. 控制面板的连接与参数设置、调试；<br>3. 面板电气控制的梯形图设计 | 工作导向的教学方法，将课堂教学、实训与产品安装制作融为一体，学完该模块后，学生能正确识别控制面板接口信息通道，会识读面板控制的PLC梯形图。本任务在实训现场进行教学 |

考核标准与评价（对知识与能力进行定性或定量的评定）

注重学习过程的考核：先前能力认可→形成性鉴定→终结性鉴定→综合评价。

课程学习成绩可以由四项内容组成：控制面板的I/O接口及PLC控制（30%）+安装技能操作（40%）+综合运用调试（20%）+职业能力（10%）=总成绩（100%）

| 学生知识与能力要求 | 教师知识与能力要求 |
|---|---|
| 电子识图、电工电子技术基础、计算机接口技术、PLC控制与编程知识，低压电器元件的安装与调试能力，梯形图与编程 | 数控机床电气控制、电力电子技术、计算机原理与接口技术、PLC技术与编程，教育教学能力、课堂设计管理能力、指导学生连接与调试面板电气控制的能力 |

续表

| 课程教学实施条件 | 教学准备与实施 |
| --- | --- |
| 教学 PPT 教学课件、PLC 编程器、I/O 接口板、计算机、投影仪、教学教材、数控机床、教学录像、数控实训台，生产现场 | 1. 数控机床控制面板 6 台；<br>2. 数控铣床 4 台；<br>3. 华中数控实训台 6 台；<br>4. FANUC 0i \ SIMENS840 数控系统；<br>5. 电工实训工具 6 套 |

课后练习

1. 机床面板控制信号时如何进入 CNC，CNC 指令又是如何传递到机床本体？举例说明。
2. 简述机床控制面板的方式选择控制梯形图工作过程。
3. 机床控制面板 I/O LINK 地址是如何设定的？
4. 说明机床控制面板扩展信号的类别和功能。

#　参考文献

Reference

[1] 李少元. 教育结构学[M]. 沈阳：辽宁教育出版社，1988.
[2] Anthony Kelly. The Evolution of Key Skills: Towards a Tawney Paradijm. Joumal of Vocationa Education and Training[J]. 2006，53(1)：21—36.
[3] 黄克孝. 职业和技术教育课程概论[M]. 上海：华东师范大学出版社，2001.
[4] 雷正光，陈式诺，晓月. 职业学校的教育教学怎样与职业资格证书制度衔接[J]. 职教论坛，2002(21).
[5] 姜大源. 关于职业教育的课程观[J]. 中国职业技术教育，2003(31)：37—39.
[6] 俞仲文，刘守义，朱方来，等. 高等职业技术教育实践教学研究[M]. 北京：清华大学出版社，2004.
[7] 徐国庆. 实践导向职业教育课程研究：技术学范式[M]. 上海：上海教育出版社，2005.
[8] 王成军. 政产学三重螺旋研究：知识与选择[M]. 北京：社会科学文献出版社，2005.
[9] 黄崇本. 对高职课程改革五个层面问题的思考[J]. 职业教育研究，2007(10)：11—12.
[10] 蒋庆斌，徐国庆. 基于工作任务的职业教育项目课程研究[J]. 职业技术教育，2005，26(22)：46—50.
[11] 姜大源. 当代德国职业教育主流教学思想研究：理论、实践与创新[M]. 北京：清华大学出版社，2007.
[12] 李涛，林勇. "城校互动"模式下职业教育投资对经济增长贡献率的实证研究[J]. 教育与职业，2007(15)：19—21.
[13] 张光跃，袁玲. 论"官—产—学"三重关系中的高职"产学合作"[J]. 辽宁教育研究，2008(2)：71—73.
[14] 陈榕. 城镇化进程中新市民社区教育模式研究——以福州市为例[D]. 福建农林大学，2010.
[15] 李瑞记. 加快农村城镇化建设的战略思考[J]. 东北农业大学学报(社会科学

版),2010,8(2):15—18.

[16] 周建松.基于可持续发展的高职教育专业建设机制研究[J].中国高教研究,2010(4):84—87.

[17] 徐雪晶.剩余劳动力转移:我国农村成人教育面临的问题与反思[J].职教通讯,2010(8):42—46.

[18] 郎群秀,冯跃霞.职业教育发展中的政府职能[J].职教论坛,2010(28):10—12.

[19] 俞仲文.高职院校应高举技术教育的大旗[J].职业技术教育,2011(12):23—23.

[20] 张光跃,张萌.高职"产学合作"新视角——"政产学"关系及政府职能研究[J].职教通讯,2011(21):19—22.

[21] 张光跃,张萌.高职专业建设的新思路与内涵解析[J].重庆第二师范学院学报,2013,33(1):136—139.

[22] 张萌,张光跃.论政府在职业教育结构调整中的职能[J].中国职业技术教育,2013(27):8—10.

[23] 卢雯璨.新城镇化视阈下农村成人教育现状与对策研究[J].当代继续教育,2013(5):20—23.

[24] 张萌,张光跃.职业教育专业建设与产业、行业链融通的策略[J].福建教育(职成版),2012(6):36—38.

[25] 陈学恂.中国近代教育史教学参考资料上册[M].北京:人民教育出版社,1986